_____ 님의 소중한 미래를 위해
이 책을 드립니다.

뛰어난 리더는 어떻게 만들어지는가

이제는
리더십
스펙이다

뛰어난
리더는
현미숙 지음
어떻게
만들어
지는가

원앤원북스

원앤원북스 우리는 책이 독자를 위한 것임을 잊지 않는다.
우리는 독자의 꿈을 사랑하고,
그 꿈이 실현될 수 있는 도구를 세상에 내놓는다.

뛰어난 리더는 어떻게 만들어지는가

초판 1쇄 발행 2013년 3월 25일 | **지은이** 현미숙
펴낸곳 원앤원북스 | **펴낸이** 강현규·박종명·정영훈
등록번호 제300-2003-159호 | **등록일자** 2003년 4월 17일
주소 100-826 서울시 중구 신당4동 340-52번지 재덕빌딩 4층 | **전화** (02)2234-7117
팩스 (02)2234-1086 | **홈페이지** www.1n1books.com | **이메일** khg0109@1n1books.com
값 16,000원 | **ISBN** 978-89-6060-274-8 03320

이 도서의 국립중앙도서관 출판시도서목록(CIP)은 e-CIP홈페이지(http://www.nl.go.kr/ecip)에서
이용하실 수 있습니다.(CIP제어번호 : CIP2013001246)

다른 사람을 대할 때는
마치 그들이 '되고자 하는 존재'가 이미 된 듯 대하라.
이는 그들이 최선을 다해 행동하도록 만들 것이다.

• 괴테 •

한국형 리더십 코칭의
지침을 만들어가다

현미숙 대표가 운영하는 '하우코칭'의 가장 큰 장점은 다른 코칭
기관들과는 차별화되는 독자적인 코칭 모델과 프로그램이다. 지난
몇 년간 임원 코칭 프로그램을 운영하면서 코칭의 효과를 최대화
하기 위해서는 한국 상황에 맞는 코칭 프로세스의 개발이 필요함
을 절감했는데 하우코칭에서 많은 도움을 받을 수 있었다. 하우코
칭의 프로그램에 대한 설명을 들어보면 코칭에 대해 얼마나 많이
공부했는지 얼마나 많이 고민했는지 느껴지는데, 이 책을 읽으면
서도 같은 생각을 했다.

　이 책이 필요한 첫째 유형의 독자는 리더십 코칭을 공부하려는
사람이다. 차세대 리더를 발굴하고 육성하는 업무를 담당하고 있
어 리더십 이론을 어떻게 전달하고 육성할 것인가를 많이 고민하
는 편인데, 이론을 벗어나지 않으면서 눈높이에 맞춰 설명을 하는
것은 늘 어려웠다. 그런 면에서 이 책에서 제시하는 리더십 기술은

깊이가 있으면서도 간결하다. 담아야 할 리더십의 핵심 요소는 모두 포함하고 있으면서도 리더들이 흔히 경험하는 실제 코칭 사례를 통해 설명하고 있어 이해하기가 쉽고 공감도가 높다. 이 책은 자신이 부족한 리더십 기술을 스스로 개발하는 셀프 코칭의 도구로도 유용할 것이라 생각한다.

다음으로 이 책이 필요한 독자는 코칭 프로그램에 참가하기 전에 코칭 프로그램에 대한 이해와 준비도를 높이려는 사람이다. 코칭 프로그램에 대해 안내를 하면 대부분의 임원들은 '이 자리까지 성공해온 나에게 무엇을 코칭할 것인가?' 라든가 '수십 년간에 걸쳐 습관이 몸에 밴 나를 어떻게 변화시킬 수 있겠는가?' 와 같은 부정적인 의문을 가지게 된다. 심지어는 코칭 프로그램을 진행하는 동안에도 이런 생각을 버리지 못하는 바람에 몰입하지 못하고 결과적으로 좋은 성과를 얻지 못하는 경우가 많다. 이 책은 코칭에 참여하는 리더들이 코칭에 대한 긍정적인 기대와 몰입을 하게 해주는 데 매우 유용할 것이라 생각된다.

이 책은 '한국 코칭의 표준과 프로세스를 만들어갈 것'이라는 현미숙 대표의 자부심이 그대로 담긴 한국형 리더십 코칭 지침서다. 리더십 기술에 대한 이해를 높이거나, 부족한 리더십 기술을 코칭을 통해 높이려는 독자들이 이 책을 통해 리더십 코칭에 대한 이해와 통찰을 얻게 되길 바란다.

이도형(삼성인력개발원 상무, 산업조직 심리학 박사)

모든 문제를 해결하는
핵심에는 리더가 있다

새로운 시대에는 늘 상상할 수조차 없었던 새로운 문제가 닥쳐온다. 이럴 때 문제를 해결하는 핵심에 바로 리더들이 있다. 이 책에서 언급하고 있는 리더들처럼 자신의 리더십에 대해 코치에게 자문을 구하는 리더들이 얼마나 될까? 이 책에는 훈련받지 않은 상태에서 경영자 역할을 한다는 것이 가끔은 코미디라고 생각되는 에피소드들을 담은 것이기도 하다. 회사의 경영자가 책임을 맡는다는 것이 얼마나 힘든 일인지, 오래 동안 코칭하면서 경청한 리더들의 고충과 고뇌를 옮겨 담고 있기도 하다.

가끔 리더들은 분노를 하거나 화를 낸다. 그것이 도를 넘어 짜증을 내기도 한다. 이런 때에 게으름보다도 리더를 더 불행하게 만드는 것이 조바심이라고 저자는 강조하고 있다. 부지런함은 손에 챙기되 조급함은 내려놓아야 한다고 실례를 들면서 방법을 제시하기도 한다. 오랫동안 대기업 중역들을 코칭한 경험에서 얻은 사례와 함께 리더들을 나무라고 있기도 하다.

한편으로는 과정적 목표와 결과적 목표 모두를 챙겨봐야 한다고 조직원들을 대변해주기도 한다. 두려움은 우리를 보호하려고 하는 순기능을 가지고 있기 때문에 두려움을 목표로 잘 전환하면 희망과 기대를 극대화할 수 있는 시작점이 된다고 강조하고 있기도 하다.

저자는 전문 코치이자 코칭회사의 경영자다. 이 책은 심리학을 전공한 저자가 예리하고 날카로운 가슴의 느낌들을 옮겨 적은 삶의 이야기이기도 하다. 평소에 가끔 저자와 만나서 이야기를 하고 있으면 그냥 편안함을 느낀다. 이 책도 역시 리더들에게 잔잔하면서도 편안한 울림을 주리라고 믿는다. 이 책은 바빠도 너무 바쁘게 앞만 보고 달려가고 있는 부지런한 리더들에게 성찰할 수 있는 시간을 가져다 줄 것이다.

이충구(서울대 융합과학기술대학원 초빙교수, 전 현대자동차 사장)

이제는 리더십 스펙이다

전문가가 되기 위한 능력을 쌓기 위해 우리는 수많은 세월 동안 부단히 노력하고 있다. 그래서 마치 맥가이버처럼 문제를 해결하거나 성과를 내기 위한 방법들을 온몸에 무장하게 된다. 그런 중무장을 얼추 갖춰가는 순간, 조직에서는 나에게 이제 리더가 되어달라고 요구한다.

이제 중간 리더가 되어 열심히 일한다. 나의 전문성을 인정해준 회사에 대한 감사함과 그럴만한 자격이 내게 있음을 보여줘야지 하는 마음들 때문이다.

그런데 리더 역할을 하면서 뭔가 잘못되어가기 시작한다. 회의에 불려다니는 빈도가 높아지고, 수많은 정보를 듣게 된다. 이제는 '시킨 것을 해결하는 것'이 아니라, 성과를 내기 위해 목표를 만들고 많은 정보들을 분석하고 고려하고 결정해야 한다. 정보와 사람과 생각에 압사당할 지경이다.

　그런데 부하직원들은 왜 이렇게 움직이지 않는 건지, 예전에 내가 상관에게 충성하고 열정을 보였던 것처럼, 그런 부하직원은 왜 내 주변에 없는 건지 한탄스럽기만 하다. 내가 직접 하면 반나절이면 뚝딱 할 일을 2~3일씩 소요하며 일하는 부하직원을 향해, 예전과 다르게 화가 나고 분통이 터진다. 엉뚱한 일이 터졌는데 쉬쉬하며 숨기다가 일이 커져서야 알게 된 상황, 어떻게든 빨리 수습해야지 하고 있는데 임원이 날 불러 호통을 친다. 그렇게 되기까지 뭘 했느냐고 말이다.

　이쯤 되면 '아, 승진이 아니라 길게 가는 트랙을 선택했어야 하는 건데, 왜 내가 이 역할을 맡는다고 했을까.' 라는 생각이 술잔을 기울이게 한다. 혹은 '내가 능력이 없다는 것을 임원이나 구성원이 알게 될지도 몰라.' 라는 두려움과 우울감으로 슬럼프에 빠지기도 한다.

상황을 호전시키기 위해서 더 열심히 일해보지만, 내가 열심히 일하는 만큼 직원들은 도와주지 않는 것 같고, 외톨이가 된 것 같은 느낌이 든다. 이유가 뭘까? 그것은 바로 리더십 기술을 쌓지 않았기 때문이다. 되돌아보면 리더십 기술을 쌓을 수 있는 상황들이 많이 있었지만, 해결방법을 몰라서 그저 내 실력으로 메우며 달려왔을 것이다.

그렇다면 리더십 기술이란 무엇일까? 세계적인 리더십 전문가인 로버트 호건 박사가 제안한 '호건 리더십 역량 모델'에 따르면, 리더가 되기 위해 4가지 차원의 기술이 필요하다고 한다. 가장 기초가 되는 것이 개인 내적 기술intra-personnel skill이고, 그 위에 대인 간 기술inter-personnel skill, 리더십 기술leadership skill, 비즈니스 기술business skill을 차곡차곡 쌓아가야 한다고 말한다. 맥스웰 리더십의 창시자인 존 맥스웰도 탄탄한 직무지식job knowledge 위에 관리기술management skill을 쌓고 그 위에 리더십 기술leadership skill을 쌓는 것이 바람직하다고 말한다. 이들뿐만 아니라 리더십에 필요한 역량을 규정하고 있는 국제 표준 역량에서도 유사한 요소들이 반드시 필요하다고 제안하고 있다.

이러한 제안들에 근거해, 3가지 차원에서 리더십 기술의 레퍼토리를 확장하고자 하는 것이 이 책의 목적이다. 우선 1부는 개인 내적 기술의 레퍼토리를 확장하는 것이 목표다. 개인 내적 기술이란 자신의 마음과 생각에서 일어나는 것들을 관리할 수 있는 기술을 뜻한다. 여기에 필요한 능력에는 나 자신에 대한 자부심, 자신감, 신뢰가 있다. 이 신뢰가 화와 스트레스를 다스리는 힘이 된다. 또한 이신뢰는 '내가 여태까지 잘해온 것처럼 이 어려운 상황도 타개할 수 있어.'라는 낙관성과 어려운 상황에서 잠시 흔들리지만 빠르게 마음을 회복해 선택과 집중을 할 수 있는 회복탄력성에까지 영향을 미친다.

자, 당신은 개인 내적 기술을 가지고 있는가? 이 개인 내적 기술이 쌓이지 않은 상태에서 리더가 된다면, 결국에는 이겨내겠지만 마음고생을 몇 배로 한 이후에 얻게 될 것이다. 1부의 내용을 통해 어떻게 개인 내적 기술을 쌓을 것인지 함께 고민해보고자 한다.

2부는 대인관계 기술의 레퍼토리를 확장하는 것이 목표다. 자신을 신뢰하고 스스로 동기를 부여하고 풍요롭게 할 수 있는 능력이 생겼다면, 이제는 이 능력을 일대일의 대인관계로 확장시켜나가야 한다. 자신에 대한 신뢰만 깊은 리더는 독불장군이 되기 쉽다. 구성원에게 기회를 주지 않고 자기만의 솔루션을 고집하다보면 구성원들을 육성할 수 없다. 결국 스스로 실무자형 리더를 모면할 길이 없는 것이다.

이제 자신에 대한 신뢰가 타인에 대한 신뢰로 확장되면서 '내가 너를 믿는다!' 라는 메시지를 전달해야 하는 순간이 왔다. 그런 메시지와 더불어 실제로 부하직원들을 육성시킬 수 있는 기술이 공존할 때 구성원들의 충성도는 강해진다. 구성원들이 어떻게 주인의식을 갖고 자신의 업무 분야에서 성장하도록 만들 것인가 하는 것들이 2부의 내용이다.

3부는 팀과 조직을 이끌 수 있는 기술의 레퍼토리를 확장하는 것이 목표다. 이제 일대일의 관계를 넘어서서 팀 혹은 더 큰 조직 차원에서의 리더십 기술을 고민해보는 과정이다. 내가 우리 조직에게 물려줄 정신적 유산은 무엇인가? 서로가 서로를 염려하고 배려하게 할 수 있는 방법은 무엇일까? 회의를 어떻게 하면 효과적으로 이끌어갈까? 어떻게 우리 조직을 긍정적으로 만들 것인가? 이 물음들의 해답이 3부에 있다.

필자는 코치이며 작은 코칭 회사의 경영자다. 처음에는 코칭 전문가로서 활동하다가 프로젝트 규모가 커지면서 코칭 회사를 차리게 되었는데, 훈련받지 않은 상태에서 경영자 역할을 한다는 것이 얼마나 코미디인지 스스로 매 순간 웃고 울었다.

이 책의 내용은 기업에서 비즈니스 코칭을 1,300시간 이상 하면서 얻게 된 인식과 통찰, 그리고 에피소드들을 담은 것이다. 동시에 회사의 경영자를, 그것도 훈련받지 않고 책임자를 맡는다는 것이 얼마나 힘든 일인지, 어떤 시행착오를 했는지에 대한 필자 삶의 교훈도 포함되어 있다.

그런 절절함이 담겨 있지만, 역시 현장의 이야기들을 글로 표현 한다는 것은 쉬운 일이 아니다. 더구나 1~2주 지나서 쓴 글을 다시 읽어보면, 삭제하고픈 충동이 일어났다. 코칭을 하루에도 몇 케이스씩 하고, 그 시간보다 더 많은 시간을 공부하고 강연을 듣다보니, 그 사이에 필자의 경험과 인식이 커져버려 기존에 쓴 글들이 마음에 들지 않았던 것이다. 그렇지만 주위에서 필자를 도와주는 여러 분들이 있어 이렇게 책을 완성할 수 있었다.

수많은 분들이 필자에게 물어봐주셨다. "책 언제 나와요?" "목 차부터 제게 보내세요. 제가 봐드릴게요." 했던 분들도 계셨다. 책이 나오면 무조건 사겠다고 약속한 분들도 계셨다. 그분들의 격려와 애정이 아니었으면 쉬고 싶은 욕구를 쉽게 물리치지 못했을 것이다.

늘 기도와 삶의 지혜를 나눠주시는 KR 컨설팅의 이강락 대표님, 반짝이는 눈으로 창의적인 아이디어를 늘 던져주시는 넥스트리의 최윤규 대표님, 새로운 지식을 발굴해 전 국민의 학습을 돕겠다는 석세스 21의 박창조 대표님, 이분들은 필자를 이끌어주시고 삶을 긍정적으로 대하도록 도와주셨다. 또한 이 책에 나와 있는 의사소통에서의 지혜는 감수성 훈련의 대가이신 유동수 선생님께 사사한 것이다. 그분의 명철함과 지혜를 감히 따라갈 수 없으니, 그분의 가르침으로 인해 필자는 사람들의 삶을 더욱 행복하게 도울 수 있는 통찰을 얻게 되었다.

하우코칭에 함께해주시는 파트너 코치님들과 직원들은 매일 뜨는 태양을 새롭게 바라보게 해주는 힘이다. 특히 하우코칭의 경영지원위원회라는 타이틀 속에 헌신을 강요받는(?) 안병균 코치님, 김온양 코치님, 오정근 코치님께는 감사의 표현을 어떻게 해야 할지 모르겠다. 2007년에 대기업의 임원일 당시 필자에게 코칭을 받은 것이 인연이 되어, 본인 회사처럼 컨설팅해주고 코칭해주시는 하장용 교수님께도 말로 다할 수 없는 깊은 감사를 전하고 싶다. 또 한 분이 계시다. 2005년 비즈니스 코칭에 입문하면서, 경험 없는 필자에게 코칭을 의뢰하는 사람이 없었다. 이때 코칭 클래스에 들어왔던 김영진 부사장님께 "혹시 저의 고객이 되어주시면 안될까요?"라는 말도 안 되는 제안을 했는데 흔쾌히 수락해주셔서 '초짜'를 면했다.

다리가 아프다고 하다가도 딸의 호흡을 듣고는 벌떡 일어나서 영양가 있는 음식을 해주기 위해 동분서주 달리시는 엄마께 아직도 마음으로 독립하지 못함을 고백하며 감사와 사랑을 전한다. "자랑스런 우리 며느리, 건강을 잘 돌봐라." 하며 부족한 며느리를

16

한 번도 탓하지 않으시는 시부모님은 필자가 얼마나 복 많은 사람인지를 알 수 있는 증거다. 늘 아내로서, 엄마로서의 부족한 자리를 한마디의 불평 없이 메워주는 남편에게 감사와 사랑을 전한다. 늘 책상에게 엄마를 양보해야 하는 원주와 희재에게 글을 통해 '고맙고 사랑한다.' 라는 말, 다시 한 번 전한다.

필자가 빚진 수없이 많은 분들이 떠오른다. 열심히 사는 것으로, 기회가 되면 사회에 기여하는 것으로 보답해야겠다. 그리고 늘 욕심과 초조함을 내려놓고 맑은 눈과 사랑을 다시 회복케 하는 분이 계시다. 바로 하나님께 감사와 영광을 올린다.

2013년 3월
현미숙

CONTENTS

개인 내적인(Intra-personnel) 리더십 스펙이란 자신의 마음과 생각에서 일어나는 것들을 관리하는 능력을 쌓는 것이다. 삶에서 가장 큰 어려움을 만드는 존재, 그러면서도 내 편이 되면 가장 강력한 힘과 무기가 되는 존재, 그것은 바로 내 마음이다. 내 마음을 어떻게 관리할 수 있을까? 에너지를 떨어뜨리는 요인인 화와 두려움의 실체는 무엇일까? 나에 대한 신뢰는 왜 중요한가? 순간순간마다 긍정성과 낙관성을 가질 수 있는 방법은 무엇일까? 내 마음의 탄력성을 유지하는 것은 왜 중요한가? 그 해답을 1부에서 얻어보자.

Part 1

뛰어난 리더는 자기관리에 강하다

Chapter 1

화내지 말고
나의 기대를
정확하게 전달하라

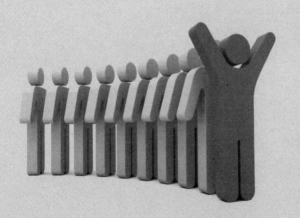

감정의 구성성분은 무엇일까? 참 재미있는 질문이지만 답하기는 쉽지 않다. 여러 해 사람들을 만나오면서, 드글거리는 감정 가장 아래에 있는 실체는 '기대와 열정'이라는 것을 알게 되었다. 이 기대와 열정은 우리에게 몰입과 성공을 가져오기도 하지만, 잘못 해석할 때는 파괴와 실패를 가져온다. 내 안의 기대와 열정을 해석하고 적용하는 법을 배워보자.

왜곡된 열정은 화를 부른다

"이야기해봐! 생각한 게 고작 이거야?" 김전무는 상당히 화가 났다. 화를 억누르려고 노력하는 것 같지만, 오히려 목소리 톤은 상대방을 긴장하게 했다. 코칭을 위해 옆방 회의실에서 김전무를 기다리던 필자에게도 그 긴장감과 위협감이 고스란히 전달되었다.

생각해보라. 고문을 당하는 사람과 고문하는 소리를 듣는 사람 중 누가 더 공포스럽겠는가? 김전무에게 고문(?)을 당하는 팀장들도 죽을 맛이겠지만, 옆에서 그 소리를 듣는 필자도 심기가 무척 불편했다.

'오늘 코칭도 쉽지 않겠구나.' 하고 무심코 생각하다가 잠깐 멈칫하며 생각을 바꾸었다. '김전무님이 왜 저렇게 화가 났을까? 자신이 기대하던 것이 없었다면 화가 나지 않았을 텐데? 기대로 표출되든 화로 표출되든 둘 다 모두 열정이니까 김전무는 지금 열정을 내뿜고 있는 거야.' 이렇게 생각하니 김전무의 생각과 감정에 대해 호기심이 생겼고, 그 열정의 실체를 함께 정리해봐야겠다는 생각이 들기 시작했다.

"팀장들과 회의중이셨나봐요. 뭔가 제대로 되지 않았나봐요." 김전무 방으로 들어가 앉으며 건넨 필자의 첫마디에, 김전무는 항의하듯 물었다. "코치님. 경청이 정말 필요한 겁니까? 기업에서는 성과와 생산성이라는 것이 중요합니다. 회의 한 시간 동안 여러 가지 안건을 다뤄야 하는데, 방향도 없고 엉뚱한 소리만 하는 사람들의 이야기를 어떻게 듣고만 있습니까? 그게 진정 구성원들을 위하는 길이고 그것이 정말로 성과를 담보해줍니까?" 애써 미소를 띠며 이야기하려 했지만, 말 속에서 김전무의 답답함과 갑갑함, 그리고 분노가 묻어나왔다.

필자는 김전무의 답답함에 대해 공감한 뒤 "그렇다면 전무님께서 바라는 회의 모습은 어떤 모습이세요?"라고 물었다. 김전무는 약간 의아해하면서도 생각에 잠기는 모습이었다.

"음, 보고하는 사람에게 내가 다른 관점을 제시하면 마치 자신이 거부당한 것처럼 상당히 방어적인 태도를 보입니다. 더 좋은 의사결정을 하기 위해 함께 토론하는 과정인데, 왜 다른 사람의 제안이나 이견에 대해서 방어적인 태도로 일관하는지 모르겠습니다. 보고서와 자신을 동일시하지 않고 '나는 단지 안건을 내놓았을 뿐이다.'라고 객관화해야 합니다. 그러면 나머지 사람들이 그 안건을 보고 서로 자신의 의견을 내놓으면서 좀더 좋은 의사결정을 할 수 있겠지요. 그것이 제가 가장 바라는 회의 모습입니다."

"그렇다면 전무님이 바라시는 회의 모습은 '정반합을 도출하는 과정으로서의 회의' 라고 말할 수 있을까요?"라는 필자의 말에, 김전무는 얼굴이 편안해지면서 "맞습니다. 정반합! 그런 태도로 서로 토론하는 모습이 제가 가장 바라는 것입니다."라고 화답했다.

그렇다. 김전무의 열정이 바로 그것이다. 정반합의 치열한 과정 속에서 더 좋은 의사결정을 할 수 있는 모습을 보는 것, 바로 이것이 김전무의 열정이다. 그런데 이 열정을 제대로 전달하지 못해서 악순환의 사이클을 타게 되었다. 즉 그 열정을 직원들이 몰라주니까 화가 나고, "네가 생각한 게 고작 이거냐?"라고 왜곡된 질타를 하게 된 것이다. 이런 왜곡된 열정은 오히려 사람들의 입을 다물게 하고, 열정을 식게 하며, 그 모습 때문에 김전무는 더욱더 화가 나게 된다.

나 자신의 기대와 열정 파악하기

미국 미주리대학의 성격발달 교수인 버코위츠 박사에 따르면 사람들이 화 혹은 분노를 느낄 때 마치 하나의 감정처럼 느끼지만, 사실 분노는 정서·인지·행동적 요소들이 빠르게 상호작용하고 영향을 주는 것이며, 이것이 연속적으로 일어나는 바람에 사람들은 하나의 현상처럼 경험하는 것이라고 한다. 그렇다. 악순환의 사이클을 벗어나기 위해서는 분노를 느끼기 전에 내가 어떤 생각들을 하고 있었는지 파악하는 것이 필요하다. 기대한 것생각이 없으면 화가 나지 않는다. 기대한 것이 좌절되었기 때문에 화가 난 것이다.

기대와 열정은 2가지 측면에서 파악할 수 있다. 하나는 말하는 사람의 차원이고, 다른 하나는 듣는 사람의 차원이다. 우선 말하는 사람의 입장에서 살펴보자. 말하는 사람은 화가 나거나 짜증이 날 때, 스스로 질문해야 한다. 깊은 심호흡을 하면서 '내가 왜 이렇게 화가 나는 걸까? 내가 원하는 기대는 무엇일까? 어떤 욕구가 좌절되어서 이렇게 화가 나는 것일까?' 라고 생각해봐야 한다.

말은 이렇게 하지만, 필자조차도 때로는 화가 날 때가 있다. 그날도 그랬다. 그렇게 이야기를 해줬건만, 연구원이 완성했다며 가져온 새로운 브로슈어를 보며 순간 '내가 언제까지 뒤치닥거리를 해야 하지?' 하는 생각에 화가 확 치밀어올랐다. 필자는 일단 "검토해본 후에 이야기 나누자."라고 말하면서 혼자 시간을 보냈다.

심호흡을 하면서 나 자신과 대화하기 시작했다. '왜 화가 났어? 이 직원에게 무엇을 기대했어? 그 연구원이 내 기대에 부응하도록 하기 위해 필요한 것은 무엇일까?' 라는 질문들을 나 자신에게 했다. 제일 짜증 났던 부분은 목차와 내용이 전혀 일치하지 않고, 그 세부내용이 고객에게 별로 매력적이지 않게 느껴진다는 것이었다.

그것을 기대와 열정으로 바꾸니, '이 연구원이 좀더 체계적으로

32

제목과 내용을 배열하길 원해. 처음 하는 작업이라서 내가 원하는 수준까지 하기는 어려웠을 거야. 내가 정말 기대하는 것은 두 번째 브로슈어 작업을 할 때는 전체 일의 80% 이상을 해내는 거야.' 라고 정리가 되었다. 다음에 80%의 작업을 해내도록 하려면 이번 피드백에서 어떤 질문들을 해야 할까? 브로슈어를 볼 때 제목에서 기대되는 것과 세부내용이 고객관점과 일치하는지, 세부내용이 고객관점에서 정말 매력적인 것인지 등의 질문이 적합하겠다는 생각을 하게 되었다.

그렇게 필자의 기대가 정리가 되자, 담당 연구원과 이야기를 나누면서 필자의 기대를 정확하게 전달할 수 있었다. 필자는 이 연구원이 다음에 혼자서 일의 80%를 진행할 수 있도록 2가지 질문을 통해 브로슈어를 만들 때의 안목을 키우는 데 집중했다. 연구원은 눈이 말똥말똥해져서 필자의 이야기를 들었고, 고객 입장에서 생각해보는 것이 얼마나 중요한 일인지 깨달았다고 이야기했다. 내 기대에 민감해지는 것, 내가 원하는 상태에 민감해지는 것이 나를 성숙한 사람으로 만들고 원하는 것을 더 잘 얻을 수 있는 비법이다.

타인의 기대와 열정 파악하기

그렇다면 듣는 사람 입장에서는 어떨까? 상대가 화를 낼 때, 상대의 화에 반응하는 것이 아니라 화 아래에 있는 기대와 열정에 초점을 두고 들어야 한다.

예를 들어보자. 어느 날 집에 들어갔더니 아내가 "우리 이혼해요. 도저히 이렇게 못살겠어요."라고 말했다. 이때 남편이 "아무리 화가 나도 그렇지, 해야 할 말이 있고 절대 입에 담지 말아야 할 말이 있어! 어떻게 이혼하자는 말을 그렇게 쉽게 해요?"라고 버럭 화를 내며 말한다면, 이 부부는 이혼할 가능성이 커진다. 하지만 "얼마나 힘이 들고 속이 상하면 이혼하자는 생각까지 했겠어요?"라고 대답한다면, 아내의 가빴던 호흡이 다소 내려감을 느낄 수가 있을 것이다. "그래, 당신이 원한 것들이 큰 게 아니었는데. 그저 아이들과 이야기를 나누고, 당신 고생하는 이야기를 조금만 들어달라는 거였잖아요." 하면, 아내가 남편에게 겨눴던 비난의 화살은 걷힐 것이다.

아이의 일기장을 몰래 들여다보다가 '죽고 싶다.'라는 말을 발견했을 때 "너 왜 죽고 싶어? 응? 말을 해!"라고 다그친다면, 아이는 말문이 더 막히게 되고 그야말로 더 죽고 싶어질 것이다. 오히려 '이 아이가 가진 기대와 열망이 어디에 있었기에 이런 좌절감을 맛본 것일까?' 라고 생각해봐야 한다. 그러고 나서 이렇게 물어야 한다. "네가 얼마나 속상하고 어려우면 죽겠다는 말까지 했겠어? 엄마 아빠에게 말 못할 일로 고민이 많았구나. 혼자 많이 힘들었구나." 이렇게 말하면 아이는 '부모가 내 심정을 이해하고 있구나.'라는 생각이 들어 품에 안겨 한동안 흐느껴 울 것이다.

상대의 말이 아닌 그 사람의 기대와 열정에 초점을 두고 생각할 수 있다면, 나 자신의 분노보다는 내 안의 선하고 좋은 기대를 표현할 수 있다면, 우리는 좀더 성숙하고 여유로운 관계를 형성해나 갈 수 있을 것이다.

또 다른 화의 원인, 조바심

부지런한 것의 반대말이 무엇일까? 사람들은 대부분 '게으름'이라고 답을 할 것이다. 그런데 '속도speed'라는 현재의 가장 강력한 요구와 '빨리빨리'라는 우리나라의 정서가 융합되면서, 이 답에 한 가지 단어가 추가되어야 할 지경에 이르렀다. 현대에 와서 부지런함의 극단에 있는 말은 바로 '조급함'이다. 게으름보다도 훨씬 더 사람을 불행하게 만드는 것이 바로 조바심이다. 조바심으로 화를 내게 될 때, 우리는 내가 애초에 '이루려고 했던 것'이 무엇이었는지 필름을 되돌려볼 필요가 있다.

강사장을 코칭하기 전에, 부하직원들을 대상으로 강사장의 강점과 개선점에 대한 인터뷰를 했다. 구성원들은 패배감과 반항심에 몸서리쳤다. 한 부하직원은 자신들의 정서가 '월급을 받으니, 내가 당신에게 깨져주지.' 하는 정도까지 왔다는 것이다. 일을 해도 칭찬을 받아본 적이 없고, 어떤 일을 할 때 절대적으로 필요한 시간이 있는데도 지시를 한 뒤에 바로 그 결과를 추궁하니 늘 야단맞을 일밖에 없다는 것이다.

예를 들어달라고 하니까, 제품을 업그레이드해야 하는 시점에 관해 논의했던 이야기를 들려줬다. 업그레이드해서 제품을 시판하는 날짜를 8월로 하자고 하니, 강사장은 무조건 6월 말에 맞추라고 요구했고 담당 임원과 팀장은 아무 말 없이 알겠다고 했다. 6월 말이 되었지만 여러 가지 에러가 나서 제품을 시판하기 힘들었고, 시판 날짜를 7월 말로 옮겼다. 그렇지만 7월 말이 되어도 시판하기 어려웠고, 결국 원래 제시했던 8월에서 일주일 당겨진 날짜에 출시하게 되었다.

게다가 자꾸 날짜를 맞추려다보니 세밀하게 검토를 하지 못해 새로운 에러가 자꾸 생겼다. 결국 시판된 제품에 대해 소비자들의 불만이 생기기 시작했다. 직원들은 밤낮을 가리지 않고 열심히 일했건만 칭찬은커녕 질타와 질책만 돌아오니 일할 맛이 나지 않는다고 말했다.

이 제품을 만드는 데 절대적으로 필요한 시간이 있고, 8월이 되어야만 에러 없는 제품으로 업그레이드된다는 이야기를 사장에게 하지 않은 이유가 있느냐고 직원들에게 물었더니, "말해도 소용없습니다. 어차피 6월에 맞추겠다는 동의를 할 때까지 사장은 우리를 설득했을 거라고요."라고 대답했다. 그러면서 동시에 자신들의 역할이나 노력에 대해 제대로 알리지 않는 임원에 대한 불신까지 커지고, 이직하는 구성원을 부러워하는 상황까지 되었다.

강사장의 사례에서 우리는 성과를 내기 위한 조바심이 얼마나 큰 대가를 치르는지를 여실히 볼 수 있다. 여건과 구성원의 정서를

고려하지 않고 성과만을 생각하는 조바심이 결국 조직 내의 분열
과 불신을 낳았다.

결과적 목표와 과정적 목표

우리가 어떤 일을 해나갈 때, 반드시 2가지의 목표를 명심해야 한
다. 하나는 얻고자 하는 성과와 관련된 '결과적 목표' 다. 다른 하
나는 그 일을 해나가는 과정에서 이루고 싶은 '과정적 목표' 다.

　예를 들어 구성원들이 팀워크를 다지기 위해 운동회를 한다고
하자. 운동회 프로그램을 짜기 위해 회의를 한다고 할 때, 결과적
목표는 하루 일정과 활동이 잘 설계되어 있는 운동회 시간표를 얻
는 것이다. 회의 과정이 즐겁고 재미있어서 운동회에 대한 기대감
을 증폭시키고, 운영자들 간에 팀워크가 좋아지는 것은 바로 과정
적 목표가 될 것이다.

　만약 결과적 목표만 생각한다면, 논의하는 과정에서 서로 토라
지거나 논쟁이 커져 회의가 중단될 수도 있다. 우리가 쉽게 범할
수 있는 오류는 결과적 목표에만 초점을 둘 때 생긴다. 여기에 조
바심까지 부리면 너무 많은 손실을 겪게 된다. 사실 조바심을 부추
기는 것은 '그 일이 제대로 되지 않을까봐 드는 염려와 두려움' 이
다. 그 염려와 두려움은 자신과 타인에 대한 불신에서 출발한다.
조바심은 결과적으로 그 불신을 강화하는 역할을 하게 된다.

강사장은 사실 굉장히 똑똑하고 제품 시장의 판세를 판단하는 능력이 대단한 사람이었다. 강사장이 임직원에게 전달하는 내용에는 이상이 없었다. 자신의 판단과 노하우를 전수해주고 싶어서 여러 가지로 노력하고 도전하는 사람이었다. 강사장만큼 전문성을 갖추기 위해서 노력하는 사람이 드물고, 구성원들의 창의성과 도전의식을 심어주기 위해 무척이나 노력했다.

다만 강사장의 문제는 다른 사람이 충분히 애쓰고 있다는 것을 인정해주지 않는 데 있었다. 강사장 또한 혹독한 상사에게서 지독하게 훈련을 받았고, 밤낮없이 일하면서도 칭찬 한 번 제대로 받지 못했다. 강사장은 그러한 환경에서 살아남았던 것이다. 상사가 알아주지 않아도 늘 자신의 목표와 성과를 위해서 싸워왔고, 그 결과 전문성과 노력이 조직에서 인정되어 젊은 나이에 빠르게 승진을 하고 자회사의 사장까지 겸직하게 된 것이다.

강사장이 신념처럼 믿고 있는 것은 '내가 한 사람을 특별히 예뻐하면 그 사람 주변에 적이 많이 생긴다. 내가 계속 야단치면 사람들은 그 사람을 불쌍해하고 도우려하기 때문에 오히려 화합할 것이다. 나의 강도 높은 훈련에서 살아남는다면 어떤 상사를 만나더라도 파트너십을 발휘할 수 있을 것이다.' 다. 강사장의 신념을 들으면서, 필자는 마음 한편이 짠해왔다. 강사장이 얼마나 치열하게 살았는가가 느껴졌기 때문이다. 그러나 강사장의 신념은 만료일이 지난 면허증이었다.

조급함을 내려놓아야 한다

브라질의 교육학자 파울로 프레이리는 자신의 저서 『페다고지』에서 육성의 형태에 경종을 울리는 이야기를 했다. 억압을 받던 자들이 그 압제자에게서 벗어나면, 그들이 가지는 유일한 리더십의 역할 모델은 자신들을 억압하던 바로 그 압제자라는 것이다. 그래서 처음에는 자신을 억압하던 상사의 리더십을 비난하지만, 새로운 곳에서 리더의 역할을 할 때는 예전에 자신이 비난했던 그 상사의 모습을 그대로 재현할 확률이 높다고 한다.

강사장의 예를 통해 이 주장이 얼마나 타당한지 실감한다. 가정에서도 마찬가지다. 알코올중독에 걸린 아버지가 어머니를 때리는 것을 보고 자란 아이들이 성장해서 가정을 꾸려나갈 때, 그 아버지의 모습을 그대로 재현할 확률이 높은 것도 그 역할 모델을 모방해서 그런 것이다.

사람을 대하는 태도는 이렇게 '번식' 된다. 내가 한 행동들이 씨앗이 되어서 나를 관찰한 사람의 마음에 심기고, 그 사람들이 나중에 나와 같은 상황에 처했을 때 그 씨앗은 열매로 맺힌다. 좋은 씨앗을 심으면 좋은 열매가 열리고, 좋지 못한 씨앗을 심으면 좋지 못한 열매가 열리는 것이다. 이런 생각을 하면 리더로서 내 행동과 가치관이 얼마나 큰 파장력을 갖는지 깨닫게 되어 어깨가 한층 무거워진다.

목표에 대해 열성을 갖는 것, 그리고 더 높은 수준으로 이뤄내고 싶은 애정을 갖는 것, 그것은 성공하기 위한 필수요건이다. 하지만 절대적으로 투입해야 할 시간, 기다림, 신뢰, 그리고 더 잘할 수 있도록 동기를 부여하는 일 등이 없는 조급함은 독이 된다. 그런 조급함은 오히려 나와 주변 사람들을 목표에서 분리시키고 서로를 비난하게 만들며 이탈하도록 부추긴다.

나 자신에게도 마찬가지다. 내가 조급할 때 가장 실패하기 쉬운 환경을 스스로 만들게 된다. 더 두려운 것은 조급하게 처리한 일은 나를 더 조급하게 만들고, 그 조급증은 계속 2차·3차 실패를 불러온다는 데 있다.

바쁠수록 잠깐 멈춰 서야 한다. 심호흡을 하며 지금 상황이 어떤지 찬찬히 살펴야 한다. 한 곳에 초점을 맞추느라, 정말 중요한 것을 놓치고 있지는 않은지 체크해야 한다. 부지런함은 손에 챙기되 조급함은 내려놓아야 한다. 과정적 목표와 결과적 목표 모두를 챙겨봐야 한다.

Chapter
2

두려움은
목표에 몰입하지
않을 때 생긴다

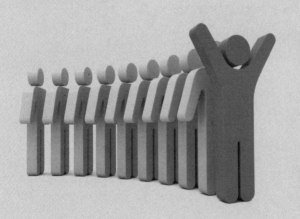

두려움! 이 단어를 들으면 어떤 느낌이 드는가? 그런 단어는 내 것이 아니라고 손사래부터 칠 것인가? 아니면 누구나 두려움을 가지고 있다고 일반화시킬 것인가? 두려움을 다양한 형태로 외면하는 과정에서 우리는 두려움 뒤에 숨어있는 강렬한 목표에 대한 열망을 놓치게 된다. 두려움은 초점이 명료하지 않을 때 생긴다.

두려움의 순기능과 역기능

두려움은 창피한 것이 아니다. 두려움은 우리를 보호하는 순기능이 있다. 두려움은 내가 누군가에게 거절을 당하거나, 수치감을 겪거나, 창피를 당하거나, 아니면 위험한 곳에 노출되지 않도록 함으로써 나를 보호한다. 만약 두려움이 없다고 가정해보자. 앞에 뱀이 있는데도 그냥 저벅저벅 걸어가다가는 뱀에게 물릴 수 있다. 혹은 내가 전혀 준비가 안 되어 있는데도 손을 번쩍번쩍 들어서 잘못된 내용을 발표하거나 잘못 주도해서 사람들한테 망신을 당할 수도 있다. 이런 상황에서 나를 보호하는 것이 바로 두려움이다.

　그렇다면 이런 순기능이 있는 두려움에 대해 우리가 경계해야 할 점은 무엇인가? 두려움은 우리가 변화를 시도하려는 그 순간부터 예민하게 작동한다. 두려움은 '안전하게'라는 사명을 달성하기 위해 이 변화가 필요한지 필요하지 않은지를 고려하지 않는다. 변하려는 내 의지와 무차별적으로 맞서 싸운다. 그래서 내가 새롭게 변신하거나, 새로운 목표를 세우거나, 새롭게 달라지고 싶거나, 변하고 싶어질 때 두려움은 아주 적극적으로 무장을 하고 나온다. 이 것이 바로 두려움의 역기능이다.

더 나아가 두려움은 내가 갖고 있는 잠재력, 내가 갖고 있는 능력, 내가 갖고 있는 무기들을 써보지 못하도록 한다. 두려움은 뭔가를 시도하려는 나에게 이렇게 말한다. "그 자격증 따는 게 쉽겠니? 직장 다니면서 무슨 부귀영화를 누리겠다고!" "괜히 나섰다가 미움만 받으면 어떡해. 그냥 시키는 일이나 하자." "의견 한 번 냈다가 틀리면 어떡해. 설령 옳은 의견을 냈다하자. 너한테 그거 덤터기 씌우면 어떡하냐? 괜히 네가 책임 맡게 되니까 그냥 중간이나 가게 아무 소리 하지 말고 있어." "직원들한테 뭐하러 피드백을 해. 어차피 저 인간 바뀔 것 같지도 않은데."

아주 사소한 일부터 큰일까지 두려움은 우리가 변하려고 하거나 어떤 목표를 설정할 때 우리의 발을 무겁게 만든다. 내 잠재력의 발현을 근원적으로 차단하는 것은 바로 두려움이다.

두려움을 뒤집어보자

그래서 두려움이라는 감정이 떠오를 때는 바로 바꾸어 생각해봐야 한다. '두려움 뒷면에 있는 나의 변화와 목표는 무엇이지?' 라고 말이다. 때로는 '어? 나는 목표나 변화를 생각지 않았는데?' 하며 의아해할 수 있다. 그러나 두려움이 떠오를 때 가만히 마음의 작동을 되짚어 보면 두려움의 센서가 얼마나 민감한지 알 수 있다. 명확하지 않지만 '무엇인가를 해볼까?' 하고 움직이고 있는 마음을 내 의식보다도 두려움이라는 감정이 먼저 알아차린 것이다.

두려움 뒤에 있는 목표를 감지하는 것은 에너지 관리 면에서도 중요하다. 목표를 생각할 때와 두려움을 생각할 때, 내 안에서 일어나는 에너지의 수준은 극과 극이다. '이 목표를 이루고 싶고 이루고 말겠다.'라고 할 때와 '이 상황을 이겨나가지 못하면 어떡하지?'라고 할 때의 에너지가 얼마나 큰 차이가 나는지는 설명하지 않아도 느낄 수 있을 것이다.

두려움에 관한 이야기를 할 때면 필자에게 코칭을 받았던 홍상무가 떠오른다. 홍상무는 혁신적이며 일을 두려워하지 않았다. 긍정적이고 건전하며, 단기성과와 장기성과를 내기 위해 고민하는 사람이었다. 이러한 태도 덕분에 6개월의 코칭 기간 동안에도 원하는 목표를 이뤘고, 필자에게도 코칭에서 성공을 체험하게 해줬다. 그런데 코칭을 완료한 후 1년쯤 지나서 심각한 목소리로 전화를 걸어 코칭 A/S를 해달라고 했다. 두 시간의 거리를 한걸음에 달려온 홍상무는 두려움과 염려와 걱정으로 꽉 차 있는 얼굴이었다.

홍상무는 재무 출신의 새로운 사장이 취임하면서, 회사의 분위기와 업무 환경이 너무 많이 바뀌었다는 이야기를 했다. 새로운 사장이 보수적으로 경영하고 비용^{cost}을 줄이는 데 초점을 두다보니, 각 부서는 비용을 절감하는 데만 초점을 두었지 중장기적인 투자를 하자는 제안을 감히 꺼내지 못하는 상태였다고 한다. 홍상무는 이런 분위기를 무릅쓰고 사장을 설득해서 단기뿐만 아니라 중장기 전략을 위해 반드시 필요한 일이라며 10억 원짜리 컨설팅을 6개월간 받았다.

이제 그 컨설팅이 한 달밖에 남지 않았고 보고서를 제출해야 하는데, '너 혼자 10억 원을 갖다 부었으니 그만한 결과를 보여줘야 한다.'라는 압박감이 커져가는 상태인 것이다. 게다가 부하직원들은 "상무님, 이 방향이 맞습니까? 우리는 어떻게 됩니까?"라고 묻는 분위기라는 것이다. 마치 전시 상황에서 휴전을 하자고 했는데 혼자 전투를 고집했으니 꼴이 어떤지 보자는 상황 같아서 두려움은 더 커지고 있는 상태였다.

홍상무의 이야기를 다 듣고 두려움과 염려에 대해 깊이 공감을 했다. 순수한 충정으로 이 일을 시작했지만, 다양한 사람들과의 동의 아래 시작한 일을 혼자 총대를 매야 하는 상황, 또한 이것이 정말로 옳은 투자였음을 실제로 증명해내야 하는 고통과 무게감을 함께 나누고자 했다.

필자는 홍상무에게 2가지 질문을 했다. 첫째 질문은 "새롭게 취임한 사장님은 잠자리가 편안할까요?"였다. 그 질문에 홍상무는 잡고 있는 펜을 딱 놓더니, "저보다 잠을 더 못 주무시겠지요. 저는 한 분야의 일을 하고 있지만, 사장님은 전체를 관장하고 계시니까요. 회장이 자신이 투자하거나 전략으로 삼고 있는 것에 대해 분명 물어올 것이기 때문에, 저보다 더 큰 무게감이 있으시겠죠."라고 말하며, 갑자기 우물에 빠졌다가 우물 밖으로 빠져나온 사람과 같은 표정이 되었다.

"그런가요? 그럼 이런 면에서 생각해보는 것은 어떨까요? 만약 홍상무님이 부사장이 되셨다고 가정해볼게요. 부사장이 되셔서 지금 이 모습을 회상한다면 뭐라고 할 것 같으세요?" 둘째 질문이 끝나자마자 "굉장한 의미이지요. 내가 이것을 다 처리했기 때문에 부사장이 될 수 있었겠지요."라고 이야기했다. "그럼 지금 경영수업을 하고 계시네요? 회사에서 돈을 10억 원이나 지불해가면서 상무님이 부사장의 그릇이 되도록 경영수업을 제공하고 있는 거네요?" 참 순진한 질문이었는데도 불구하고 홍상무는 표정이 바뀌면서 "진짜 그러네요!"라고 화답했다.

"그럼 상무님! 이 경영수업을 어떻게 성공적으로 끝낼지 다시 이야기해볼까요?"라는 필자의 요청에 홍상무는 "그럽시다!" 하며 자신의 페이스와 자신감을 찾기 시작했다. 두려움이 목표로 전환되는 순간이었다. 두려움으로 보면 주위에 있는 모든 사람이 나를 공격하고 조롱하려고 준비하는 사람들이었지만, 이제 목표로 전환하면서 '그들을 넘고야 말겠다.'라는 의지가 생긴 것이다. 이 목표를 달성하면 경영자로서의 역량이 더 커질 것이라는 희망과 기대가 더 커졌다.

두려움의 또 다른 형태, 예기불안과 과잉욕구

필자에게는 한 가지 열등감이 있다. 바로 영어다. 며칠 전에 나흘간 외국인이 운영하는 워크숍에 다녀왔는데, 통역사가 있었음에도 사흘째부터는 입안이 헐고 마지막 날 집에 올 때는 급기야 몸살이 났다. '괜찮아, 난 한국말을 잘하잖아!' 라는 자기최면도 별 소용이 없었나보다.

포기할 때도 되었건만 늘 끌고 다니는 이 열등감은 특히 영어를 많이 쓰는 리더를 코칭할 때 필자의 역량을 제대로 쓰지 못하게 하는 방해물이 된다. '영어 발음이 제대로 안 되면 어떡하지?' 라는 불안이 생기면, 그야말로 필자가 우려했던 바보 같은 발음을 하게 되어버리니 말이다. 설상가상으로 '잘해야지.' 라는 생각에 집중하면, 우스꽝스러운 발음이 되어버리기도 한다. 더 문제는 코칭 과정에 대한 집중력이 떨어져버린다는 것이다.

이것이 바로 예기불안anticipatory anxiety과 과잉욕구hyper-intention가 만들어낸 패배경험이다. 단어에서 알 수 있듯이 예기불안은 어떤 일이 일어날지도 모른다고 불안해하거나 두려워해 오히려 진짜 두려워하던 일이 일어나도록 만드는 것이다. 과잉욕구도 예기불안과 비슷한데, 꼭 하고 싶다는 강한 의욕이 그 일을 불가능하게 만드는 경우를 말한다.

박전무와의 첫 코칭 세션은 바로 예기불안과 과잉욕구가 얼마나 자신을 힘들게 하는지를 잘 알려주는 시간이었다. 타 회사에서 스카우트되어 온 지 만 1년이 되었던 시점에서, 박전무는 자신의 마음대로 속도가 좀처럼 나지 않는 것에 대해 무척 스트레스를 받고 있었다.

"이 회사 구성원의 수준이 높았다면 더 잘되었을 겁니다. 이런 상태로 가면 2~3년 뒤에는 회복할 수 없는 정체감을 맛보게 될 겁니다. 다들 얼마나 심각한 위기인지를 모르고 있습니다. 시간이 많이 없습니다." 박전무의 말과 표정은 자신이 겪고 있는 위기감을 충분히 이해할 수 있을 만큼 절박했다.

"전무님, 시속 몇 km로 달려야 한다고 생각하세요? 그리고 현재는 몇 km로 느껴지시나요?"라고 필자가 묻자, "최소한 100km로 달려야 하는데, 현재는 10~15km밖에 속력이 나고 있지 않아요. 정말 큰일입니다."라고 답했다.

"음, 그럼 지난 1년 동안 전무님이 중점적으로 노력을 기울이신 일은 무엇인가요? 주변에서는 1년 동안에 있었던 일련의 일들을 보고 어떤 이야기들을 하나요?"라고 물었다. 박전무는 "프레임을 바꾸는 작업을 했죠. 프레임이 이제 안착이 되었고 올 상반기에 가동이 될 겁니다. 다른 부문이나 본부에서는 우리 본부가 하는 일에 대해 '존재감이 느껴진다. 그런 일들을 하고 있는 줄 몰랐다.' 하는 반응을 보여왔습니다. 작년에 이직한 사람들이 '그런 분위기라면 다시 가고 싶다.' 라는 말을 했다고 합니다. (웃음) 구성원들도 자신들이 부가가치가 높은 일들을 하고 있다는 자부심을 느끼고 있는 것 같고요."라고 답했다.

1년 동안 이룬 성과를 이야기하는 박전무의 표정에는 생기가 돌고 활력이 넘쳤다. "지금은 아까 위기를 말씀하실 때의 표정과는 사뭇 달라보이시는데요? 지금 상태라면 몇 km의 속도로 달릴 수 있을 것 같으세요?"라고 물으니 박전무는 "하하하, 좀 나아졌겠네요. 한 30km로 달릴 수 있겠어요."라고 대답한다.

　이때다. 박전무의 문제점을 직면하기 위해 덧붙여 말했다. "전무님, 혼비백산하는 것과 목표에 몰입하는 것은 다릅니다. 그 차이점을 아세요?" "네? 혼비백산이요?" 한동안 박전무와 필자는 그 차이점에 대해 이야기를 나눴다. 두려움에 혼이 빠져버리는 혼비백산은 현재의 자원을 제대로 쓰지 못하게 만들 뿐만 아니라, 엉뚱한 곳에서 자원을 소모하게 됨으로써 그 예기불안을 실현시킨다.

　리더들을 소모적인 함정에 빠뜨리는 것은 목표로 나아가는 데는 전혀 도움이 되지 않는 것을 고민하고 불안해하는 것이다. 그것이 바로 혼비백산이다. 리더들은 불안해하고 있으면서 '목표에 대한 고민을 하고 있다.'라고 착각하고 있을 때가 많다. 그것은 마치 원숭이가 이 나무 저 나무를 옮겨다니는 형상과 비슷하다. 어느 것에도 집중하지 못할 뿐만 아니라, 이 나무 저 나무를 옮겨 다니는 데 에너지를 쓰느라 정작 집중해야 할 영역, 순차적인 계획, 현재 점검해야 할 중요한 일에는 에너지를 쓰지 못하게 되는 것이다.

　'이러다가 이렇게 될지도 몰라.'라는 예기불안과 '더 보여줄 거야. 보여주고 말거야.'라는 집착적 과잉욕구가 리더의 역량과 에너지를 깎아먹는 주범이다. 내가 해낸 것에 대한 인정, 그것을 가능하게 했던 나와 구성원들의 자원, 목표에 대한 통제감들이 리더의 역량을 맘껏 발휘하게 하는 자원이 된다.

그렇다. 되돌아보면 필자도 영어에 혼비백산했다. 필자가 맞춰야 할 초점이 무엇인지 명료해졌다. 이제 원숭이 놀이를 그만해야겠다.

내 잠재력의 발현을

근원적으로

차단하는 것은

바로 두려움이다.

Chapter
3

용서,
나를 강하게 만드는
강력한 무기다

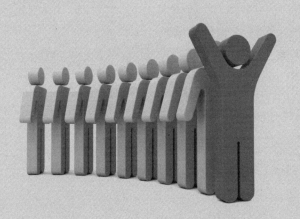

조직 내에서 용서라는 말이 어울릴까? 혹은 필요할까? 우리가 이해할 수 있는 폭을 넘어서는 사건과 사람을 맞닥뜨릴 때, 혹은 우리의 기대에 미치지 못해 화가 나기 시작할 때, 우리는 수시로 '용서'해야 할 상황에 직면하게 된다. 문제는 그 분노와 화가 해소되지 않으면, 시야가 좁아져서 이후에 실수와 실패를 불러올 확률이 커진다는 데 있다. 용서를 위해 필요한 것은 무엇이고, 실제로 분노를 해소하고 긍정적인 마음으로 되돌아갈 수 있는 방법은 무엇인지 알아보자.

용서가 필요한 크고 작은 사건들

혹시 용서할 사람이 있는가? 필자도 용서할 사람이 있다. 크게는 IMF 때 보증을 서줬더니 돈을 떼먹고 자취를 감추는 바람에 새로 분양받은 집을 들어가보지도 못하고 팔아서 빚을 갚게 만든 사람부터, 작게는 프레젠테이션을 손보라고 했더니 엉뚱한 것을 손보는 바람에 새벽까지 작업하게 만든 직원까지…. 내게도 아주 크거나 아주 작은 용서거리가 있다.

위대한 용서는 우리를 감동시킨다. 플라시도 도밍고의 에피소드는 우리를 깊고 고운 마음으로 이끌며, 용서가 얼마나 위대한 것인지 느끼게 해준다. 플라시도 도밍고와 호세 카레라스는 루치아노 파바로티와 함께 3대 테너 가수로 알려져 있다. 플라시도 도밍고와 호세 카레라스는 사이가 좋지 않았다. 그들은 서로가 상대방이 초빙되지 않았을 때에만 음악회에 나가겠다는 계약조건을 걸 만큼 사이가 나빴다.

이들의 앙숙관계는 스페인 내에서 독립하려는 지역과 지배했던 지역 간의 갈등에서 시작되었다. 스페인 내에 카탈루냐 사람들은 마드리드 사람들이 지배하는 스페인에서 독립하기 위해 오랫동안 투쟁해왔다. 플라시도 도밍고는 마드리드 출신이고, 호세 카레라스는 카탈루냐 출신이다.

그런 관계가 지속되던 중 1987년에 카레라스는 백혈병에 걸렸고, 3년 동안 미국을 다니면서 치료했으나 완쾌되기도 전에 재산이 바닥이 났다. 그때 스페인의 마드리드에 헤르모사라는 백혈병을 돕는 재단이 있다는 것을 알았고, 다행히 그 재단의 후원으로 완쾌되어 다시 노래를 부를 수 있었다.

재기에 성공한 카레라스는 자신을 도와준 재단에 기부하기 위해 정관을 읽던 중, 그 재단의 이사장이 플라시도 도밍고라는 것과 자신을 돕기 위해 세운 재단이라는 것을 알게 되었다. 카레라스는 도밍고를 찾아가 용서를 빌었고, 그때부터 그들의 우정이 시작되었다. 기자가 도밍고에게 왜 앙숙이었던 카레라스를 돕기 위해 재단까지 설립했냐고 묻자, 도밍고는 "세상이 그런 목소리의 주인공을 잃는다는 것이 애석했을 뿐입니다."라고 간단하게 말했다.

큰 여운이 남는 이야기다. 용서는 저절로 일어나지 않는다. 용서는 의지이고 선택이다. 뭔가를 잃어버리거나 아예 기회가 사라지고 난 후의 용서는 빛을 발하기가 어렵다. 용서를 할 수 있다는 것은 지금 현재 이 순간에 내가 나 자신을 잘 조절하고 있다는 뜻이며, 내가 이 상황에서 주도권을 가지고 있음을 의미한다. 용서는 기적을 낳는다. 적어도 내 마음 안에서는 기쁨과 평화라는 기적이 일어날 것이다.

나 자신을 용서하는 것, 직원을 용서하는 것

폴 마이어가 쓴 『용서의 심리학』에는 미국 캘리포니아 주 샌디에 이고에 있는 한 의사의 이야기가 나온다. 그 의사를 거쳐간 말기 암 환자들이 1만 5천 명이나 된다고 한다. 기록에 따르면 이 환자들 가운데 54%가 5년 이상을 살았고, 10년이나 15년 또는 그 이상을 산 환자들도 적지 않다고 한다. 대단한 치유 결과라고 할 수 있는데, 그 원동력이 된 것은 무엇일까?

그것은 의사가 환자에게 하는 첫 질문에서 확인할 수 있다. 환자가 왔을 때, 그 의사가 반드시 물어보는 것이 "용서하셨나요?"라고 한다. 환자들은 "내가 걸린 암과 용서가 무슨 관련이 있나요?"라고 묻지만, 그 의사는 곧이어 "당신을 속인 친구를 용서하셨나요? 배우자를 용서하셨나요? 자녀들을 용서하셨나요? 부모를 용서하셨나요? 과거에 어리석은 잘못을 저지른 자신을 용서했나요? 그런 일들을 용서했는지 잘 생각해보세요."라고 질문한다.

그 의사는 영혼과 육체가 동일한 맥락에 있기 때문에 영혼이 아프면 몸도 아플 수밖에 없다는 믿음을 가지고 있었던 것이다. 그 의사는 "용서하지 않는다고 상대방이 상처를 받는 것은 아닙니다. 용서하지 않으면 자기 자신에게 상처를 주고 자신을 파괴할 뿐이지요. 용서하지 않으면 자신을 좁은 우리 속에 가두는 것이나 다름없습니다."라고 이야기한다.

말기 암이라고 이야기하니까, 이러한 용서가 큰 잘못에만 국한한 것처럼 느껴질지도 모르겠다. 그러나 조직에서 더더욱 필요한 것이 '용서'다. 조직생활에서 우리는 크고 작은 분노와 억울함에 놓일 때가 많다. 자신이 담당한 일을 제대로 체크하지 않아서 사고가 나게 만든 팀원을 볼 때 용서하기 어렵다. 약속한 기한이 다가오는데, 설득력 없는 부실한 제안서를 가져오는 팀장을 보면 감정을 조절하기가 어렵다. 그 무능함과 무책임을 용서하기 어려운 것이다. 혹은 거래처를 선정하면서 공정하지 못한 행위를 한 직원을 용서하기 어려울 수도 있다.

필자도 이러한 화에 휩싸여본 적이 여러 번 있다. 그러한 깊은 부정적인 에너지는 부하직원을 육성하고 가르치는 데 별로 도움은 주지 않으면서 자신의 마음만 병들게 한다. 끔찍한 이야기지만 부정적인 에너지는 다시 실수와 실패를 낳게 하고, 부정성을 달라붙게 하는 자석이 되어버리고 만다.

닻이 진흙 속에 깊이 박혀 있는 배는 빠르게 항해할 수 없다. 부하직원들을 탐탁지 않게 여기고, 한 번의 실수도 용납하지 않으며, 한 번 찍으면 영원히 열외시켜버리는 행동들은 겉으로 볼 때는 그 직원에게만 한 것 같지만 결국 나 자신과 조직을 병들게 한다.

용납하지 않는 엄격함이 성과를 가져오는 것 같지만, 그 엄격함에 닻을 내린 배가 얼마나 빠르게 항해할 수 있을까? 이 물음의 답은 쉽게 장담하기 어려울 것이다.

용서하라는 것은 없었던 일로 하라는 것이 아니다. 만약 징계를 받아야 할 일이 있다면 징계를 받아야 한다. 용서하라는 것은 내 마음으로 붙들고 있는 분노에서 그 사람을 놓아주라는 것이다. 나 자신을 위해서, 또 전화위복을 만들기 위해서 말이다.

그런데 이러한 타인에 대한 용서는 자신에 대한 용서와 연관되어 있을 때가 많다. 내가 져야 할 책임감에 대한 무게가 타인을 너 그렇게 이해하고 기회를 주기 어렵게 만들기도 한다. 내 실수에 대해서 스스로 용납하지 않기 때문에 타인의 실수에 대해서도 용납하지 못하는 것일 수도 있다. 수없는 비교와 경쟁에서 살아남아야 하는데, 안일한 태도로 임하고 있다고 판단하는 순간 분노에 휩싸일 수도 있다.

이러한 생각은 용서가 나 자신을 용서하는 것에서 시작되어야 할 때가 있음을 알려준다. 나 자신에게 제한 대신 자유를 주자. 나 자신에게 책임감 대신 신뢰를 보내주자. 나 자신에게 막연한 기대 대신 명확한 기회를 주자.

자신에게 실수를 통해 스스로 배울 수 있도록 기회를 준다면, 또 부하직원들에게 실수를 통해 배울 수 있도록 기회를 준다면, 나와 조직은 두려움에 떨며 아무것도 시도하지 않는 소극적인 모습에서 벗어날 것이다. 잠재력을 발휘하고 소신 있게 밀어붙이며, 위기와 실수를 전화위복으로 만들어낼 수 있을 것이다. 전화위복, 내가 그 신화의 주인공이 되어야 한다. 작은 분노를 이겨내고 용서하기 시작하면, 더 큰 위기에 봉착했을 때 그 위기를 더 크게 '복'으로 만들게 될 것이다.

용서도 훈련이 필요하다

용서를 위한 훈련에는 다양한 방법이 있는데 다음의 3가지를 권하고 싶다. 바로 감사일기 쓰기, 호흡하기, 그리고 정서적 자유기법 EFT ; Emotional Freedom Technique이다.

첫 번째 방법은 저녁에 쓰는 감사일기다. 매일 저녁 10분만 할애하자. 하루에 있었던 일 중 기억나는 일과 관련해 감사한 일들을 최소한 5개 이상 써내려가자. 한두 문장은 어렵지만, 쓰다보면 너무 사소한 것까지 감사한 마음이 들어서 전부 다 쓰기가 힘들어질 지경이 된다.

어느 봄날 저녁 필자가 쓴 감사일기의 내용을 들여다보자.

1. 따뜻한 봄날을 주셔서 햇살이 몸 가득 들어올 수 있게 해주심에 감사합니다.
2. 긍정과 희망으로 저를 믿고 따라와주고 열심히 일하는 직원이 있음에 감사합니다.

3. 우리 회사에 소망을 두고 지원하는 코치들을 통해, 우리 회사가 잘해나가고 있음을 확인시켜주셔서 감사합니다.

4. 내일 A사에서 강의할 자료를 준비할 수 있도록 시간을 주셔서 감사합니다. 더불어 지혜를 주심에 감사합니다.

5. 오늘 OOO방송국에서 전화가 왔습니다. 이곳저곳에서 저를 찾는 사람이 많아졌습니다. 감사합니다.

6. 지난번 제안서를 냈던 B사의 프로젝트에서 우리 회사가 탈락했음을 통보받았습니다. 이 일이 충격이었지만, 전략과 단가에 대해 더욱 고민하는 계기가 되었습니다. 감사합니다.

위의 내용 중 6번 항목을 보면, 실패에 대해 감사하고 있다. 사실 이 항목을 쓸 때 마음이 울컥했다. 공들인 제안이었고 그쪽 인력개발실에서도 우리 회사의 콘텐츠에 깊이 관심을 보였는데, 단가가 낮은 데로 하라는 인력개발실 상사의 주문 때문에 우리 회사의 제안을 거절한 것이었다. 이것을 억지로 감사하다고 쓰고나니, '이로 인해 내가 얻어야 할 교훈은 무엇일까?' 하는 생각이 진짜로 들기 시작했다. 실제로 그다음 날 단가와 전략에 관한 회의를 제안했고, 한 달 동안 우리는 단가와 전략에 대해 고민하고 준비했다.

그렇다면 감사일기를 며칠간 써야 습관이 되는 것일까? 대개 새로운 습관 형성을 위해서는 21일 동안 지속하면 된다고 하지만, 이 기간은 뇌가 거부감을 느끼지 않고 수용하는 데 드는 시간일 뿐이다. 영국 UCL^{University College London}에서는 습관을 만드는 데 걸리는 시간에 대한 실험을 진행했다. 지원자들에게 어떤 행동을 계획하게 해서 12주 동안 매일 하도록 했다. 그후 "당신은 언제쯤 무의식적으로 습관적인 행동을 하게 되었습니까?"라는 질문을 했다. 사람마다 차이는 있지만 연구에 참가한 사람들이 새로운 습관을 형성하는 데 걸린 평균시간은 약 66일이었다.

정말 감사일기를 통해 자신에게 긍정적인 에너지를 불어넣는 습관을 만들고 싶다면, 66일 이상을 유지해야 한다. 다이어리에 처음 시작하는 날짜와 66일째 되는 날짜를 표시해두자. 감사일기를 썼다면 다이어리의 그 날짜에 동그라미를 쳐서 표시를 하자. 그 표시는 내가 66일을 견딜 수 있게 하는 중요한 힘이 될 것이다.

용서를 위한 두 번째 방법은 호흡하기다. 필자는 호흡하기의 전문가는 아니다. 하지만 여러 전문가에게 배운 호흡하기의 초점은 호흡에 집중하는 시간만큼은 머리를 비우는 것이며, 동시에 에너지를 단전에 모음으로써 온몸에 기를 순환시키는 데 있다.

구체적인 방법은 전문가에게 배우는 것이 좋겠지만, 혼자서 연습하고 싶다면 다음의 방법으로 연습을 해보는 것도 좋을 것이다. 배꼽 아래로 2cm 아래에 단전이 있다고 하는데, 그 단전에 코가 있다고 상상하는 것이다. 단전에 있는 코를 통해 숨을 들이마신다. 주의할 점은 숨을 들이마실 때 배가 풍선처럼 부풀어 올라야 한다는 것이다. 부풀어 오른 배 안의 공기는 입을 통해 '후~' 하고 천천히 내뱉어야 한다. 누워서 배꼽 2cm 아래에 무게가 좀 있는 작은 돌 혹은 그릇을 올려놓고, 호흡에 따라 작은 돌이 위아래로 올라가고 내려가는 모습을 관찰하면서 하면 더 효과적이다.

용서를 위한 세 번째 방법은 정서적 자유 기법이다. 보통 EFT 라고 불리우는 이 기법은 손가락으로 특정 부위의 경혈을 톡톡 두드리면서 기에너지를 변환시킨다. 이 방법은 1990년대 미국에서 개발되었지만, 기가 흐르는 곳을 두드리는 것은 동양의학적인 패러다임에 기반한 것이다.

경혈을 두드린다는 것은 침을 놓는 것과 같은 개념으로 이해할 수 있다. 경혈을 톡톡 치면서 긍정적인 말을 함께 되풀이하면 된다. 처음에는 영상을 보면서 따라 하지만, 익숙해지면 5~10분만 으로도 에너지가 긍정적으로 바뀌는 것을 느낄 수 있다. 포털사이트 검색창에 'EFT'를 치면 관련 동영상이 여러 개 있어 어느 경혈을 쳐야 하는지 쉽게 알 수 있다.

필자가 소개한 방법은 간단하지만 강력한 방법들이다. 자신의 에너지를 긍정적으로 전환하고 에너지가 스스로 순환하도록 돕는 다면, 과거에 얽매여 있거나 분노에 쌓여서 연속적인 실패를 불러오는 일들을 막을 수 있을 것이다. 내 마음을 관리하는 것, 그것이야말로 강력한 경쟁력이다. 바로 시작해보자.

용서를 할 수 있다는 것은
지금 현재 이 순간에
내가 나 자신을 잘 조절하고
있다는 뜻이며, 내가 이 상황에서
주도권을 가지고 있음을 의미한다.

나 자신을 믿어야
남도 나를
믿을 수 있다

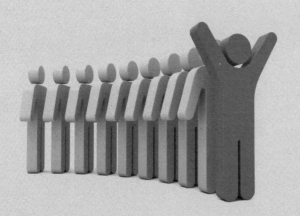

나 자신도 나를 믿지 못하는데 남이 나를 믿고 일을
맡길 수 있을까? 나를 믿는 마음은 위기의 순간에서
어떻게 작동할까? 자신을 믿는 것과 타인을 믿는 마
음, 이것은 자기조절능력과 어떤 관련이 있을까? 이
모든 것은 자신을 신뢰하는 것과 연동되어 있다. 또한
적당히 잊어버릴 수 있는 것조차 나의 능력이다.

자신을 믿지 못하면 타인도 나를 믿지 못한다

직원을 뽑기 위해 구인광고를 냈다. 구인광고를 보고 강사 출신의 젊은 남성이 필자의 회사에 지원을 했다. 이력서상에서 그 젊은 강사는 나름대로 성실하게 꾸준히 노력해왔다고 말하고 있었다. 하지만 면접에서 자신을 PR하는 능력이 너무 떨어져, 기회를 주고 싶은 마음에 노골적으로 이렇게 물었다. "만약 선생님을 뽑지 않는다면 우리 회사에 어떤 손해가 있을까요?" 그러자 "10년 뒤에는 자신이 정말로 유능한 코치가 되어 있을 것이기 때문에 본인을 뽑지 않은 것이 후회될 것"이라고 답했다. "그럼 제가 10년을 기다려봐야 그 가치를 알 수 있다는 건가요?"라며 웃었더니 당황하는 기색이 역력했다. 강사까지 했다는 사람이 자신의 장점과 상대가 무엇을 원하는지를 파악하지 못한다는 것이 너무 안타까웠다.

연극이나 뮤지컬을 보면서 나는 연기자들의 눈빛에 감탄한다.

특히 대학로의 작은 극장에서는 배우들을 가까이서 쳐다보게 되는데, 그들은 관객과 눈이 마주쳐도 눈을 돌리는 법이 없다. 오히려 빨아들이듯 강력하고 생동감 있는 눈빛으로 쳐다본다. 그 안에는 충만한 자신감과 상대에 대한 관심과 집중이 있다.

필자는 사람들과 대화하거나 강의를 할 때 연극배우의 그 눈빛을 생각한다. 내가 이야기하는 것에 자신감을 가지려면 자신을 신뢰해야 한다. 내가 믿는 것이 무엇인지 정리해야 하고, 그것을 내게 먼저 설득해야 하는 것이다. 그런 뒤 상대를 만났을 때는 상대방에게 집중하고, 그의 관심사를 잘 듣고, 내가 이미 설득된 나의 언어로 대답해야 한다. 면접이든 보고든 이성친구를 사귀든 자신에 대한 설득과 신뢰가 없다면, 상대는 그것을 재빠르게 알아차리고 당신이 내미는 손을 거절할 것이다.

위기의 순간에 자신을 믿어주자

또 다른 한 사람의 면접을 보게 되었다. 역시 남성이었는데, 눈빛이 이글거리고 자신만만한 얼굴이었다. 마치 면접 요령을 알려주는 강사를 했던 게 아닌가 할 정도로, 어떤 질문에도 거침이 없었다. 급여도 일단 이 회사에서 주는 대로 받을 것이며, 자신의 가치를 보시고 1년 뒤에 연봉 협상을 다시 했으면 좋겠다고 말했다. 열심히 일하고 그에 걸맞은 급여를 받아가겠다는데 마다할 이유가 없었다. 자신이 맡은 프로젝트를 완수하려면 3주가 필요하니, 3주만 기다려달라고 했다. 그 대신 중간에 미팅을 해서 구체적인 급여와 일의 분야, 기타 면접에서 다루지 못했던 여러 가지 이야기를 해보자고 시간을 정했다.

보름 후에 그 면접자와 미팅을 약속한 날이 되었다. 물론 그 전날 직원에게 미팅 시간을 다시 알려주라고 했고, 오전에도 전화 통화를 하고 문자를 보냈다. 하지만 그날 내내 연락이 되지 않았고, 약속 시간에 오지 않았으며, 결국 어떤 메시지도 없었다. 도대체 무슨 일이 일어난 것일까? 교통사고라도 나서 혼수상태인 것일까? 직원들과 수많은 시나리오를 쓰면서, 혼수상태가 아니라면 이 상황을 설명할 수 있는 것은 없을 거라고 결론을 내렸다. 그 면접자의 무사안일을 바라며 일단 기다리기로 했다.

2주가 지나서 메일이 왔다. 3주만 시간을 달라던 그 프로젝트에 문제가 생겼다는 것이다. 그것을 해결하기 위해 2주 동안 잠을 몇 시간밖에 못 잤고 식사도 거의 못해서 어제는 응급실에 실려갔다가 나왔다고 한다. 기회를 주시면 설명을 드리고 싶고, 꼭 필자의 회사에서 일하고 싶다는 간곡한 메시지였다.

정말 아까운 사람이다. 그 면접자의 이야기를 믿지 못한 것은 아니다. 분명 '위기의 순간'이었던 것 같았다. 그럼에도 그런 '위기의 순간을 다룰 수 있는 역량' 부분에서 너무 큰 결함이 보였기 때문에 같이 일하기 어렵다고 판단했다. 만약 그 면접자가 '지금 상황이 너무 힘들어서 찾아뵙기 어렵게 되었습니다. 수습하는 데 시간이 좀 걸릴 듯합니다. 며칠만 기다려주세요.'라는 문자 하나만 보냈더라면 지금 함께 일하고 있을 것이다.

위기가 터지면 에너지를 그곳에 모두 투입하느라고 다른 위기가 발생할 여지를 만드는 성향은 너무 위험하다. 좋게 생각하면 '온전히 몰입하는 사람'으로서 회사에 유익도 가져다주겠지만, 위기의 상황에서 작은 불씨를 큰 화재로 만들 수 있기 때문에 함께할 수 없는 사람이다.

문자 하나를 보내지 못했던 이유는 무엇일까? 아마도 상황에 압도되었기 때문일 것이다. 상황이 극단적일수록 우리는 침착해야 한다. 깊은 호흡을 내쉬면서 스스로 '이 상황을 잘 극복할 수 있을 거야. 잘될 거야. 이 위기를 극복하면 내게는 또 다른 능력들이 자라게 될 거야.' 등의 말들을 해줘야 한다. 평정심을 유지하도록 자신을 믿어주고 격려해야 한다.

평정심과 자기조절능력

리더의 특성 중에서 중요한 것이 '평정심' 혹은 '침착함'이다. 그리고 평정심을 유지하기 위한 중요한 조건 중 하나가 바로 자기조절능력이다. 우리는 자기조절을 잘하고 있는가?

필자는 '그럼에도 불구하고'라는 말을 참 좋아한다. 그 말을 입가에서 읊조릴 때는 필자가 평정심을 찾았을 때다. 엄밀히 말하면 그 말을 읊조리는 순간 평정심을 찾는 노력이 시작된다. 왜냐하면 통제할 수 없는uncontrollable 영역에 초점을 두고 불안해할 때는 절대 이 말을 떠올릴 수 없기 때문이다. '그럼에도 불구하고'라고 읊조리는 것은 나 자신에게 주도권의 열쇠를 쥐어준 것을 의미한다.

통제할 수 없는 영역에 초점을 둔다는 것은 '부정적인 정보에 더 민감' 하다는 것을 의미한다. 긍정적인 정보가 있음에도 부정적인 정보에 더 초점을 두어 그 정보에 스스로 위협당할 때, 평정심을 잃고 자기를 조절하기 어렵게 된다. 마음만 먹는다면 긍정적인 정보를 찾아낼 수 있다.

부하직원이 보고를 할 때, 긍정적인 것보다는 부정적인 것에 더 초점을 두고 있지는 않는가? 부하직원이 지난번보다 나아진 점 혹은 노력한 점에는 초점을 두지 않고, '역시 아직까지 내 기준에 미치지 못해.' 라고 생각하는 순간에 감정을 조절하기 어렵게 되지는 않는가? '그럼에도 불구하고' 라는 말, 아니 그 마음은 긍정적인 것에 초점을 두겠다는 의지이고, 통제할 수 있는controllable 영역에서 해결하겠다는 의지를 표명하는 것이다.

긍정적인 것에 초점을 둘 수 있는 마음은 또 하나의 중요한 단어와 연결된다. 그것은 '신뢰' 라는 것이다. 자신에 대한 신뢰와 타인에 대한 신뢰, 이 2가지 모두를 포함한 신뢰다.

- 이 상황은 어떻게 해서든지 해결할 수 있어. 최선을 다하자.
- 설령 실패하더라도 영원한 실패가 되도록 하지는 않을 거야.

- 전화위복으로 만들 수 있어. 이 일이 고스란히 손실이 되도록
  내버려두지 않을 거야.
- 내게는 그런 능력이 있어. 그리고 나와 함께 있는 이 사람들
  과 이 일을 만들어갈 수 있어.

이런 신뢰의 마음은 위급한 상황이나 다소 마음에 들지 않는 상황에서도, 자기를 조절할 수 있게 하고 평정심을 유지할 수 있게 한다. 위기의 상황에서, 부족하다고 느껴지는 상황에서 이렇게 자문해보자. 나 자신을 신뢰하는가? 부하직원을 신뢰하는가? 신뢰하지 않아서 내게 이익이 되는 것은 무엇일까? 그것이 조직을 영구적으로 개선시킬 수 있을까?

신뢰의 문제는 '과도한 목표'와 '조급함'과 관련이 있다. 성과 부분에서 좀 무리한 목표를 설정하는 것은 당연하다. 하지만 과도한 목표만 언급하고 잘되는지 검토하거나 지원하지 않는 것은 부하직원에게도 해가 되고 리더 자신에게도 해가 된다. 100m를 15초에 뛰는 사람에게 단숨에 12초대로 달리라고 명령하고는, 왜 기회를 주는데도 변하지 않느냐고 조바심을 낸다. 부하직원은 더 의욕을 상실하게 되고 뒤로 숨으려 한다. 목표를 요구한 리더는 갈수록 일할 사람이 없어서 더 갑갑한 현실에 처하게 된다.

15초대로 진입할 수 있도록 육성시키기 위해서는 적절히 개입을 해야 한다. 15초에서 14초로 시간을 앞당기게 되면, 잘 해나가고 있다고 인정과 칭찬을 해줘야 한다. 앞으로 어떻게 하면 13초

대로 앞당길 수 있는지 코칭해야 한다. 부하직원을 육성시키기 위한 나의 노력은 조직에 번진다. 내가 그런 것처럼 부하직원들도 자신의 부하직원에게 평정심을 갖고 그렇게 육성시킬 것이기 때문에 나의 이러한 노력은 매우 소중하다.

'나는 옳지만 넌 옳지 않다I'm OK, You're not OK.' 라는 패러다임으로는 자기를 조절해서 성과로 나아갈 수 없다. 왜냐하면 부하직원은 '넌 틀렸어. 넌 나쁘고 모자란 놈이야You're not OK.' 라는 패러다임으로 자신을 바라보는 리더를 결코 존경할 수 없기 때문이다. 또한 부정적인 정보로 불안해하는 리더와 함께 일하면서 긍정적인 결과를 꿈꾸는 부하직원은 많지 않다.

'나도 옳고 너도 옳아I'm OK, You're OK.' 가 나와 너를 살리는 메시지다. 또한 이러한 관점은 어려운 상황에서 '그럼에도 불구하고, 우리가 할 일은?' 에 초점을 두게 만든다. 자기를 조절하는 변수는 외부에 있지 않다. 온전히 나의 내부에 있다.

적당히 잊어버릴 수 있는 능력

요즘 필자의 기억력은 정말 걱정스러울 정도다. 백화점에서는 주차 도우미들의 도움이 없으면 주차한 차를 도통 찾기 어렵다. 가끔 정신이 있을 때는 주차티켓에다 주차한 곳의 번호를 적기도 하지만, 그건 아주 가끔 있는 일이다. 전두엽에 이상이 생긴 것은 아닌지 MRI라도 찍어보고 싶은 심정이지만, '난 너무 한곳에 집중하는 능력이 뛰어나서 그래.'라며 합리화를 해본다. 그런데 그런 생각이 그저 합리화에 불과할까? 적당히 기억나지 않는 것이 오히려 정신건강에 좋은 건 아닐까?

〈기억력의 비밀〉이라는 EBS의 다큐 프로그램에서 2가지 극단적인 예를 비교했다. 한 사람은 '과잉 기억 증후군'을 앓고 있는 사람으로서, 지난 40년간의 모든 것을 기억했다. 그 남자는 다섯 살 생일 때 자신이 무슨 옷을 입고 있었는지, 할머니가 주신 선물이 무엇인지, 그때 케이크는 어떤 색깔이었는지를 낱낱이 기억했다. 주변 사람들은 이 사람을 신기해하고, 알츠하이머 치료제 개발의 자원을 찾는 의료진들도 큰 관심을 보였지만 정작 이 남자는 잊고 싶은 기억조차 너무 잘 생각나는 바람에 불행해했다.

반면에 30대에 교통사고를 당한 한 남자는 서른두 살 이전의 기억을 모두 잊은 상태였다. 부인을 더 고통스럽게 만드는 것은 자신의 전문기술이나 방법 등은 기억하는데, 개인사에 대해서는 아무것도 기억하지 못한다는 것이다. 당연히 부인도 기억하지 못한다.

두 예가 너무 극단적이긴 하지만, 너무 많이 기억하는 것과 기억하지 못하는 것의 고통이 얼마나 큰지 이해할 수 있었다. 기억력을 키울 수 있는 암기 방법을 나름대로 개발하는 것도 필요하지만, 좋지 않은 기억에 너무 관심을 두면 2차적인 어려움을 초래한다.

연초에 가족과 앉아서 타임캡슐에 올해 계획을 담았을 때, 다시 이 기억력에 관한 생각을 하게 되었다.

올해 이루고자 하는 것을 각자 적어서 서로 이야기 나누고, 그것을 편지봉투에 담은 뒤, '우리 가족의 타임캡슐'이라고 적은 상자 안에 넣어두었다가 올 12월에 함께 열어본다. 자신이 소망했던 일을 얼마나 이뤘는지도 함께 나누고, 또 일 년 동안 그 소망들을 이룰 수 있도록 지지와 기도를 하기 위해서다. 직원들과도 함께해봤는데, 너무 큰 기쁨과 소속감을 느낄 수 있었다. 가정과 직장에서 한번 시도해보길 바란다.

타임캡슐에 올해 계획을 담기 전에, 작년에 가장 힘들었던 것과 가장 행복했던 것에 대해 이야기를 나눴다. 그런데 힘들었던 이야기를 할 때, 잊었다고 생각했던 사건들이 떠오르면서 가슴에 통증과 슬픔이 스멀스멀 올라오는 느낌이 들었다. 그러고 나서 '작년에 어려웠던 상황에서 깨달은 것을 교훈 삼아 올해는 그것을 전화위복으로 만들자.'라는 생각을 하자, 마음은 다시 기쁨과 소망으로 가득 찼다.

그때 '만약 마음에 힘든 사건을 계속 떠올리며, 통증과 고통이 있는 상태에서 일을 한다면 얼마나 힘이 들까? 그것은 마치 짐 40Kg을 지고 등산을 하는 것처럼 힘들고 고된 여정 일거야.'하는 생각이 들었다. 반면에 내가 이뤄낼 올해의 소망을 바라보며 일하는 것은 가벼운 옷을 입고 쾌적한 상태로 등산하는 기분일 것이다.

'적당히 잊어버릴 수 있는 상태, 오히려 이것이 큰 능력이겠구나'하는 생각이 든다. 적당히 잊어버릴 수 있어야 뇌도 자신의 기량을 맘껏 발휘할 수 있다. 뇌에는 편도체라는 곳이 있는데, 먹지도 쉬지도 않으면서 뇌를 순찰한다. 편도체는 혹시 나를 위협하는 존재가 없는지 늘 감시하고 살피며 나의 안전을 관리한다. 이 편도체가 순찰을 통해 내리는 결론은 늘 3가지 중에 하나라고 한다. 바로 '좋다, 나쁘다, 두렵다' 다.

만약 편도체가 '좋다' 라는 결론을 내주면, 나머지 뇌가 정보나 사람 관계를 평안하게 처리하고 교감할 수 있다. 그러나 만약 '나쁘다' 혹은 '두렵다' 라는 결론을 내게 되면 자신을 지키고 보호하는 데 에너지를 쓰느라, 나머지 뇌가 자신의 기량을 맘껏 발휘하기 어렵게 되는 것이다.

작년 혹은 지난달에 어떤 어려움이 있었는가? 그 어려움을 마음 한편에 보물단지 모시듯 모셔놓고 틈틈이 열어보고 편도체를 자극해 긴장된 상태로 세상을 대하고 있지는 않은가? 아니면 새로운 목표와 소망으로 자신을 안심시키고 기량을 맘껏 발휘하고 있는가? 이 말이 협박처럼 들린다면 이 역시도 자신의 편도체를 자극하고 있는 것이다.

자신을 긍정적이고 건강한 상태로 두는 것도 '습관' 이다. 오늘도 새로운 태양이 떴고, 내일도 또 새로운 태양이 뜰 것이다. 때로는 너무 어두워서 어떻게 해야 할지 모르겠다고 낙담하지만, 사실상 어둠 가운데서도 늘 빛 하나는 있다. 내 마음에 있는 소중한 빛! 너무 어두워서 잘 보이지 않을 때는 내 마음에 있는 빛을 따라가자. 어느새 그 터널을 벗어나 있게 될 것이다.

Chapter
5

새로운 영역,
새로운 일에
끊임없이 도전하자

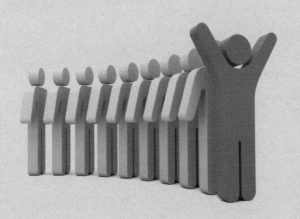

자신에 대해 잘 아는가? 세월이 흐를수록 양파껍질이 하나씩 벗겨지듯 드러나는 자신의 모습에 대해 놀라워한다면 적어도 자신을 잘 다루고 있다고 볼 수 있다. 자신에게 한계를 두지 않는 마음이 나를 확장시킨다. 이 능력이 내게 있는가? 내 안에 있는 많은 태도와 성품을 인식하고 상황에 맞게 발휘할 수 있다면, 삶 속에서 다양한 성공을 경험할 수 있다. 아이스크림만 골라 먹을 수 있는 것이 아니다. 내 안에 수많은 태도와 성품을 상황에 맞게 분별해서 쓸 수 있다면, 우리는 지혜로운 사람이 될 것이다.

누가 다섯 달란트를 가지고 태어났을까?

성경에 보면 '달란트 비유'라는 것이 나온다. 주인이 여행을 떠나면서 어떤 하인에게는 한 달란트를, 어떤 하인에게는 두 달란트를, 그리고 어떤 하인에게는 다섯 달란트를 맡기고 떠났다. 다섯 달란트를 맡은 하인과 두 달란트를 맡은 하인은 최선을 다해서 자신이 맡은 달란트를 2배로 불렸으나, 한 달란트를 받은 하인은 혹시나 잘못되면 주인이 나를 탓하지는 않을까 하는 두려움 때문에 땅에 묻었다. 여행에서 돌아온 주인은 자신의 한 달란트를 땅에 묻은 하인에게 화를 내며, 그 한 달란트를 다섯 달란트를 준 하인에게 주라고 말한다.

　필자가 이 비유에서 이해할 수 없는 대목은 '왜 누구는 다섯 달란트를 받고 누구는 한 달란트를 받았던 것일까'였다. 불공평한 느낌도 들었다. 그런데 어느 날, 지혜로운 분에게서 달란트의 심오

한 의미를 듣게 되었다. 이것은 비유일 뿐 실제로 우리는 누가 얼마의 달란트를 받았는지는 죽어서 신 앞에 가기 전까지는 모른다. 그러니 자신이 한 달란트를 받았는지, 아니면 다섯 달란트를 받았는지 삶 속에서 확인해보는 수밖에 없다는 것이다.

이 얼마나 놀라운 일인가? 이 한 달란트가 내 재능의 전부인 것으로 착각하고 산다면 얼마나 억울할까? 또 지금 내가 쓰고 있는 달란트 말고 또 다른 달란트가 있을지도 모른다는 것이 얼마나 희망적인가? 신이 얼마큼 내게 재능을 주셨는지 써보고 도전해보지 않으면 모른다.

대학에서 강의를 하던 필자는 우연한 기회에 코치로서의 삶으로 인도받았다. 여러 가지 관점에서 코치는 필자에게 적합한 직업이었다. 필자는 상대방이 잘하고 있는 것을 확장하게 할 뿐만 아니라 잠재된 능력을 끄집어내어 펼치도록 돕는 것이 정말 즐거웠다. 뿐만 아니라 그 즐거운 일을 하면서 돈까지 받았으니 얼마나 행복한 직업인가.

프리랜서로 일하던 필자는 어느 순간 회사를 운영하는 코칭회사의 CEO가 되어 있었다. "여자가 많이 배우면 결혼하기 힘드니, 대학 졸업하면 딱 2년만 직장생활한 후에 결혼해서 현모양처가 되어야 한다."라는 말을 수없이 듣고 자란 필자는, 그동안 남성의 역할로 인식해왔던 일을 해야 하는 상황에 놓이게 되었다. '이건 내가 할 일이 아닌데…' 하며 저항하는 마음이 생기면 이내 '달란트 이야기'를 떠올리며 마음을 고쳐먹었다. '전통적인 여인상으로 내 역할을 국한하는 것은 내 달란트를 스스로 한정 짓는 것이다. 내게 써보지 않은 다른 달란트가 있고, 이것을 이번 기회에 써보라는 하나님의 계시다.' 라고 생각하며 애써 호기심과 흥미를 가지고 CEO 역할에 도전했다.

지금도 'CEO로서 언제 철이 드나?' 하는 생각이 들기도 하지만, 확실한 것은 내 달란트가 생각보다 많다는 것이다. 뿐만 아니라 아직 쓰지 않은 달란트가 더 있다는 확신을 하게 되었다.

당신은 당신의 달란트가 얼마나 있다고 생각하는가? 지금 있는 그 모습까지가 당신의 달란트라고 생각하는가? 정말 확신할 수 있는가? 만약 당신에게 다른 달란트가 있는데 써보지 않고 죽게 된다면 후회하지 않겠는가? 새로운 영역과 새로운 일에 도전해보라. 실패도 하고 작은 성공을 거두면서 당신의 달란트가 더 있음을, 그리고 아직 풀지 않은 선물이 더 있음을 깨닫게 될 것이다.

내 안에 있는 다양한 성향들을 인정하자

아직 풀지 않은 선물이 내 마음 안에도 있다. 생각과 감정과 행동을 불러일으키는 자극제가 내 안에 있는데 있는지 몰라서 못 쓰는 경우도 있고, 있는 것은 아는데 착각 때문에 사용하지 않을 때도 있다.

사람이 가지고 있는 성향에는 긍정적인 것과 부정적인 것, 그리고 사용하기에 따라 달리 해석할 수 있는 중립적인 것들이 있다. 대체로 긍정적이라고 보는 성향에는 적극성, 소신, 센스, 지혜, 협력, 배려, 신뢰, 감수성, 패기, 신중, 사교, 추진, 리더십, 창의성, 목표지향, 논리성, 합리성, 따뜻함, 존중, 사랑, 기다림, 인내, 용서, 이해, 소망, 책임 등이 있다. 반면에 대체로 부정적이라고 보는 성향에는 두려움, 패배감, 좌절감, 비난, 비판, 공격, 독선, 복종, 포기, 허세, 거만, 과욕, 의존성, 회피, 남 탓, 이기심, 오만함, 냉정함 등이 있다.

그런데 항상 거만하기만 한 사람이 있을까? 혹은 의리 있고 친절하다고 정평이 난 사람에게 과연 독선적인 면은 전혀 없는 것일까? 그렇지 않다. 대부분 그런 특성은 한 사람 안에 동시에 내재되어 있기가 쉽다.

필자는 배려적이면서 이기적일 때가 있고, 독선적이면서 때로는 복종적일 때도 있다. '가시나무'라는 노래의 가사처럼, 내 안에 내가 너무도 많이 살고 있는 것이다. 그래서 때로는 괴롭기도 하지만 이 특성들을 상황에 맞게 잘 꺼내 쓸 수 있다면, 마치 한 달란트를 가졌던 사람이 그 달란트를 땅에 묻어버리는 것과 같은 우를 범하지 않게 될 것이다. 이 특성들은 나를 성공하게 하고 행복하게 만들어줄 것이다.

필자는 위에 나열한 성향 중 '지혜'를 소중하게 여긴다. 지금도 그렇지만, 한동안은 기도할 때마다 지혜를 달라고 떼를 쓰곤 했다. 아무리 나 자신에게 좋은 특성이 많아도 상황에 맞게 적절히 사용할 수 있는 지혜, 즉 분별력이 없으면, 나도 다치고 상대방도 다치기 십상이기 때문이다.

그런데 이렇게 지혜를 소중하게 여기다보니, 누군가가 필자에게 "지혜롭지 못하게 대응하셨군요."라고 이야기하면 다른 소리를 듣는 것보다 속이 더 상하고 화도 난다. 이유는 앞서 언급한 것처럼 지혜를 소중히 여기기 때문이기도 하지만, 한편으로는 나 자신이 지혜로운 사람이라고 생각했기 때문이다.

'이 소리 들을 때가 제일 화가 나!' 하는 말이 있는가? 그렇다면 그 말 안에 있는 숨은 긍정적인 단어가 무엇인지 곰곰이 생각해보라. 그러면 내가 소중하게 생각하는 가치와 태도가 무엇인지 인식할 수 있다. 동시에 '그 특성=나' 라고 동일시하고 있는 나 자신도 볼 수 있다.

내 안에는 지혜로움 같은 긍정적인 부분들도 있지만, 회피나 두려움 같은 부정적인 부분들도 함께 공존한다. 지혜롭게 해결할 때도 있지만, 두려움에 사로잡혀 일을 그르칠 때도 있는 것이다. 그게 나다. 그래서 인간미가 있는 것 아닌가? 그리고 평균을 내보면 나는 그래도 지혜로운 사람에 속하니 실수가 있어도 봐줄 수 있는 것 아닌가? 다음에 이런 일이 발생하지 않도록 주의를 기울이면 되는 것이다. 그렇다. 나라는 존재는 한 가지 특성만을 가지고 있지 않다는 것, 내 안에는 무수한 부분들이 있다는 것을 인정하는 순간 수용력이 커진다.

강점을 자주 사용해 더 강하게 만들자

필자가 가장 좋아하는 특성은 지혜이고, 이 지혜를 즐겨 부르고자 노력한다. 그런데 하나의 부분을 즐겨 부른다는 것은 어떤 의미일까? 여기에는 3가지 의미가 있다.

'즐겨 부른다'의 첫 번째 의미는 불러내야 한다는 것이다. 불러내지 않으면 아무리 내 안에 있는 부분이라고 해도 상황에 맞게 사용할 수가 없다. 자주 불러낸 부분은 달려오는 속도도 빠르고 매우 숙련되어 있을 것이고, 불러내지 않는 부분은 더 많이 노력해야 하고 숙련되지 않았을 것이다.

'즐겨 부른다'의 두 번째 의미는 이 각각의 부분이 '내 전체'는 아니다는 것이다. 책임감이나 배려가 내 전체는 아니다. 그것들은 '나'라는 속성을 드러내는 한 부분일 뿐이다. 필자는 상당히 배려가 깊은 사람이라고 자부하지만, 내 안에 이기적인 부분이 분명히 있고, 때로는 그 부분을 사용하고 있다는 것을 알고 있다. 이런저런 특성들을 상황에 따라 사용하고 있는 게 나인 것이다.

예를 들어 화장실에 갔는데 청소부 아주머니가 열심히 청소를 하고 있는 모습을 보고, 그 아주머니의 노고를 칭찬하고픈 마음이 생긴다. 그래서 "어쩌면 이렇게 화장실이 깨끗할 수 있어요? 언제나 와도 늘 같은 상태예요. 휴지도 늘 갖춰져 있고요. 성격이 정말 깔끔하시고 성실하신가봐요. 그렇지 않고서야 이렇게 늘 한결같을 수 있겠어요?"라고 칭찬할 수 있다. 이때는 배려라는 부분을 쓰고 있는 것이다.

반면에 너무 지치고 힘이 든 날에는 이기적인 부분에 나를 맡기기도 한다. 온전히 나를 위해주고 아껴주는 부분이 있어야 새로운 힘으로 해야 할 일을 할 수 있기 때문에 필자는 열심히 일하시는 청소부 아주머니를 못 본 척 지나치기도 한다.

그런데 만약 배려심 많은 나에만 초점을 둔다면, 억지로라도 청소부 아주머니와 이야기를 나누려하고, 진심이 아닌 이야기를 주고받을 것이다. 이렇게 배려심 많아 보이려고 노력함으로써 내 마음에는 과부하가 걸리고, 나에 대한 배려가 고갈되면서 다음 일을 망치게 될 수도 있다. 내 안에 여러 가지 부분이 공존하고 있음을 인정하고 수용하는 것이 나를 건강하게 만든다.

'즐겨 부른다'의 세 번째 의미는 그런 부분들을 불러내는 주인장이 바로 '나'라는 것이다. 배를 다룰 줄 모르는 선원에게 배의 키를 주면, 배는 어떻게 될까? 가려는 목표와 멀어지든지 암초에 부딪힐 것이다. 마찬가지로 이기적이어도 좋을 때 이기적이어야 하는데, 배려가 필요한 시점에 나도 모르게 이기적이란 녀석에게 배의 키를 맡기면, 배는 암초에 부딪힐 게 뻔하다.

그래서 필자는 항상 깨어 있으려고 한다. '지금 누가 배의 키를 맡고 있지? 내가 이 상황에서 어떤 부분에게 배의 키를 맡겨야 할까? 지금 배가 어디로 흘러가고 있지?' 하고 생각하며 잘 관찰한다. 물론 실패도 많이 하지만, 배가 표류하고 있을 때는 다시 배의 키를 누구에게 줘야 하는지 살펴보려고 노력한다.

내 안에 많은 부분이 있다는 것은 나를 많은 집착에서 자유롭게 한다. 배려가 많기도 하지만 때로는 이기적기도 하기 때문에 누군가가 이기적이라고 지적한다면, '그럴 수도 있겠네.' 하고 받아들일 수 있다. 또한 방어하려고 하기보다는 그렇게 지적하려는 사람의 마음이 어떤지를 헤아릴 수 있는 여유와 너그러움이 커진다.

내 안에 어떤 부분들이 있는지 지금 마음의 소리를 들어보자. 그 파트들을 훈련이 잘된 애완견 부리듯 그렇게 마음을 부려보자. 쉽지 않겠지만 변하지 않는 것은 내가 그들의 주인이자 선장이라는 것이다.

내 직위에 맞는 정체성을
확립하는 것이
중요하다

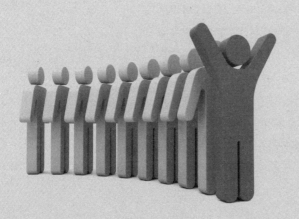

직위에 따라 내 역할이 바뀐다. 그 직위에 해당되는 '더 확장된' 정체성을 갖지 못할 때, 소위 '잘나가던 사람'이 갑자기 무능한 사람이 된다. 집에서 편하게 입는 옷과 외출복이 다르듯, 직위가 바뀌면 그에 맞는 행동을 해야 한다. 승진을 하거나 더 큰일을 맡거나 새로운 일을 맡게 될 때, 우리는 다양한 도전을 맞닥뜨리게 된다. 실수와 실패가 당연히 생길 수밖에 없다. 이때 과거의 방식에만 집착하거나, 자신의 무능을 탓하기만 한다면 더 깊은 나락으로 떨어지게 된다. 새로운 환경에서 자신의 시행착오를 허용하고, 자신이 가지고 있는 강점을 강화하며, 결국 해낼 수 있다는 용기를 자신에게 주어야 한다.

개구리 왕자, 그 뒷이야기

『개구리 왕자』라는 동화를 기억하는가? 못된 마녀의 마법에 걸려 개구리가 된 왕자가 공주의 키스를 받고 마법이 풀려나 둘이 행복하게 살았다는 동화 말이다. 그런데 그 둘이 진짜 행복하게 살았을까? 종결된 이 이야기에 파문을 던진 것은 『개구리 왕자, 그 뒷이야기』라는 동화책이다. 공주와 왕자는 한동안은 행복했지만, 개구리적 습관을 버리지 못한 왕자가 수시로 혀를 낼름거리거나 연꽃 잎을 주머니에 넣고 다니는 등의 행동으로 공주와 다투게 된다는 이야기다.

　사람의 습관이란 것은 이렇게 무섭다. 그토록 소망했던 왕자의 모습을 되찾았음에도 이전의 습관 때문에 현재의 소중한 상태를 잃어버릴 위기를 스스로 만들어내니 말이다. 아마도 개구리로 지낼 때의 목표는 늘 마법에서 풀려 왕자가 되는 것이었을 것이다.

하지만 왕자의 정체성正體性은 개구리에 머물러 있었던 게 아닌가 싶다. 정체성의 개념은 다음과 같다.

> **정체성正體性** 변하지 않는 존재의 본질을 깨닫는 성질. 또는 그 성질을 가진 독립적 존재.

이런 정체성의 혼란은 비단 개구리 왕자만의 문제는 아니다. 많은 리더들이 자신의 정체성에 대해 잘못된 정의를 내리고 그것 때문에 고통을 받는다. 필자가 코칭했던 오팀장만 봐도 그렇다.

내 정체성을 확장하자

오팀장은 누가 봐도 성실하고 책임감이 강하며 자신이 하겠다고 말한 것은 반드시 책임을 지는 유능한 사람이다. 이런 성향에다가 상대를 존중하고 승승을 이끌어내려는 마음을 늘 가지고 있다보니, 조직뿐만 아니라 고객사에서도 인정받는 사람이다.

오팀장 자신도 '나는 책임감이 강한 사람이다.' 라고 인식하고 있었다. 이 책임감 때문에 성공했던 오팀장이 새로운 팀에 부임하면서 이 책임감은 커다란 짐이 되기 시작했다. 새로 부임한 팀은 신규 아이템을 개발하고 아직 영글지 않은 아이템을 시장에 내다 팔아야 하는 그런 팀이었다. 나와 일하는 사람은 적어도 손해를 보거나 시행착오를 해서는 안 된다는 책임감이 오팀장의 발목을 자꾸 잡아끌었던 것이다.

필자는 오팀장에게 책임감 외에 스스로 생각할 때 자신이 가지고 있는 능력에는 어떤 것이 있느냐고 물어봤다. 그러자 새로운 환경에서 요구하는 것을 빨리 파악하고, 그 요구에 부응할 수 있는 능력들을 개발하고 발휘하는 것이라고 이야기한다. 게다가 신규 사업팀에서 성과를 내서 이미 칭찬받은 경험도 있었다고 한다.

참 재밌다. 이미 오팀장 자신은 누구보다도 빠르게 적응할 수 있는 능력이 있고, 이미 수없는 성과를 이룬 사람이다. 그런 자신을 신뢰하지 못하고, 여전히 책임감에 매여서 책임을 다 하지 못할까봐 두려워하고 있으니 말이다. 『개구리 왕자, 그 뒷이야기』가 떠오르는 대목이다. 목표를 이뤘고 이제는 더 큰 집으로 이사해도 되는데, 자신의 정체성을 작은 집안에 억지로 구겨넣고 있는 모습이다. 이쯤 되면 자신이 인식하고 있는 정체성은 자신을 확장하고 실현하게 만드는 정체성이 아니라, 자신의 발전을 저해하는 정체성停滯性이 되어버리고 만다.

> **정체성停滯性** 사물이 발전하거나 앞으로 나아가지 못하고 한곳에
> 머물러 있는 특성.

경험과 지혜가 늘면, 나를 수용할 수 있는 더 큰 정체성의 배를 마련하고 갈아타야 한다. 여유가 생기면 사는 집도 더 큰 평수로

늘리는 것처럼, 환경을 극복하고 성과를 만들어내는 나 자신을 넉넉하게 담을 그런 정체성을 확립해야 한다.

오팀장은 자신의 새로운 정체성을 정리하기 시작했다. '나는 새로운 환경에서 필요한 것을 재빨리 파악하는 능력이 있고, 마치 그런 능력이 이미 있었던 사람처럼 어느새 필요한 역량을 발휘한다. 나는 관계와 이해를 조율하는 능력이 있고, 늘 오늘보다 더 나은 내일을 위해 노력하는 성실파다. 또한 내 일에 책임을 지고자 하는 강한 성품이 있고, 신규 아이템으로 인해 상대방을 손해보게 하지는 않을 것이다. 어떤 모양으로든 나는 최선을 다해서 책임을 질 것이다. 이제 개인과 개인 간에 책임을 다하려는 것에서 팀과 회사 차원에서의 책임을 견디는 것이 중요한 시점이고, 나는 결국 해낼 것이다. 그러한 나를 나는 인정하고 자랑스럽게 생각한다.' 라고 오팀장은 자신의 정체성을 확립했다.

오팀장은 자신을 담을 수 있는 큰 집으로 이사를 한 것이다. 가끔 개구리 왕자처럼 작은 집으로 이사하고 싶은 충동을 느끼지만, 코치인 필자의 핍박이 무서워서 새집에 정착하기로 다짐했다.

우리도 좁은 집에서 웅크리고 있지 말고, 늘 환경과 상황에 성공적으로 적응해왔던 나의 자랑스러운 특성들이 함께 살 수 있는 큰 집으로 이사하자. 마음만 먹으면 큰돈 들이지 않고, 내 마음이 살 수 있는 넉넉한 마음의 집 한 채에 살 수 있다.

사기꾼 증후군을 앓는 이유

한 중소기업에 다니는 박팀장을 만났을 때였다. 박팀장은 팀장으로 승진한 지 2개월이 지난 상태였고, 승진 직후에 리더 대부분이 겪는 사기꾼 증후군에 시달리고 있었다. 내 승진은 잘못된 것이고, 내가 능력이 없다는 것이 조만간에 드러날 것이며, 결국 내가 사기꾼임이 증명될 것이라고 생각하는 증상 말이다.

박팀장은 회사 내에서 주목받는 영업맨이었다. 설득하지 못하는 사람이 없었다. 고객사의 신뢰는 물론이고, 조직 내에서도 "형!"이라고 부르며 따르는 구성원이 한둘이 아니었다. 생산라인에 있는 리더나 구성원들도 박팀장의 요구는 밤을 새서라도 들어주려고 노력했다.

그런 신뢰와 명성은 그냥 얻어진 것이 아니었다. 박팀장 자신은 영업팀에 속해 있으면서도 틈만 나면 음료수를 사들고 생산라인에 있는 사람들을 찾아가 인사를 나눴다. 생산팀이나 관리팀에 회식이 있다고 하면 쫓아가서 그들과 함께 뒹굴기도 했다. 때로는 술을 마시며 상담도 해주고 위로도 해줬다.

조직 밖에서는 어떤가? 신규 고객사에서 샘플을 가지고 와서 설명을 해달라고 요청하면, 몇 날 며칠 동안 고객사를 분석해서 한두 가지 샘플을 더 챙겨서 간다. 준비해온 내용이 있지만, 질문을 통해서 고객사의 욕구나 염려를 듣고 눈높이를 맞추려 노력한다. 평상시에 충분히 공부하고 생산라인을 파악해둬 지킬 수 있는 납기 일을 고객사에 제시한다. 그런 후 회사에 들어와서는 생산라인에 가서 하루를 더 일찍 납품할 수 있도록 갖은 아양을 다 떤다.

관계면 관계, 성과면 성과, 이 두 마리 토끼를 잡는 박팀장이었기에 승진을 했다. 그런 박팀장이 '사기꾼 증후군'에 시달리는 것이다. 필자도 가끔 능력에 비해 무거운 프로젝트를 맡게 되어서 뜻대로 되지 않을 때는 이러한 사기꾼 증후군을 앓는다. '내가 여기서 성과를 내지 못하면, 모든 사람들이 내 능력의 한계를 알아버리고 말거야.'라는 터무니없는 괴물을 만들어내고 힘들어한다.

박팀장에게 몇 가지 질문을 했다. 독자분들도 이 질문을 읽으면서 자신이 지닌 능력과 근성이 무엇인지 적어보자.

- 과거에 당신이 다른 사람에게서 인정받았거나 좀 어려운 과제였는데 결국에는 뿌듯한 결과를 만들었던 일화를 한 가지만 떠올려보세요.
- 어떤 일화인가요?
- 그때 내게서 확인한 강점은 무엇인가요?
- 그 일을 처리하는 내 모습을 다른 사람들이 봤다면, 그 사람들은 나에 대해서 뭐라고 말했을까요?
- 위 이야기를 종합할 때 나의 강점이나 근성을 3~5가지의 단어로 정리해본다면 뭐라고 정리할 수 있을까요?
- 지금 하고 있는 일과 연관 지어볼 때, 그 강점이나 근성이 얼마나 필요한 자원인가요? 혹은 그 강점이나 근성을 십분 발

휘한다면, 지금의 어려움을 이겨나가는 데 얼마나 도움이 될
까요?

- 그 강점이나 근성을 발휘하지 못하게 하는 장애요인물리적, 심리적
은 무엇인가요?

- 그 장애요인을 해결할 수 있는 방법은 무엇인가요? 또한 '나
자신을 믿는 것'은 그 장애요인을 극복하는 데 얼마만큼의 효
과가 있을까요?

박팀장은 과거에 자신이 발휘했던 강점과 근성이라면, 지금 현
재 팀장으로서 겪는 장애를 거뜬히 뛰어넘을 것이라고 확신했다.
팀의 리더로서 어려운 상황은 하나도 달라지지 않았다. 그럼에도
자신의 강점과 근성을 믿어줌으로써 두려움보다는 목표와 해낼 수
있다는 용기에 초점을 두게 된 것이다.

새로운 환경에서 100% 모두 성공할 수는 없다. 내게도 적응할
시간이 필요하다. 자신을 믿어줘라. 이제까지 해온 것처럼 잘 해낼
것이다. 또한 과거의 실수와 실패를 통해 얻은 교훈은 나를 더 지
혜롭고 분별력 있는 사람으로 만들어줄 것이다. 다시 한 번 되뇌보
자. '새로운 환경에서 자신의 시행착오를 허용하고, 자신이 가지
고 있는 강점을 강화하며, 결국 해낼 수 있다는 용기를 주어야 한
다.'라고 말이다.

경험과 지혜가 늘면,

나를 수용할 수 있는

더 큰 정체성의 배를 마련하고

갈아타야 한다.

Chapter
7

자신감과 자존감은
강한 시너지 효과를
일으킨다

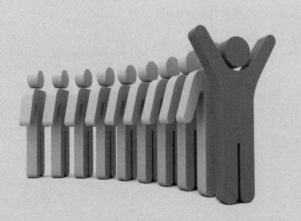

자신감이란 무엇인가? 자존감은 또 무엇인가? 일에
대한 열정과 자신감은 어떤 관련이 있는가? 당연한
결과겠지만, 일에 대한 도전과 열정은 자신감과 깊은
관련이 있다. 이 자신감은 자신에 대한 신뢰감과 깊은
관련이 있고, 자존감과도 깊은 관련이 있다. 성공하고
싶다면 자신 내면에서 일어나는 메커니즘을 잘 인식
해야 한다.

자신감이란 무엇인가?

자신감이란 '난 이 목표과업를 해낼 수 있어!' 라는 믿음이다. 자신감이 강할수록 성공에 대한 확신이 커진다. 이것을 『회사일에 상처받지 말아라』의 저자 애너 롤리는 다음과 같은 공식으로 표현했다.

자신감＝(자기신뢰＋낙천주의)×중요성

자신감을 갖기 위해서는 '난 해낼 수 있어!' 라는 자기신뢰가 중요하고, 그 신뢰 안에 낙천성이 포함되어야 더 큰 신뢰감이 생긴다는 것이다. 하지만 자기신뢰가 강하더라도 그 일이 얼마나 중요하느냐에 따라 낙천성이나 신뢰감이 작아질 수도 있고 더 커질 수도 있을 것이다.

자신감 이야기를 하면, 2008년 말 즈음에 필자에게 있었던 사건이 하나 떠오른다. 2008년 글로벌 금융위기가 왔을 때, 제2의 IMF가 아니냐며 긴장과 위축이 사회 전반에 강하게 스며들었다. 대기업의 경영자들은 조심스럽게 "외부로 나가는 비용을 줄여야 하는 것 아니냐?"라는 생각을 했고, HR에서는 비용이 가장 큰 '코칭비'를 줄이기 위해, 내년부터는 코칭을 의뢰하지 않게 될 것이라고 내게 통보해왔다.

마음이 우울했다. '열심히 노력하고 성과도 내고 있는데, 내가 통제할 수 없는 변수 때문에 짤리다니!' 그런 생각을 하니까 더 괴롭고, 프리랜서로 코칭만 할 것이지 왜 회사를 차렸을까 하며 근원적인 후회를 하기 시작했다. 그러다가 '다르게 생각해보자!' 라는 마음을 먹고, 경리를 담당하는 직원에게 회사에 잔고가 얼마나 있느냐고 물어보았다. 잔고를 보니, 내년에 내 급여만 가져가지 않는다면 직원들 급여주고 회사 운영비를 쓸 정도의 비용은 있었다.

"오케이! 그럼 내년은 나와 우리 내부 코치들의 역량을 강화하는 시간으로 삼으면 되겠다. 교육과정도 개발하고, 그렇게 우리 역량을 키워놓으면 2010년에는 일거리가 들어오겠지. 만약 그렇지 않다면, 그때 회사 정리하지 뭐. 2009년이 핵심역량을 키울 수 있는 기회가 되겠군!" 이렇게 생각하고 나니, 발걸음도 씩씩해지고 무엇부터 공부하고 연구개발할까를 결정하느라고 바빠지기 시작했다. 직원들도 '회사가 기우는 것 아닌가.' 하는 걱정은 뒤로 하고, 어떻게 역량을 개발할 수 있을까에만 초점을 두었다.

우리는 바쁜 나날을 보냈고, 우려했던 것과는 달리 기업들 대부분은 예전 IMF 시기에 너무 긴축하고 축소한 대가를 그 이후에 톡톡히 치렀다는 반성을 통해, 필요한 영역의 예산을 줄이지 않았다. 그 결과 우리는 2008년과 비슷한 매출로 2009년을 보내게 되었고, 직원들의 역량과 사기도 강화되었다.

작은 사건이지만 리더가 자신에 대한 신뢰·통제할 수 없는 상황에 초점을 두는 것이 아니라 '그럼에도 불구하고 지금의 자원 안에서 내가우리가 할 수 있는 일은?'에 초점을 두는 적극성, 그리고 '우리'가 결국 해내리라는 신뢰와 낙관성이 얼마나 중요한 것인지를 깨닫게 된 사건이었다.

자신감을 꺾는 내면의 비평가

자신감을 아무리 세우려 해도 자신의 내면에서 들려오는 비판을 막지 못한다면 자신감을 강화하는 것은 어렵다. 일이 뜻대로 안 되거나 원하는 만큼의 결과를 얻어내지 못하면, 요청하지도 않았는데 우리 내면의 비평전문가가 나서서 나를 비난하기 시작한다. "네가 하는 일이 다 그렇지 뭐." "네가 책임을 다 한 거야? 이래놓고도 잠이 오니?" "사람들이 네게 실망한 거야." 등의 레퍼토리로 나를 비난한다. 이런 비난의 음성이 들릴 때 빨리 비평가의 입을 막아야 한다. 그렇지 않으면, 내 에너지를 그 비평가에게 홀딱 빼

앗기기 쉽다.

그렇다면 어떻게 비평가의 입을 막을 수 있을까? 가장 손쉬운 방법은 그 내면 비평가가 등장하면, 바로 "됐어. 네 말 뜻은 알았으니까 들어가 있어!"라고 말해주는 것이다. 그럼에도 마음속에서 계속 비평을 해댄다면, 비평가에게 할 일을 주는 것이 좋다. "나는 지금 이 일을 어떻게 더 완성도를 높일까 고민중이거든. 너는 책장에 있는 책들을 분야별로 다시 꽂아주고, 먼지들을 다 닦아줘!"라고 말하는 것이다. 어떤 일이든 좋다. 비평가가 바쁘게 움직일 수 있는 일을 줘라. 일을 주는 순간 스스로 '피식' 하고 웃을 것이고, 그 웃음은 내 긴장을 풀어주고 다시 중요한 일에 몰입하도록 도울 것이다.

자신감을 강화시키는 지름길

『만 시간의 법칙』이라는 책에서는 한 분야의 전문가가 되려면, 그 일에 최소한 만 시간을 투자해야 한다고 말한다. 그런데 한 분야에서 만 시간만 되면 반드시 전문가가 되는 것일까? 꼭 그런 것은 아니라는 데이터가 있다.

비행기 조종사의 비행시간과 수행성과를 비교한 〈도표 1〉을 보자. 1만 4,700시간을 탄 1번 비행사가 수행실력이 뛰어나다는 것에는 고개가 끄덕여진다. 역시 만 시간 이상을 타는 것이 전문성에

조종사	비행시간	수행성적
1	14,700	좋음
2	13,500	나쁨
3	12,000	좋음
4	10,000	나쁨
5	9,000	나쁨
6	4,300	좋음
7	2,733	나쁨
8	2,434	좋음
9	1,750	나쁨
10	1,700	좋음
11	1,425	나쁨
12	1,322	좋음
13	1,260	나쁨
14	1,190	나쁨
15	1,097	좋음
16	962	나쁨
17	850	좋음
18	763	나쁨
19	608	나쁨
20	472	나쁨

자료 : Earl H. McKinney Jr., Kevin J. Davis, 'Effects of Deliberate Practice on Crisis Decision Performance'., 2003.

서 중요하다. 그런데 1만 3,500시간을 탄 2번 비행사는 수행성적이 저조하다. 더 놀라운 것은 17번째 조종사는 단지 850시간밖에 비행을 하지 않았는데도 수행성적이 좋다는 점이다.

이런 현상을 어떻게 설명할 수 있을까? 단순히 그 분야에 오래 머물렀다고 모두 전문가가 되는 것은 아니라는 뜻이다. 반복과 훈련의 시간도 중요하지만, 시간만큼이나 중요한 '그 뭔가' 가 있다는 것이다. 그게 무엇일까?

핵심은 반복하되 '정확한 목표' 가 무엇인가를 알고 반복하는 데 포인트가 있다. 자신이 추구하는 완벽한 형태가 무엇인지를 알고, 실수를 분석하고, 반복적으로 연습하고, 그리고 완벽한지를 피드백하는 것이다. 이를 '심층연습deliberate practice' 이라고 한다.

김연아 선수나 박세리 선수가 월드스타가 될 수 있었던 것은 정확한 목표, 목표 동작, 집중적인 연습, 그리고 피드백이 있었기 때문이다. 스톡홀름대학 심리학과 엔더스 에릭슨 교수는 이런 '정확히 목적에 맞는 특정 패턴' 을 연습할수록 미엘린층이 두꺼워지고, 이것이 실력을 향상시킨다고 이야기한다.

미엘린Myelin이 뭘까? 이름은 낯설지만, 이해하기는 쉽다. 보통 전선을 보면 전류가 새지 않도록 구리선을 고무피복으로 감싸놓는다. 그런 것처럼 우리 몸에서 일어난 전기신호가 신경섬유회로를 지날 때 새어나가지 않도록 고무피복 역할을 하는 것이 미엘린이라는 신경절연물질이다. 즉 미엘린이 신경섬유를 감싸면, 전기신호는 더 강해지고 빨라져서 원하는 것을 정확하고 빠르게 실행할 수 있게 된다. 따라서 시간과 노력을 쏟아부어 제대로 된 연습을 많이 할수록 미엘린층이 두꺼워지고, 미엘린층이 한겹 한겹 늘어날 때마다 조금씩 실력이 향상되고 속도도 빨라진다.

필자가 20여 년 전 상담 공부를 처음 시작했을 때의 일이다. 어

느 정도 상담이론 공부가 끝나
자 상담사가 실제로 상담했던
내용의 녹취록을 나눠주며, 심
화 공부를 해보라고 제안했다.
녹취록에는 상담사와 내담자
의 말이 번갈아가며 기록되어
있었다.

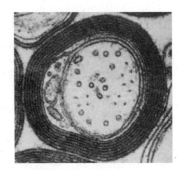
미엘린층

　필자는 마치 시험공부를 하듯이 상담사의 대답을 종이로 가린
후, 내담자가 말했을 때 '내가 상담사라면 이렇게 말했을 거야!'
하며 마치 내가 상담사가 된 듯 상담사의 대답을 추측했고, 그 추
측과 녹취록의 대답이 일치하는지 맞춰봤다. 선배 상담사가 했던
상담대화를 목표로 삼고 그 동작대화을 하기 위해 집중적이고 반복
적으로 연습한 것이다. 그리고 나서 답이 맞았는지 틀렸는지, 선배
상담사의 녹취록을 통해 피드백을 받았다. 아마 그때 내담자의 문
제를 들여다보고 상담해주는 영역의 미엘린층이 두꺼워졌는지도
모르겠다.

　결국 한 분야의 전문가라면, 이미 어떤 특정 영역의 미엘린층이
무척 두꺼워져 있는 것이다. 만약 구성원들에게 동기를 부여하거
나 조직의 비전을 만들고 설득하는 능력이 탁월하다면, 그 영역과
관련되어 있는 신경섬유가 두꺼운 미엘린층으로 감싸져 있을 것이
다. 또한 두꺼운 미엘린층은 그 분야에서 '이 정도는 되어야 한
다.'는 모델을 만들어놓고, 그 모델을 완벽하게 재연하기 위해 부

단히 노력하고 다양한 피드백을 받았다는 것을 의미한다.

우리가 새로운 행동을 개발하고자 한다면, 그 행동을 가장 잘하고 있는 대상혹은 교재을 선택해서 내 마음의 멘토로 삼을 필요가 있다. 그런 뒤 '그 멘토라면 어떻게 행동했을까?' 라는 생각을 해보고 나와의 차이점을 정확히 분석한 뒤, 반복적으로 연습하고 스스로 피드백하는 과정이 필요하다. 물론 그 멘토가 멘토링을 해준다면 금상첨화다.

조직의 리더라면 성과뿐만 아니라 리더십에 관해 많은 도전을 받을 것이다. 내 마음에 품고 갈 리더십의 화두는 무엇인가? 그 화두와 관련해서 좋은 모델이 되어줄 사람이 조직 내부 혹은 외부에 있는가? 그 사람을 멘토로 삼아 심층적으로 연습해보는 건 어떨까?

우리가 너무 잘 알고 있지만 참 버거운 진리가 있다. '위대한 능력은 결코 좋은 환경이나 타고난 것이 아니라 만들어지는 것이다.' 위대한 능력을 만들고자 하는 영역이 무엇인지, 자신에게 물어보길 바란다. 이런 자문이 자신감을 강화시키는 구체적인 지름길이라고 확신한다.

확장과 성장을 위해 아픔은 필수다

우리는 나를 어렵게 만들고 곤혹스럽게 만드는 상황에 자주 부딪히게 된다. 아이들이 성장할 때 성장통을 겪듯이, 우리의 곤혹스러운 통증과 어려움은 우리를 성장시킨다. 물론 잘해야 성장할 수 있다. 잘할 수 있는 비법 중 하나는 두려움보다는 세상이 내게 요구하는 것이 무엇인지 정확하게 정리하는 것이다. 두려움은 상황을 과장하고 어려움과 맞서기도 전에 나를 넉다운시킨다. 어려움 뒤에 있는 '나의 성장'을 뚫어지게 봐야 한다.

5년 전에 소록도에 다녀온 적이 있었다. 교회에서 신앙훈련의 일환으로, 한센병^{나병}을 앓았던 분들을 만나서 위로하고 소록도 섬에서 필요한 일을 돕기 위한 방문이었다. '앓았던'이라고 표현한 이유는, 한센병이 예전과 달리 완치율도 거의 100%에 달하고 치명적인 영양실조에 걸리지 않는 한 전염되지 않기 때문이다.

방문하기 전에 『고통이라는 선물』이라는 책을 읽는 것이 과제였다. 그 책은 그야말로 '고통'이라는 것이 얼마나 우리에게 큰 선물인지를 뼈저리게 알려줬다. 한센병을 앓고 있는 사람들은 고통을 느끼지 못한다. 그러다보니 뜨거운 모닥불에 고구마를 굽다가 꺼내야 할 때, 자신의 손이 타들어가는 것에 개의치 않고 불구덩이에 손을 넣어 고구마를 꺼낸다. 또한 고관절에 문제가 생기면 일반인들은 절뚝이게 되는데, 이들은 고통을 느끼지 못하기 때문에 그냥 뛰어다니다가 아예 고관절을 상하게 만든다는 것이다.

고통을 느낄 수 있기에 치료를 할 수 있고, 또 다른 어려움에서 나를 지킬 수 있음을 절실히 깨달았다. 우리 몸에 오는 피로감, 감기 기운, 또 작은 통증들조차도 나 자신을 잘 지키라고 신이 우리 몸에 심어준 좋은 센서임을 알게 되었던 것이다.

마음의 고통도 그러하다. 확장과 성숙을 가져오는 첫 신호탄이 바로 고통이다. 그 고통이 자신의 소신에서 왔든, 무경험에서 왔든, 혹은 말귀를 알아듣지 못하는 구성원 때문에 생겼든, 사건과 환경에서 유래되었든 간에 그로 인한 고통은 우리의 의식과 마음을 확장하고 성숙하게 하는 발효제가 된다.

가끔 코칭을 완료한 분들이 문자를 보내올 때가 있다. 긴급히 코칭이 필요하니 시간을 좀 내달라는 내용이다. 그런 문자를 받을 때마다 '이 분이 또 성장통을 겪는가보구나.'라는 생각을 한다. 자신을 힘들게 하는 그 고통에 대해 민감하게 반응하고, 정리를 도와줄 대상을 적극적으로 활용해서 급기야는 고통을 성장의 발판으로 만들어버리겠다는 적극적인 모습이다.

삶을 지혜롭게 살고 또 일터에서 성공하기 위해서는 얼마만큼 빠른 '확장'을 보여주느냐, 얼마만큼의 질적인 '성장'을 보여주느냐가 관건이다. 확장과 성장, 이 두 단어는 유사한 말처럼 쓰이지만, 의미가 좀 다르다.

지하 1층을 확장하면 넓어지기는 하겠지만 여전히 지하 1층이다. 반면에 지하 1층에서 성장한다는 것은 지상 1층으로 나옴을 의미한다. 지식은 확장되지만, 지식을 통한 깨달음과 의식의 변화는 성장을 가져온다. 물론 확장과 성장이 같이 어우러진다면, 더 큰 건물을 지을 수 있는 것은 당연하다.

확장 범위, 규모, 세력 따위를 늘려서 넓힘.

성장 사람이나 동식물 따위가 자라서 점점 커짐.

사물의 규모나 세력 따위가 점점 커짐.

필자 또한 게을리하지 않을 것이다. 나의 확장과 성숙을 위해서 말이다. 고통이 느껴질 때, 그 센서에 걸린 단서들을 제대로 들여다보려고 노력할 것이다. 고통 뒤에 있는 기쁨과 희망을 볼 것이다. 그 단서들이 나의 '확장'과 '성숙'을 가져오는 좋은 실마리가 될 것이기 때문이다. 이런 낙천성이 나의 자신감을 강화하고, 결국에 원하는 목표를 이루게 하는 힘이 될 것이다.

위대한 능력은
결코 좋은 환경이나
타고난 것이 아니라
만들어지는 것이다.

인생에서
낙관주의만큼
중요한 것도 없다

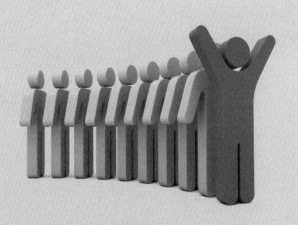

생각은 단순히 주위에서 생기는 일들에 대한 반응이
아니다. 생각은 그 뒤에 일어날 행위에 영향을 미친
다. 즉 낙관적인 생각을 하는 사람은 처한 환경에서
좀더 적극적으로 행동할 가능성이 크고, 비관적인 생
각을 하는 사람은 포기하거나 위축된 행동을 함으로
써 자신의 비관적인 생각을 사실로 만든다. 비관과 낙
관을 좌우하는 것은 무엇인지 알아보자.

낙관과 비관의 결정적 차이

심리학자 마틴 셀리그만의 『학습된 낙관주의』에 보면, 비관주의자
와 낙관주의자는 일의 원인을 해석하는 방식에서 크게 차이가 있
다고 말한다. 즉 비관주의자는 나쁜 일들이 오랫동안 계속 될 것이
라고 믿었고, 이번 일이 나의 모든 일들을 위태롭게 할 만큼 큰 영
향력을 미칠 것이며 이 모든 것이 내 잘못이라고 여기는 경향이 컸
다. 이러한 생각들로 인해 비관주의자들은 무력감에 사로잡히게
된다는 것이다.

무력감 자신에게 무슨 일이 일어나든 스스로의 처지를 바꿀 수
없다고 생각하는 상황에서 생기는 감정

반면에 낙관주의자들은 이번의 실패는 그저 일시적인 후퇴이고,

실패의 원인도 이번에만 국한된 것이라고 생각하며, 실패에 주눅들지 않았다. 이러한 생각들로 인해 낙관주의자들은 개인적 통제력을 발휘해 나쁜 상황을 오히려 도전으로 여기며 노력한다는 것이다.

개인적 통제력 자신의 자발적인 행동을 통해서 주변 사물을 바꾸는 능력

이러한 낙관성이 세상을 긍정적으로 인식하게 만든다. 즉 내 마음에 얼마만큼 긍정적이냐에 따라, 볼 수 있는 시야가 달라진다. 긍정성은 우리 세계관을 확장시키고, 더 많은 것을 수용하게 하며, 창의성을 자극한다. 나 자신에 대한 긍정성, 타인에 대한 긍정성, 그리고 벌어지는 현상에 대한 긍정성을 유지하는 것은 삶의 행복과 번영을 위해 반드시 필요하다.

낙관론자와 비관론자는 왜 이렇게 시각이 다른 것일까? 마틴 셀리그만은 자신의 여러 책(『학습된 낙관주의』, 『긍정심리학』 등)에서 낙관론자와 비관론자의 설명하는 방식이 3가지 차원에서 다르기 때문이라고 말한다.

첫째는 불행한 일을 접했을 때 영속성으로 설명하느냐, 일시적으로 설명하느냐다. "우리 부부는 날마다 싸워."는 영속성으로 설명하는 것이고, "우리 부부는 큰애에 대해 이야기할 때 싸우게 돼."는 일시적으로 설명하는 것이다.

둘째는 사건의 원인을 보편적으로 설명하느냐, 특수한 원인으로 설명하느냐다. "사장들은 늘 그런 식이야. 직원을 노예 부리듯하지."는 보편적으로 설명하는 것이고, "이번에 사장님이 좀 화가 나신 것 같아. 기간을 충분히 줬다고 생각했는데, 납기를 못맞췄으니 말이야."는 특수한 원인으로 설명하는 것이다.

셋째는 무조건 내 탓으로 돌리느냐, 외부 원인으로 돌리느냐다. 일이 잘못되면 무조건 모든 게 내 탓이라고 생각하는가, 아니면 '이번 일에는 운이 좀 나빴어.'라고 상황을 고려해 생각을 하는가다.

분명히 "우리 부부는 늘 싸우고, 우리 남편은 늘 그런 식이고, 우리 부부는 태생이 원래 그래서 고칠 수가 없다."라고 생각하는 사람은 무기력해져서 더 불행해질 가능성이 크다. 반면에 "큰 아이 이야기할 때는 우리가 민감해지고, 이번 대학 진학에 대해 이야기할 때는 의견이 대립되니까 더 심해진 것이고, 우리가 서로 의견이 다를 때 대화하는 방법을 배운 적이 없으니 이런 결과가 온 것이다."라고 설명하는 사람은 '통제력'을 발휘해서 자신이 할 수 있는 일들을 찾게 된다.

그렇다면 어떻게 낙관적인 해석과 사고를 할 수 있을까? 평생 훈련하며 숙달해야 하는 기법 한 가지를 소개하고자 한다. 바로 ABCDE기법이다.

비관적인 사고 습관을 바꾸는 ABCDE기법

고속도로 인터체인지가 아직 멀었는데 판교로 빠지기 위한 차들은 빼곡히 줄을 서 있었다. "어이쿠, 무슨 차들이 이렇게 많아? 미팅 시간에 늦는 거 아니야?" 하며 초조한 마음으로 기다렸다. 10여 분이 흘렀을까? 인터체인지에 진입하려는데, 얌체 운전자가 새치기를 하기 위해 깜박이를 켜며 차머리를 내 차 앞에 들이대기 시작했다. 그때 머릿속에는 다음과 같은 생각들이 순식간에 떠올랐다.

> **사건**Adversity　10여 분 걸려 겨우 인터체인지 앞에 왔는데, 다른 사람이 새치기를 하려 한다.

> **왜곡된 신념**Beliefs　'저런 얌체가 있나. 완전 도둑이구먼.'

> **잘못된 결론**Consequences　(화가 나서) 그 차가 들어오지 못하게 하려고, 위험하게 앞 차에 내 차를 바짝 붙이기 시작한다.

대부분 이런 일을 겪어봤을 것이다. 만약 이런 기분으로 새치기를 당했다고 생각하면 기분이 상하게 되고, 목적지에 도착해서도 뭔가 부정적인 마음이 되어서 미팅을 최선으로 이끌지 못할 것이다.

따라서 이런 사건들이 생길 때 내면에서 어떤 대화가 오고가는지

116

를 분석하면, 사소한 일을 '큰 불행'으로 만드는 것을 방지할 수 있다. 이때 필자는 '멈춤' 버튼을 누른 후, 다음의 2단계를 실행한다.

반박Disputation '사실 나도 이런 적 있잖아? 전에 강의하러 갈 때 늦을까봐 끼어들면서 들리지도 않는 차 안에서 상대방 차에게 연신 미안하다며 끼어들었잖아. 저 사람도 지금 불가피한 사정이 있을 거야. 끼어들면서 미안해할 거야.'

활력 얻기 Energization '그래. 인심 썼다. 들어오시지요. 오늘 일도 잘 성취하시고요. 나도 오늘 착한 일 했으니, 이번 미팅도 잘 이뤄질거야.'

이것이 바로 긍정심리학에서 이야기하는 내면의 부정적인 대화를 막는 ABCED기법이다. 사건 혹은 역경이 일어나면 자동적으로 왜곡된 신념을 떠올리고, 이에 따라 잘못된 결론을 내린다. 이때 내 생각들이 정말 옳은 것일까를 반박하고, 내게 긍정적인 활력을 줄 수 있는 생각이나 행동들을 선택한다.

재미있는 것은 사람들은 나쁜 일이 생겼을 때도 왜곡된 신념을 자동적으로 불러내지만, 희망적이고 기회가 될 사건을 맞닥뜨렸을 때조차도 왜곡된 신념을 불러낸다. 예를 들면 필자는 EBS에서 〈상사가 달라졌어요〉라는 프로그램에 전문 코치로 개입할 뿐만 아니라 전체를 아우르는 책임자로 중추적인 역할을 해달라는 제안을 받았다. 제안을 받을 때는 기분이 좋고 우쭐한 마음도 들었다. 그런데 시간이 지나면서 '내 실력 때문이 아니라 내가 본인들이 해달라는 것을 거절하지 않고 수용하니까, 내가 편해서 중책을 맡긴 거 아니야?' 하는 생각이 들었다. 그러자 기분이 나빠지면서 '사람을 우습게 봤구먼!' 하는 생각이 들었다.

이 대목을 보고 웃는 분도 계실 것이다. 필자만 그런 것이 아니다. 많은 분들이 자신에게 즐거운 기회가 왔을 때조차도 이것을 비합리적인 신념으로 해석하고, 자신을 불행의 구덩이로 던져넣으려 한다.

비관적인 사고 습관에 빠지면 대수롭지 않은 실수와 실패가 재난으로 탈바꿈한다. 비관적인 생각이 들 때, 빨리 그런 정서에서 나와야 한다. ABCDE기법을 쓰는 것은 물론 실제로 일어설 수 있는 공간이 있을 때는 몸을 일으켜 세우자. 그런 뒤 먼지를 털 듯이 몸을 털면서, 내 몸에 붙어 있는 부정을 털어보자. 온몸을 흔드는 것도 좋겠다. 낙관이 오늘과 내일을 행복하게 만든다.

현재를 풍미하는 4가지 능력

현재에 행복함을 느끼는 방법을 모르는 사람은 미래에도 행복하기 어렵다. 고기를 먹어본 사람이 좋은 고기를 안다는 말과 일맥상통한다. 행복은 어느 시점에 '꽝!' 하고 오는 것이 아니다. 매 순간 행복을 찾아내는 능력을 개발해야 행복해진다. 그 능력이 바로 풍미savor하는 능력이다. 현재에 일어나는 것을 느끼고 냄새 맡고 만끽하는 능력, 그것이 바로 풍미다.

풍미하는 능력에는 4가지가 있다. 첫째는 호사하는 능력이다. 오감을 통해 들어온 모든 것을 실컷 즐기는 것이다. 커피 향을 깊게 들여마시면서 향을 호사하거나, 딸아이의 머리를 쓰다듬으며 사랑과 돌봄의 마음을 느껴보거나, 맛있는 음식을 하나하나 음미해보는 것이다. '이 식물이 내 속에 들어가서 나를 건강하게 해주는구나.' '맛이 참 새콤달콤하다.' 라고 말이다.

둘째는 경탄하는 능력이다. 오감을 통해서 느낀 것들에 대해 과도하게 감탄하는 것이다. 혹은 새롭거나 놀라운 광경을 볼 때 자신을 잃어버릴 정도로 '와!' 하고 감탄하는 것을 말한다. 꽁꽁 얼어버린 땅을 뚫고 나온 새싹을 보며, 가을날 형형색색의 나무들을 보며, 작은 비에 요동치지 않는 바다를 보며, 새끼를 보호하는 날카로운 어미 고양이의 눈을 보면서 깊이 감탄하는 능력을 말한다.

셋째는 은혜를 입는 능력이다. 나를 향해 있는 은혜와 칭찬과 축하를 수용하는 것이다. 나이 드신 엄마가 바리바리 싸온 음식을 보며 그 사랑을 깊이 받아들이고, 혹은 잘했다고 칭찬하는 말들을 덜어내거나 과장하지 않고 마음으로 꿀떡 삼키며 행복해하고, 나의 작은 성공을 스스로 축하하며 쓰다듬고, 혹은 그런 성공을 축하해주는 사람과 함께하면서 '함께 있으니 참 좋구나.' 라고 말해주는 것이다.

마지막은 '감사하기'다. 감사하기는 인생의 마중물과 같다. 물이 더이상 없는 것 같은 갈증을 느낄 때, 감사라는 물 한 바가지로 더 깊은 자원을 길어내는 마중물 말이다.

그런데 왜 이것들을 능력이라고 했을까? 그 이유는 이 능력이 있을 때 더 행복하게 살 수 있기 때문이고, 연습하면 개발할 수 있기 때문이다.

자, 자신을 평가해보자. 이 4가지 능력이 내게 있는가? 이 4가지 능력을 개발하는 첫 행동은 무엇일까? 일단 관찰해야 한다. 느껴야 한다. 그리고 그것을 감탄사로 말해야 한다. 예를 들면 커피 한 잔을 뽑았을 때, 커피 향을 맡아야 한다. 그 향을 깊이 마신 후, 외마디 감탄사를 질러보자. "아, 향기 좋다!" 하고 말이다. 이 말이 출발지점이다. 오늘부터 최소한 하루에 다섯 번은 감탄사를 말해보자.

더 놀라운 게 있다. 이런 것이 습관이 되면, 작은 일도 긍정과 낙관으로 해석하게 되어 실제로 더 많이 풍미할 게 생긴다. 게다가 여기서 더 중요한 것은 바로 다음의 사실이다.

우리가 집중하는 것은 현실이 된다

"우리가 집중하는 것은 현실이 된다." 다비드상을 조각했던 미켈란젤로가 한 말이다. 미켈란젤로의 말에 따르면 대리석 안에 있는

다비드에 집중해서 필요 없는 나머지 부분을 제거한 것이 '다비드 상'이었다. 미켈란젤로의 말을 확장해본다면, 긍정과 본질에 집중하면 긍정을 낳게 되고, 부정과 부수적인 것에 집중하면 부정을 낳게 된다는 말이 될 수 있다. 긍정에 집중하면 그 긍정은 더욱더 커진다. 그 에너지가 부정적인 어려움을 극복하게 만드는 강한 힘이 된다.

그래서 감사가 인생의 마중물과 같다고 말한 것이다. '벅벅' 소리가 날 정도의 적은 물을 퍼서 펌프에 넣었지만, 열심히 펌프질을 하면 온갖 것에 사용할 수 있을 정도의 양이 솟는다. 게다가 더 깊은 깨달음이 생긴다. 내게는 마중물 정도밖에 없는 것 같은데, 펌프질을 하다보면 내 안 깊숙한 곳에 따뜻하고 긍정적이며 행복을 품고 누릴 수 있는 사랑이 가득함을 깨닫게 된다.

아인슈타인이 이런 말을 했다. "인생에는 2가지 삶밖에 없다. 한 가지는 기적 같은 건 없다고 믿는 삶, 또 한 가지는 모든 것이 기적이라고 믿는 삶."

감사도, 기적이라고 믿는 긍정성도 모두 습관이다. 매 순간 감사의 펌프질을 하도록 스스로 훈련해야 한다. 자신을 긍정성과 감사로 훈련하고 있는지 알 수 있는 기준이 있다. "와!" 하는 감탄사를 많이 내놓는다면, 모든 것이 기적이라고 믿는 삶을 살고 있다는 증거다. 모든 것이 기적이니, 감사의 감탄사가 나올 수밖에 없지 않은가!

필자도 훈련중이다. "와, 커피에서 이런 좋은 향이 나다니, 이것을 맡을 수 있는 코의 감각이 살아있다니." "와, 내가 이런 글을 쓸 수 있다니, 지혜를 주심에 감사합니다!" 감사와 감탄은 우리의 삶을 풍요롭게 만든다.

Chapter 9

밝은 점에 초점을 두면 놀라운 결과를 얻을 수 있다

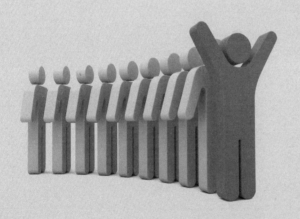

어떤 것이 균형을 깨고 한순간에 전파되는 극적인 순간을 티핑포인트라고 한다. 즉 사소한 것 하나가 큰 것을 변화시킬 수 있는 그런 극적인 전환점을 말한다. 삶을 풍요롭게 만드는 티핑포인트는 무엇인지, 개인 차원에서의 티핑포인트와 조직 차원에서의 티핑포인트는 어떻게 같고 어떻게 다른지 알아보자.

개인 번영의 비율은 3 대 1

가끔씩 '왜 이렇게 인생의 숙련이 더딘가' 하는 느낌을 받으며 혼자 속상해할 때가 있다. '좀더 빨리 지혜로워질 수는 없을까? 시행착오를 하지 않고 성장할 수는 없을까? 왜 나는 코칭할 때 빼놓고는 바보인가?' 라는 생각을 하면, 우울하기 짝이 없다.

그렇게 괴로워하다가 정신을 차리고 새로운 차원으로 자신에게 물어본다. 셀프코칭self coaching을 하는 것이다. '너는 네가 최선을 다하고 있다는 것을 믿니? 작년에 비해 네가 얼마나 성장한 것 같아? 사람들이 왜 네게 코칭받는 것을 즐거워하는 것 같아? 이런 시행착오를 통해 내년에는 네가 얼마나 더 세련되고 지혜로워질까?' 이런 질문을 하다보면, 마음이 점차 가벼워지고 더 잘해보자는 의지와 희망을 갖게 된다.

티핑포인트Tipping point 어떤 아이디어나 경향, 사회적 행동이 들

불처럼 번지는 마법의 순간   말콤 그래드웰(『티핑 포인트』의 저자)

삶에 있어서 이러한 티핑 포인트는 매우 중요하다. 미국 노스캐롤라이나대학의 교수이자 『긍정의 발견』의 저자이기도 한 바버라 프레드릭슨의 연구결과에서도 개인이 행복해지려면 긍정적 감정과 부정적 감정의 티핑포인트가 3 대 1이 되어야 한다고 이야기한다. 긍정적인 것이 3회, 부정적인 것이 1회의 비율로 균형을 이뤄야 행복을 유지하며 살아갈 수 있다는 것이다. 만약 긍정이 3 이하라면 지나치게 부정적인 상태가 되어 자기방어, 회피, 퇴보를 하는 불행한 삶을 살아가게 될 것이고, 만약 11 이상이라면 지나치게 긍정적인 상태가 되어 자기만족, 탁월함의 추구를 포기하는 상태가 된다는 것이다.

예를 들어 2010년 캐나다에서 열린 벤쿠버 동계올림픽에서 피겨스케이팅 여자 싱글 부문 금메달을 땄던 김연아는 11 이상의 긍정적인 감정을 경험했을 것이다. 과다하게 긍정적인 상태를 경험한 김연아는 바로 다음 달에 열린 세계선수권 대회에서 자신의 역량을 맘껏 발휘하지 못하게 된 것이다. 도요타도 좋은 예다. 승승장구하는 성과로 인해 '결함이 있을 수 있음'을 간과하고 자만한 결과를 톡톡히 치렀다.

그렇다면 왜 3이라고 하지 않고 3 대 1이라고 했을까? 삶에서는 긍정적인 감정뿐만 아니라 자신을 반성하고 재해석하기 위한 부정

적인 감정도 필요하다. 배가 잘 다니려면 돛과 닻이 모두 필요한 원리와 유사하지 않을까?

조직 번영의 비율은 5 대 1

이러한 티핑포인트가 조직에서는 어떻게 나타나는가를 연구한 결과가 있다. 바버라 프레드릭슨의 공동 연구자 마샬 로사다가 기업의 60개 팀을 대상으로 한 이 연구에 따르면, 우수한 성과를 내는 조직의 리더들은 긍정적인 발언과 부정적인 발언을 하는 비율이 5.6 대 1을 나타냈다고 한다. 즉 5~6회 정도의 긍정적인 말을 했고, 1회 정도 부정적이거나 부정적인 피드백을 했다는 것이다. 성과가 제대로 나지 않는 조직의 리더들은 긍정적인 발언과 부정적인 발언을 하는 비율이 1 대 3이었다고 한다. 즉 긍정적인 발언은 1회 한 반면, 부정적인 말은 3배나 더 했다는 것이다.

한편 부부관계 치료의 권위자인 존 가트맨 박사는 행복한 부부는 티핑포인트가 5 대 1이라는 실험결과를 발표했다. 즉 행복한 부부는 1회의 갈등을 빚는 부정적인 대화가 있더라도 5회의 긍정적인 격려와 칭찬과 유머를 통해 관계를 유지해나간다는 것이다. 그 황금비율이 깨지면, 이혼에 이르게 될 확률이 높아진다고 한다.

정리하자면, 개인적인 차원에서는 3 대 1이지만, 관계를 맺는 곳에서는 5 대 1이 가장 행복하고 서로 성장할 수 있는 비율이라

할 수 있다. 이것을 '개인이 풍요로움을 누리기 위한 화학적 공식'으로 표기하면, 'P5N$^{Positive5, Negative1}$' 가 된다.

오늘 자신에 대해 부정적인 정서가 떠오르면, 그것이 주는 의미와 성장을 생각하며 자신에게 긍정의 말을 5번 정도 해줘야 한다. 오늘 속을 썩이는 부하직원이 있으면, 강력하게 피드백하되 격려와 지지하는 말 또한 5번 정도 챙겨야 한다. 이러한 황금비율이 나와 개인을 번영하게 한다. 그렇다면 어떻게 긍정적인 면에 초점을 둘 수 있을까?

밝은 점에 초점을 두고 문제를 해결하자

하나의 자극이 들어왔을 때, 그것의 긍정적인 면을 보는 것과 부정적인 면을 보는 것은 이후 결과에 다른 영향력을 미친다. 즉 '어두운 점$^{dark spot}$' 과 '밝은 점$^{bright spot}$' 에 초점을 맞추는 것은 각각 다른 결과를 가져올 수 있다는 뜻이다.

밝은 점에 초점을 두고 문제를 해결하는 방법은 놀라운 결과를 가져온다. 『스위치』라는 책에 베트남 아동들의 영양실조를 퇴치해달라는 프로젝트를 요청받은 제리 스터닌의 사례가 나온다. 스터닌은 기존의 사람들이 베트남의 '어두운 점' 에 초점을 둔 것과는 달리 '밝은 점' 에 초점을 두고 일을 시작했다. 즉 위생설비가 형편없고 깨끗한 물이 부족하고 사람들은 영양실조에 대해 무지하다는 등의 어두운 점보다는, 극빈층 아이들 가운데 영양실조에 걸리지 않고 보통 아이들보다 몸집이 크고 건강한 아이들이 있는지 밝은 점을 찾는 질문부터 시작했다. 스터닌은 영양상태가 양호한 가정에서는 작은 새우와 게를 잡아서 고구마잎과 함께 밥에 섞어 먹고 있다는 사실을 발견했다. 이 '밝은 점'에 착안해 마을 사람들을 모아 새우와 게, 고구마잎으로 요리를 함께 만들었다. 놀랍게도 6개월 만에 아이들 중 65%의 영양상태가 개선되었다.

조직에서의 밝은 점 찾기는 어떨까? 연구소장을 맡고 있는 최전무는 올해 초에 업적과 역량 향상도를 고과에 반영하겠다고 피력했고, 고과 시즌이 되자 고민에 빠져들었다. 업적과 역량 향상도 비율을 부서마다 어느 정도 다르게 적용해야 된다는 고민도 있었지만, 전체적으로 목표대비 성과가 부족하다는 생각으로 인해 스트레스가 더 컸던 것이다. "그렇지만 우리 연구원들이 썩 잘하진 못했습니다. 잘될 것 같은 조짐을 보이는 것도 있지만, 내년이나 내후년의 시장 출시를 지켜봐야 하는 항목들도 있고요. 더 강한 근성과 승부욕이 필요합니다. 자체적으로 고과를 줄 수 있긴 하지만, 작년과 비슷한 수준으로 적용할까 생각중입니다."

이 이야기에 필자는 최전무에게 다음과 같은 질문을 드렸다.

- 경영회의에서 연구소에 본사와 다른 고과기준을 적용해야 한다고 피력하실 때, 그 이유는 무엇이었나요?
- 작년 대비, 올해 연구소가 진보한 것에는 어떤 것이었나요?

특히 전무님께서 강조하시는 업적과 역량적인 측면으로 나눠
서 본다면 어떤 진보가 있었나요?

- 작년 대비 올해 일에 대한 연구원들의 열성과 열심은 어떠했
나요?

눈치챘는가? 이 질문의 초점은 '어두운 점'이 아닌 '밝은 점'에
있다. 이 질문에 최전무는 연구소가 회사 미래의 원동력이 되어야
하고, 대체로 연구소의 과제는 최소 2~3년이 걸리는 장기 과제이
기 때문에 매년 매기는 고과에 다르게 반영이 되어야 한다고 말했
다. 또 업적도 업적이지만 역량 부분에서는 경쟁기업의 효율성을
훌쩍 뛰어넘을 정도의 강점을 갖게 되었고, 작년 대비 연구원들의
열정이 커졌을 뿐만 아니라 자기 과제에 대한 몰입도가 2배 이상
높아졌다는 말을 하면서 상기되기 시작했다.

이 이야기를 하면서 최전무는 연구원들이 올해 얼마나 치열하게
살았는지에 마음이 머물기 시작했다. 또한 우리 조직이 얼마나 강
한 조직으로 환골탈태하고 있는지에 대해서도 자부심을 느끼기
시작했다. "그런 관점에서 전무님 자신의 업적과 역량 향상도를
윗분에게 어필한다면 어떻게 하시겠습니까?"라는 질문은 최전무
가 자신과 조직을 '밝은 점'에서 어필할 수 있도록 자부심을 갖게
했다.

'밝은 점'에 초점을 두는 것은 '합리화'를 의미하진 않는다. 있
는 사실 중 부정적인 점보다는 긍정적인 점을 찾아내는 것이다. 우

리 조직 안에 잉태되고 있는 긍정적 신호들을 찾아내 구성원들에게 알려주고, 우리 안에 있는 긍정적 신호들을 더 확장하자고 제안하는 선순환의 의사소통이다.

나와 조직의 노력이 더 성공적일 수 있게 하고, 그런 노력과 결과를 기대하게 만드는 강력한 에너지가 바로 밝은 점 찾기다. 당신은 새로운 날을, 혹은 새로운 해를 기대하는가? 내가 이뤄낸, 혹은 우리 조직이 이뤄낸 성공들의 이유를 발굴하고 확장할 의지가 있는가? 그 호기심과 의지와 긍정적인 열정이 내일의 에너지가 될 뿐만 아니라 또 다른 성공을 확장하는 자원이 될 것이다.

대인 간(Inter-personnel) 리더십이란 '자신을 신뢰하고 동기를 부여하는 개인 내적인
능력'을 '일대일의 대인관계로 확장'시키는 것을 말한다. 타인과 관계를 맺고 신뢰하
며, 그 과정에서 영향력을 미치도록 하는 것이다. 이때 가장 좋은 수단이 코칭이다.
코치(Coach)는 마차라는 말에서 유래되었고, 코칭(Coaching)은 그 여정을 의미한다.
목적지까지 데려다주는 수단이 바로 마차라고 본다면, 코치형 리더는 구성원이 가지
고 있는 목표를 달성하도록 육성하고 돌봐주는 능력을 가진 사람을 일컫는다. 2부에
서는 일대일 관계에서 리더가 관계를 구축하고 영향력을 발휘할 수 있는 코칭 관련
능력을 익힐 것이다.

Part 2

현명한
리더는
사람의 힘을
알고 있다

Chapter
1

사람 간의 신뢰가
비용은 줄이고
속도는 높인다

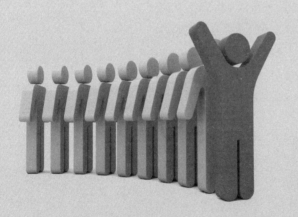

깊이 신뢰하고 있으면, 굳이 따지고 묻지 않아도 일이 순조롭게 진행된다. 하지만 신뢰가 무너지면, 따지고 묻게 되며 감시하게 된다. 불필요한 에너지를 쓰게 되는 것이다. 그렇다면 사람 간에 신뢰를 형성하는 방법에는 무엇이 있을까? 일단 우리 문화에 깃들어 있는 심정문화를 이해할 필요가 있다. 우리나라 사람들은 마음이 통해야 일이 된다. 합리성만큼 중요한 것이 정(情)이다. 내가 너를 소중하게 여기고 있다는 마음이 통해야 일이 된다. 마음이 통한 후에는 상대가 나의 행동을 예측할 수 있도록 도와줘야 신뢰가 굳건하게 쌓일 수 있다.

신뢰가 낮으면 비용이 커지고 속도가 느려진다

가끔 "집에 불이 나면 가장 먼저 무엇을 가지고 나오겠냐"는 엉뚱한 질문을 한다. 그러면 강의를 하는 사람들은 대부분 노트북이라고 말한다. 노트북에 자신이 열심히 노력해서 만든 강의와 연구자료가 잘 정리되어 있기 때문이다. 그만큼 소중한데, 어느 날 아침에 오늘 할 일을 점검하며 노트북에서 자료를 찾는데 자료가 없는 것이다. 아예 자료를 담아두는 폴더가 완전히 날아가버렸다.

진짜 꿈인가 했다. 자료가 하나도 남아 있지 않다니. 오늘이 만우절인가? 그때 노트북에 연결되어 있는 대형 외장하드가 보였다. 남편의 것이다. 남편을 깨워 물어보니 본인도 모른단다. 정황을 살펴보니 남편이 자신의 컴퓨터를 정리하면서 자료가 너무 많으니까 임시로 필자의 노트북을 활용하는 과정에서 노트북을 아예 포맷해버린 것임이 드러났다. 너무 기가 막혀서 화도 나지 않았다.

그 뒤로 남편은 필자의 노트북에 접근금지다. 남편이 가끔씩 노트북의 파일을 외장하드에 백업해준다고 하는 것도 사양한다. 함께 사용하던 외장하드를 남편에게 줘버리고 내 전용 외장하드를 사서 한 달에 한 번씩 내가 직접 백업 데이터를 만든다. 이처럼 신뢰가 무너지니, 비용이 많이 든다. 또한 남편이 해주던 일을 내가 하려니 번거롭고 속도도 느려졌다.

이런 일은 큰 사건에서도 쉽게 볼 수 있다. 9·11사태 이후 미국 공항의 검색대에서 걸리는 시간이 1.5배나 늘었다고 한다. 9·11사태 전에는 30~40분이면 족했던 검색이 이제는 1시간 가까이 걸리는 것이다. 신뢰가 무너지면 비용은 더 들고 속도는 느려진다는 말이 실감난다.

우선 정이 서로 통해야 일이 된다

우리나라는 심정문화다. 마음의 뜻心情이 통해야 일이 되는 문화다. 국립국어원 표준국어대사전을 찾아보면, 정情에 대해 '① 느끼어 일어나는 마음, ② 사랑이나 친근감을 느끼는 마음, ③ (불교) 혼탁한 망상, ④ (심리) 마음을 이루는 두 요소 가운데 감동적인 요소'로 정의한다. '느껴 일어나는 마음, 사랑, 친근감, 감동적인 요소'라는 정의만 봐도 끈끈한 마음이 든다. 이런 '정'자가 들어간 말이 얼마나 될까?

무정無情 유정有情 감정感情 다정多情 인정人情 사정事情 사정私情 실정實情 모정
母情 부정父情 모정慕情 애정愛情 연정戀情 춘정春情 열정熱情 온정溫情 냉정冷情
비정非情 비정悲情 훈정薰情 방정芳情 진정眞情 순정純情 충정忠情 우정友情 은정
恩情 서정抒情 시정詩情 심정心情 발정發情 색정色情 선정煽情 성정性情 욕정慾情
국정國情 민정民情 세정世情 물정物情 본정本情 상정常情 속정俗情 표정表情 신정新
情 구정舊情 야정野情 여정旅情 여정餘情 역정逆情 망정忘情 박정薄情 치정痴情 동
정同情 만정萬情 걱정 투정 매정 속정 잔정 미운정 고운정 풋정 묵은정 몰인
정 깊은정 얕은정 가는정 오는정   〈출처 : 블로그 '최환의 3차원 세상읽기'〉

이 자료를 보면 '정情'이 들어가 있는 말이 67개나 되는데, 찾으
려고 애쓰면 더 많은 말을 찾을 수 있을 것 같다. 정이 들어간 말이
많다는 것은 '써야 할 상황'이 많다는 뜻이다. 즉 정이 풍부한 우
리는 정과 관련된 따뜻함도 표현할 일이 많았고, 또 그것이 좌절되
면서 생긴 마음을 표현할 말도 필요했던 것이다.

선문대 정진완 교수는 심정문화를 '사랑하며 기뻐하려는 억제
할 수 없는 충동으로 인해 삶을 영위해 가는 사람들의 행동양식과
그 총체'라고 정의했다. 사랑하고 싶고 함께 기뻐하고 싶은 욕구
를 억제하기 힘든, 그런 집단 무의식을 가진 것이 우리나라 사람의
깊은 정서라는 것이다.

2002년 월드컵 때도 그랬고, FTA 협약을 반대하는 촛불시위 때
도 그랬다. 마음이 한 번 동하기 시작하면, 우리의 열정은 세계를
놀라게 하고 '합리와 논리'를 넘어선 협상을 이끌어내기도 한다.
그렇다. 내가 누군가와 일을 하려면, 심정부터 동하게 해야 한다.

신뢰감 이전에 친밀감이 더 중요하다

많은 사람들이 일을 통해서 상대방과 신뢰를 쌓으려고 한다. 어떤 분은 "내가 말투나 인상이 이래서 사람들이 쉽게 다가오지 못하지만, 1~2년이 지나면 나를 진국이라고 불러요."라고 말한다. 좋은 방법이기는 하지만 시간이 많이 걸린다. 만약 일의 결과가 나오기 전에, 즉 만나자마자 상대방과 친밀감을 형성할 수 있다면 일의 진척도나 협업을 이끌어내는 정도는 상당히 달라질 것이다.

상대방과 친밀감을 높여주는 공식 하나가 바로 "How are you?"다. 우리가 사람을 만날 때 하는 인사다. 그저 "안녕하세요?"라는 문장이지만, "당신, 어때요?"라고 번역해볼 수 있다.

여기서 '당신'에 해당되는 말을 여러 가지로 바꾸어 상대방에게 물어볼 수 있다. 가족은 어때요? 건강은 어때요? 운동은 어때요? 지금 하는 프로젝트는 어때요? 상사는 어때요? 스트레스 관리는 어때요? 날씨는 어때요? 아들 녀석은 어때요? 등. '당신'이라는 단어가 들어가는 자리에 다른 단어를 넣어서, 상대에 대한 관심을 보이는 것이다.

상대에게 운동에 대해 물어봤는데 반응이 시큰둥하다면, 상대의 가족에 대해서 물어볼 수 있다. 가족에 관한 이야기를 할 때 목소리 톤이 올라가고 에너지가 넘치는 것이 감지된다면, 그 이야기로 연이어 갈 수 있다. 예를 들어 처음에는 "아드님은 어때요?"로 시작했는데, 아들 이야기에 열을 올린다면 "사춘기인데 어때요?" "엄마와는 어때요?" 이런 식으로 더 깊은 이야기로 들어갈 수 있다.

여기서 중요한 것은 진심으로 그 사람의 입장에 서서 공감하며 들어야 한다는 것이다. 만약 인위적이고 겉치레뿐인 인사말로 내게 물어본다는 생각이 든다면, 친근감은커녕 더 관계가 껄끄러워질 것이다. 상대의 인생에 대해 호기심과 흥미를 가지고 들어야 한다.

만약 처음 5분을 상대가 좋아하는 이야기로 시작할 수 있다면, 처음에 얼어 있는 서먹함을 깰 뿐만 아니라 다음 이야기를 쉽게 받아들일 수 있게 만들 수 있다. 물론 만나는 사람마다 '당신'에 해당하는 주제를 바꾸어 생각해야 한다. 교수직에 있는 사람을 만난다면 학생모집, 학생 취업시키기, 논문 쓰기 등이 좋은 주제가 될 것이다. 대학생을 만난다면 취업, 학점관리, 이성친구 등이 서먹함을 깨는 좋은 주제가 된다.

우리는 예측할 수 있는 사람을 신뢰한다

친밀감이 쌓였다고 해서 신뢰감이 덩달아 생기는 것은 아니다. 친한 친구지만, 일은 함께하고 싶지 않은 사람이 있을 것이다. 친밀감과 신뢰감은 다르다. 물론 친밀감 없이 신뢰감을 쌓으려면 시간이 많이 걸린다. 친밀감을 쌓았다면, 이제는 '이 사람은 이렇게 행동할 것이다.'라고 예측할 수 있는 일관성을 보여줘야 한다.

〈위 워 솔저스〉라는 영화를 보면, 적진에 파견되기 직전에 작전 사령관이 참전병을 모아놓고 연설을 하는 장면이 나온다. "적진에 들어가서 우리가 할 일은 옆 사람을 돌보는 것입니다. 왜냐하면 그 사람이 우리 가족을 지킬 것이기 때문입니다 …(중략)… 다 살아서 돌아온다는 약속은 하지 못합니다. 그러나 한 가지는 약속합니다. 적진에 가장 먼저 들어가는 사람도 나이고, 가장 나중에 나오는 사람도 나일 것입니다."라고 연설하는데, 그 장면을 볼 때마다 뭉클하다.

왜냐하면 전쟁에서 무엇을 해야 하는지 명확한 가이드라인을 주며, 나의 리더가 어떻게 행동할 것인지 신뢰를 단번에 받아내는 명연설이기 때문이다. 필자가 만약 그 참전병에 속해 있었다면, 두려움보다는 용기를 선택하게 될 것이고, 불신보다는 서로에 대한 신뢰를 선택하게 되었을 것이다.

대인 간에도 마찬가지다. 상대방이 어떻게 행동할지 예측할 수 있다면, 일은 더 신속하게 처리된다.

필자에게는 고마운 친구가 있다. 그 친구에게 전화를 걸어 속상한 일을 털어놓기도 한다. "흑자 도산이라고 아니? 요즘 고객사에서 결제가 늦어져서 죽겠다."라고 넋두리를 하면, 자신의 명의로 대출받을 수 있으니 받아서 주겠다는 이야기가 금세 나온다. 그런 거 아니라고 해도 어려워 말고 언제든지 쓰라고 한다. 얼마나 고마운가! 그런데 그 친구는 이렇게 말한다. "내가 아무에게나 무조건 빌려주는 줄 알아? 너니까 빌려주는 거야! 깔끔쟁이잖아. 남에게 피해되는 일은 털끝만큼도 안 하니까 묻지도 따지지도 않고 빌려주는 거지."

필자는 한 번도 그 친구에게 빚진 적이 없다. 오히려 내가 거금을 빌려줬다가 받았는데도, 마음은 내가 더 빚진 느낌이고 늘 그 친구에게 고맙고 또 고맙다. 상대방이 보여준 행동, 그 일관된 행동이 신뢰를 만드는 것이다.

조직에서 일관성의 중요성

사우스웨스트 항공사는 '우리는 가장 저렴한 항공사다.' 라는 업무가치가 있다. 그 가치는 어떤 직원이 고객의 만족도를 높이기 위해 프랑스식 샐러드를 기내식으로 제공하자고 제안할 때, 그 제안을 받아들일지 말지를 결정하는 지침이 된다. 아무리 설문을 통해 프랑스식 샐러드가 고객들이 원하는 음식으로 선정되었다 해도, 그 음식으로 인해 '가장 저렴한 항공사' 라는 가치에 반하게 된다면 실행할 수 없는 것이다.

이러한 업무가치가 있다면, 의사결정을 신속히 할 수 있을 뿐만 아니라, 직원들이 회사나 리더가 어떻게 의사결정을 내릴 것인지 예측할 수 있기 때문에 신뢰가 가는 제안을 내놓을 수 있다. 즉 리더는 업무를 하면서 중요하게 생각하는 업무가치를 직원들과 공유해야 한다. 이러한 업무가치로 인해 상사의 지시가 일관성이 있다면, 직원들은 상사의 행동을 예측할 수 있으므로 신뢰가 커지고, 신뢰가 커지면 비용은 줄이고 속도는 높일 수 있다.

팀장이 코칭을 받기 위해 자리를 비울 때마다 어떻게 의사결정을 해야 할지를 모르는 팀원들이 교육에 나와 있는 팀장에게 연신 전화를 해댄다. 필자는 가끔 리더들에게 이런 질문을 한다. "팀장님께서 오늘처럼 팀에 안 계시는 날에, 직원들이 '팀장님이 계셨다면 이렇게 하라고 했을 거야.' 라고 스스로 판단하며 일을 진척시키나요?" 이 질문에 "큰일이 아니라면 대체로 본인들끼리 결정을 해서 진행하죠."라고 대답할 수 있다면, 조직 내에서 신뢰를 얻고 있는 것이다.

이러한 업무가치는 리더가 중요하게 생각하는 가치, 일의 특성, 고객의 특성 등에 따라 정해진다. 또한 업무가치는 끊임없는 일대일의 대화와 1 대 N의 대화를 통해서 꾸준히 전달되어야, 비로소 조직의 문화와 가치로 정착된다. 이제 2부의 나머지 장에서는 일대일 대화를 통해 어떻게 의사소통하고 이를 통해 어떻게 관계를 구축해 영향력을 미칠 것인지 이야기를 나눠보자.

경청의 힘은
생각보다
훨씬 크다

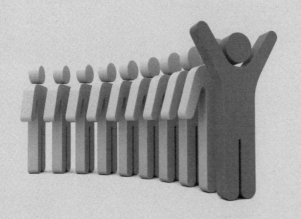

상대방의 이야기를 '듣고 있다'는 것을 표현하는 것이 가장 강력한 의사소통의 시작이다. 그런데도 경청은 참 어려운 일이다. 정말 우리가 듣는 방법을 모르는 것일까? 알고는 있는데 실천이 안 되는 것일까? 경청하고 있다는 것을 알리는 방법, 경청의 수준, 그리고 표정까지 들어야 하는 이유에 대해서 연구해보자.

듣기만 하는 것은 경청이 아니다

우리 회사에서 운영하는 코칭교육에 비디오 피드백이라는 것이 있다. 소위 〈부부클리닉 사랑과 전쟁〉이라는 프로그램에 나올법한 이혼 사례를 가지고 20여 분간 토론한다. 강사가 등장인물 5명 중, 이혼에 영향을 많이 미친 순으로 집단의 의사결정을 하라고 주문하면, 처음은 다들 점잖게 토론을 한다. 하지만 시간이 흐르면서 견해가 다른 사람과 팽팽히 맞서며 갈등이 생기기 시작한다. 그것을 모두 비디오에 담는다. 토론이 끝나면, 비디오를 보면서 어떤 상호작용을 했는지 피드백을 하는 것이다.

사실 과제로 준 '이혼에 영향을 미친 순위 정하기'는 별로 중요하지 않다. 20여 분 동안 토론하면서 내가 어떤 방식으로 의사소통하고 있는지를 2가지 측면에서 피드백받는 것이 이 활동의 목표다. 첫째는 같은 조의 사람들이 토론하는 동안 인식한 나의 모습을 피드백받는 것이고, 둘째는 토론하는 동안 비디오에 찍힌 자신의 모습을 피드백받는 것이다.

20분간 내가 어떤 이미지였는지를 평가받는 시간에는 많은 사람들이 억울해한다. 이유는 우리 조에서 가장 소극적인 사람, 혹은 남의 의견에 쉽게 동조한 사람에 자신의 이름이 올라갔기 때문이다. '내가 그렇게 잘 들어줬는데, 어떻게 나를 소극적이고 남의 의견에 동조한 사람으로 판단할 수 있을까?' 하는 생각과 함께 사람들에게 배신감마저 들게 된다. 그런 뒤에 비디오에 찍힌 자신의 모습을 보면서 '아, 이래서 사람들이 나를 소극적이라고 생각했구나.' 라고 수긍한다. 비디오에 찍힌 모습은 그냥 가만히 있거나, 고개를 끄덕이는 정도다. 본인은 '듣고' 있었으나, 상대방은 '아무것도 하고 있지 않은' 사람으로 인식한 것이다.

경청에도 여러 수준이 있다

잘 들어주는 것에는 여러 가지 수준이 있다. 우리가 흔히 말하는 눈을 맞추며 고개를 끄덕이는 것은 1차원적인 경청이다.

2차원적인 경청은 '입으로 경청' 하는 것이다. "아, 그랬단 말씀이지요." "예, 원인을 제공했다는 측면에서 아내가 더 문제란 말씀이지요." 이렇게 들은 것을 입으로 표현하게 되면, 상대방은 '이 사람이 내 이야기를 잘 듣고 있구나. 내 이야기에 관심이 있구나.'

라는 생각을 하게 되며, 상대방에 대한 호감도가 상승한다.

더 깊은 3차원의 경청은 상대의 긍정적인 의도 혹은 깊은 열망까지 듣는 것이다. 상대의 의도를 파악하면서 이야기를 듣고 그것을 요약하거나 "아, 그렇군요." 같은 추임새를 넣을 수 있어야 한다. 따라서 적절한 타이밍에 적절한 말을 해야 하니, 내 이야기로 상대방을 방해할 시간이 없다.

예를 들어 만약 사춘기 자녀가 '죽고 싶어.' 라고 일기장에 써놨을 때, "왜 죽고 싶어?"라고 따져 묻는 순간 아이는 정말 죽고 싶어질 것이다. 뭔가를 이루고 싶은데, 잘하고 싶은데, 잘 안 되어서 힘들고 '죽고 싶을 만큼 속상하다.' 는 의미로 받아들여야 한다. "왜 죽고 싶어?"가 아니라 "우리 딸이 잘하고 싶은데 잘 안 되니까 속이 정말 상했구나. 죽고 싶을 정도로 속이 상했구나."라고 말해줘야 아이의 이야기를 잘 들은 것이 된다.

3가지 경청 중에 2차원적인 경청은 구체적으로 어떻게 해야 할까? 3단계로 말을 하면 된다. 1단계는 상대방의 말을 요약해주는 것이다. 2단계는 상대방의 말에 담긴 감정이나 기분이 무엇인지 말로 표현해주는 것이다. 마지막으로 3단계는 그 말 안에 담겨 있는 긍정적인 의도와 열망을 추측해서 말해주거나 질문하는 것이다.

큰 아이가 고등학교 1학년 때의 일이다. 함께 차를 타고 가는데 아들이 이렇게 말하는 것이다. "엄마, 난 시험 때가 되면, 차 사고가 나든지 다치든지 해서 병원에 입원했으면 좋겠어!" 그 말을 들는 순간 불쾌한 기분이 들었다. '이 놈이 별 소리를 다하는군. 시험 때라고 공부를 완벽하게 하는 것도 아니면서, 브레이크를 확 밟아버릴까?' 하는 생각까지 들었다.

하지만 필자는 마음을 가다듬고 아들의 말을 3단계 경청으로 듣기 시작했다. "어이쿠, 우리아들! 시험 때가 되면 사고가 나서라도 병원에 입원하고 싶단 말이지? (→ 1단계 경청) 얼마나 시험이 부담스러우면 그런 생각까지 했겠어! (→ 2단계 경청) 그런데 원주야, 목표가 없으면 그런 부담감은 생기지 않거든, 이번 시험에 특별한 목표가 있었던 것 아니야? (→ 3단계 경청)"이렇게 묻자 아이는 "엄마, 그 해외 교환학생인가 뭔가가 영어랑 수학 점수가 올라가야 가능하다며, 그것 때문에 부담스러워 죽겠어."라고 대답을 한다. '아, 이 녀석이 역시 좋은 의도와 열망이 있었던 거였군!' 이라고 생각하며 "우리 아들, 잊어버리고 있는 줄 알았는데 챙기고 있었구나." 하며 칭찬을 해줬다. 아이는 한두 마디 투덜거렸지만, 이내 마음은 '교통사고가 나서 입원했으면…' 이란 곳에서 '어떻게 하면 영어와 수학 점수를 높이지?' 하는 곳으로 옮겨가고 있었다. 이것이 바로 경청의 힘이다.

단, 이 2차원적인 경청에는 주의사항이 있다. 상대방이 말할 때마다 1, 2, 3단계를 모두 써서 경청한다면 오히려 상대방은 불편해져서 대화를 피하게 될 것이다. 때로는 감정만(2단계), 때로는 요약만(1단계), 대로는 긍정적 의도만(3단계) 읽어주는 게 좋다.

경청을 해야만 얻을 수 있다

필자의 스승이자 감수성 훈련의 대가이신 유동수 선생님은 노트에 필기하는 것을 별로 좋아하지 않으셨다. 노트에 필기하는 사람을 보면 "노트 공부시키지 말고, 네가 공부하거라."라고 반농담조로 이야기하셨다. 대화중에 사람은 안 보고 앞의 프린트만 쏘아보는 분들을 보면, 가끔 스승님이 하셨던 말이 떠올라서 '풋!' 하고 웃게 된다. 상대방과 대화하는 것이 아니라, 마치 프린트와 대화하는 것 같은 느낌이 들어서다.

정리해보자. 경청을 통해 우리가 얻고자 하는 것은 무엇일까? 상황마다 사람마다 다르겠지만, 일반적으로 경청은 다음과 같은 결과를 가져온다.

경청을 통해 얻는 것들

1. 일의 목표와 내용, 진행 상황에 대한 정보를 얻는다.
2. 함께하는 사람의 성향을 이해한다.
3. 상대방의 의도와 처한 환경을 이해한다.
4. 상대방의 친밀감과 신뢰감을 얻는다.
5. 상대방의 수용력을 더 높인다.

자, 자신이 대화할 때 주로 이 5가지 중에서 몇 가지를 얻어내고 있는지 확인해보자. 회사에서, 가정에서, 친구관계에서, 그리고 일

반적인 대화에서 나는 어떻게 경청하고 있는가? 혹시 일의 내용은 잘 확인했는데 상대방과의 친밀감은 적게 얻어내고 있는 것은 아닌지, 그래서 관계가 지속될수록 뻑뻑한 느낌이 드는 것은 아닌지 스스로 돌아보며 피드백을 해보자.

표정과 어조도 입으로 들어야 한다

나와 다른 이야기를 하는 사람을 보면 '저 이야기는 틀렸어!' 라는 생각이 먼저 들 수 있다. 하지만 그 전에 '저 사람이 왜 저런 이야기를 할까? 어떻게 생각했기에 저런 결론이 나왔을까? 왜 표정이 저럴까?' 라는 호기심을 갖는 것이 경청의 출발이다.

예전에 서울역에서 택시를 탔을 때의 일이다. 서울역에는 늘 택시가 줄지어 서 있는 곳이 있다. 그 이유를 몰랐던 필자는 제일 앞에 있는 택시를 잡아타고 "장충체육관 가주세요!"라고 말했다. 택시 기사님은 시큰둥한 얼굴을 하고 숙대쪽으로 한참을 내려가는 것이었다. "기사님. 이쪽으로 가는 게 맞나요?"라고 조심스럽게 물었더니, 기사님은 통명스럽게 "차를 잘못 타셔서 돌아가는 길입니다."라고 했다. "아, 제가 차를 잘못 탔나요? 다른 곳에서 타야 했나봐요?"라고 했더니, "지금 손님이 타신 곳은 택시들이 장거리를 가기 위해 40분에서 한 시간 이상을 기다립니다. 이렇게 짧은 거리를 가려면, 다른 곳에서 택시를 탔어야 하셨어요. 그래야 이렇

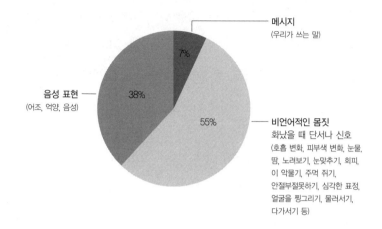

메시지
(우리가 쓰는 말)

7%

음성 표현
(어조, 억양, 음성)

38%

55%

비언어적인 몸짓
화났을 때 단서나 신호
(호흡 변화, 피부색 변화, 눈물,
땀, 노려보기, 눈맞추기, 회피,
이 악물기, 주먹 쥐기,
안절부절못하기, 심각한 표정,
얼굴을 찡그리기, 물러서기,
다가서기 등)

게 돌아가지 않아도 되고요."라고 퉁명스럽게 이야기했다.

'어쩐지 그래서 이렇게 냉랭하셨구나.' 라고 생각하면서 필자는 그 기사님의 마음을 들어보려 애썼고, 들은 마음을 입으로 표현했다. "와, 진짜 열 받으셨겠어요. 장거리를 가려고 거의 한 시간을 기다리셨다는 거 아니에요. 알만한 사람들은 다 아는데, 장거리 가려는 택시인 줄 모르고 가까운 거리를 가자고 했으니 얼마나 황당하셨겠어요. 또 너무 당당하게 타니 내리라고 할 수도 없고, 제가 정말 재수 없으셨겠어요."라고 했다. 그랬더니 기사님이 피식 웃으면서 "그 정도는 아닙니다."라고 이야기한다.

필자가 보기에는 '그렇다' 는 웃음이다. 본인이 하고 싶은 이야기를 필자가 대신 해주니, 속이 좀 풀린 듯 보였다. 한마디 덧붙인다. "기사님이 마음이 좋으신 분이니 이 정도로 받아주지. 웬만한 분들은 어림없겠어요."라고 하니, 금세 얼굴이 환해지면서 '이 여자가 사람은 알아보네.' 하는 표정으로 이후에 다시 서울역에서 택시를 타려면 어디서 타야 하는지 상세하게 알려주셨다.

미국 캘리포니아대학교 심리학과 명예교수인 앨버트 메라비언은 사람들이 대화를 할 때 말은 7%, 어조·억양·음성 등의 음성 표현은 38%, 그리고 비언어적인 몸짓은 55%를 차지한다고 주장했다. 다시 말해 단순히 상대방의 말만 듣는다면, 그 사람의 7%밖에 듣지 못한다는 것이다. 더 많은 비율로 들어야 하는 것은 어조나 그 사람의 몸짓이다.

음성 표현이나 비언어적인 몸짓을 듣는 것이 왜 중요할까? 예를 들어보자. 부인에게 생일날 무엇을 갖고 싶냐고 물어본다. 아내는 "선물은 뭘, 그냥 외식이나 하지 뭐."라고 대답한다. 이 말만 듣고 선물을 생략한다면, 아내의 마음을 맞힐 확률은 7%도 되지 못할 것이다. 아내의 어조를 들어봐야 하고, 눈빛이나 표정을 들어야 사랑을 주고받는 부부가 될 것이다.

이런 의사소통을 강조한 필자이지만, 필자 역시 코치 초년생 때에는 상대방의 비언어적인 몸짓을 듣지 못해서 낭패를 본 적이 있다. 코치 초년 시절에 대기업의 부사장을 코칭한 적이 있었다. 8명 정도가 앉을 수 있는 원탁용 회의 테이블에 앉아서 코칭을 하는데, 거리도 멀었지만 그분의 목소리가 너무 작아서 들리지가 않았다. 필자는 마음이 조급해져 의자를 바짝 끌어다 앉았고, 그래도 목소리가 들리지 않자 그분을 향해 몸을 기울였다. 잠시 잘 들리는 듯

하더니 또 안 들려서, 필자는 의자를 자꾸 앞으로 당겼고 몸은 거의 테이블을 기어올라갈 태세가 되었다.

한참이 지나서야 사태파악이 되었다. 필자는 자꾸 그분의 이야기를 들으려고 가까이 가고 있었고, 그분은 반대로 필자에게서 멀어지기 위해 의자를 뒤로 서서히 밀고 있었던 것이다. 첫 세션부터 너무 적극적으로 다가오는 필자에게 그분은 온몸으로 저항감을 드러내고 있었던 것이었다. 필자는 몰랐다. 단지 그분이 말하는 메시지를 들느라고 더 깊은 것을 보지 못했고, 첫 세션에서 친밀감을 형성하는 데 실패한 것이다.

불편하다는 표정을 '듣고' 그것을 말로 표현했다면, 더 빠르게 친밀감과 신뢰감을 형성했을 것이다. "부사장님, 제가 첫 세션부터 너무 질문만 해서 불편하시죠?"라고 물었다면, 설령 "아닙니다."라는 대답을 했더라도 상대는 마음의 불편함을 털어내게 되었을 것이다. 비언어적인 몸짓을 듣는 것은 매우 중요하다.

경청을 목표에 따라 분별력 있게 활용하자

경청에도 맥락에 따른 분별력이 필요하다. 만약 조직에서 경청을 적용하려면, 미팅 혹은 회의의 목적에 따라 경청의 방법이나 수위를 조절해야 하는데 3가지 정도로 상황을 나눌 수 있다.

첫째는 여러 명이 회의에 동시에 참석하면서 '정해진 시간 내에 의사결정을 내려야 하는 상황'이다. 예를 들자면 내가 부산에 가기 위해 KTX를 탔다. 옆에 앉은 아이의 이야기도 잘 들어주고 맛있는 것도 나눠 먹고 즐겁게 부산에 가고 있는데, 나중에 알고 보니 이 열차가 호남선이라면 어떨까? 말도 안 되는 실수인 것이다. 이것은 나의 목표에서 탈선했다고 볼 수 있다. 아무리 기차 안에서 즐거운 시간을 보냈더라도 목표인 부산에 가지 못했기 때문이다. 이를 회의에 적용해본다면, 회의시간에 경청해야 한다고 무작정 계속해서 들어주는 것은 바람직하지 않다는 말이다. 여러 사람이 참석해서 정해진 시간 안에 의사결정을 해야 한다면, 이러한 태도는 버려야 한다.

이런 상황에서 제대로 경청하려면, 경청과 질문을 적절하게 해야 한다. 즉 1단계는 부하직원의 보고 내용을 듣는다. 듣는 중에 중요하지 않은 이야기로 시간을 보내고 있거나 중언부언하고 있다면 2단계로 넘어가야 한다. 2단계는 "자네 이야기는 ○○란 말이지?"라고 요약해주는 것이다. 다시 말해 '자네가 한 이야기를 잘 알아들었네.'를 입으로 표현해주는 것이다. 마지막 3단계는 "이런 측면에서 생각해보면 어떤 현상들이 생길까?"라는 질문을 통해 생각의 차원이나 범위를 좁히도록 도와야 한다. 혹은 "내가 듣고 싶은 부분은 'A' 이거든, 이 부분에 대해 좀더 이야기를 해주겠나."라고 하며 시간을 효율적으로 쓰도록 부드럽게 안내할 수 있다.

많은 리더들이 자신이 원하는 보고 내용이 나오지 않을 때 보고서를 앞뒤로 마구 뒤적이는 행동을 하는데, 그런 행동으로는 자신의 마음을 알리기 어렵다. 오히려 상대방을 주눅 들게 하고, 더 버벅거리게 만들어서 회의시간을 잡아먹게 된다. 내 요청사항을 부드럽게 말로 요구하는 편이 훨씬 건강하다.

둘째는 1 대 N으로 지시를 해야 하는 상황이다. 이때도 심도 있는 경청은 바람직하지 않다. 그냥 지시하고, 내 이야기를 제대로 전달받았는지만 확인하면 된다.

하지만 마지막 상황인 아이디어를 추출해야 하는 회의라든가 친밀감을 도모해야 하는 모임이라면, 겸손과 호기심을 가지고 온전히 경청하는 태도는 아주 바람직하다. 또한 상대를 육성시키기 위한 일대일 미팅에서도 겸손과 호기심, 육성이라는 본질적인 목표를 상기하면서 상대방의 마음과 가치와 욕구까지 들을 수 있는 경청이 필요하다.

자, 이제 부하직원을 만나러 가야 하는가? 그렇다면 모임의 목적과 목표를 상기해보자. 또한 어떤 경청의 태도를 할지도 함께 결정하자. 이러한 준비가 부하직원들에게는 언제 말하고 언제 들어야 하는지를 분별하게 하는 중요한 가이드라인이 될 것이다.

사람들이 대화를 할 때 말은 7%,

어조 · 억양 · 음성 등의

음성 표현은 38%, 그리고

비언어적인 몸짓은 55%를 차지한다.

사실을 말해야 한다
VS
관계를 생각해야 한다

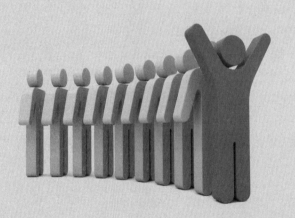

말귀를 알아듣기 위해서는 고려해야 할 중요한 한 축이 또 하나 있다. 대화를 사실지향적으로 받아낼 것인가, 관계지향적으로 받아낼 것인가 하는 분별력이 바로 그것이다. 사실지향적 대화는 말의 내용이 사실인가 아닌가를 중요하게 여기는 것이고, 관계지향적인 대화는 개인 간의 관계를 더 중요하게 여긴다. 그래서 설령 사실이 아니라 할지라도, 서로에게 손해를 끼치는 일이 아니라면 관계를 유지하기 위해 관계지향적인 대화가 필요하다. 상황에 따라 사실지향적 대화와 관계지향적 대화를 구별해서 사용할 수 있는 지혜를 키워야 한다.

상대방이 원하는 따뜻한 말들을 건네자

남편에게 묻는다. "나 주름이 너무 많지 않아? 나이 많이 들어 보이지?" 그때 남편이 내 얼굴을 자세히 들여다보며 걱정스런 얼굴로 이렇게 말한다. "그러게 요즘 주름이 많이 늘었어. 요사이 고생이 많았나봐." 그러면 필자는 혹시나 했던 마음을 접고, 일단 그말을 확인하기 위해 거울을 들여다보며 얼굴을 유심히 관찰한다. 그러면서 동시에 '좀 괜찮다고 하면 어디가 덧나나?' 하면서 남편을 원망하는 마음이 생기고, '저렇게 말귀 못 알아듣는 사람하고 사니 내가 이렇게 주름이 많아지지.' 하며 주름에 대한 불평은 어느새 남편을 향하게 된다.

필자의 남편은 필자가 한 질문을 어떻게 판단한 것일까? 사실지향적으로 판단한 것이다. 남편은 필자가 눈으로 확인되는 사실이 무엇인지를 물어봤다고 판단했기 때문에, 자신이 관찰한 대로 사실에 기초한 대답을 한 것이다.

필자가 남편에게 주름에 관해 물어볼 때, 사실보다는 듣고 싶은 말을 해주길 기대했다. 예를 들면 이렇게 대답해주는 것이다. "무슨 소리야. 쌩쌩하구먼. 자기는 아직도 20대야. 눈가에는 주름이 약간 있는데, 그건 당신이 눈웃음을 지으니까 생기는 거고, 그게 이야기할 때 얼마나 온유하게 느껴지는데. 그게 매력 포인트라고." 이런 대답을 기대했으니 남편이 꼭꼭 집어주는 '사실'이 달갑지 않은 것이다.

남편뿐이랴. 워크숍에 참여한 남성들에게 만약 부인이 "여보, 나 주름 많지?"라고 하면 어떻게 대답하겠느냐고 물어본다. 90%의 남성들은 "또 왜 그러느냐?" 혹은 "알면서 왜 물어?"라고 답했다. 가정적인 몇몇 남성들은 "그래 알았어. 내일 주름개선 화장품 사다줄게." 혹은 "내가 돈 줄게. 주름개선 화장품 사서 써."라고 대답했다. "내가 보기에도 주름이 많다."라는 대답보다는 낫지만, 결국 화장품 운운하는 것도 아내의 주름이 많아졌다고 인정하는 대답이기 때문에 아내의 심정을 달래주지는 못한다.

그럴 때마다 필자는 늘 당부한다. 절대 아내에게 주름이 많다거나 다른 여자가 더 예쁘다거나 하는 말은 하늘이 두 쪽 나도 해서는 안 되는 금기사항이라고 말이다. 만약 아내가 '화장품 사주기를 원해서 저런 말을 하는구나.'라는 확신이 강하게 든다면, "내가 보기에는 결혼 안 한 아가씨처럼 보이는구먼. 정 그렇게 본인이 찝찝하면 좋은 크림 하나 사서 바르든가! 관리 유지비는 내가 주지."

라고 말할 수 있다.

이 대목에서 '아이고, 피곤해.'라는 생각이 드는가? 그렇다면 당신은 관계를 수시로 깨뜨릴 수 있는 위험한 언어를 쓰고 있는 것이다. 그것을 바꿀 의향이 없다면 당신은 새로운 노후대책을 지금부터 마련해야 한다. 왜냐하면 부인이 나이 들면서부터는 당신을 배려하지 않고 사실만을 말할 것이기 때문이다. "난 당신이 귀찮아!"라고 말이다.

감정은 돈과 같아서, 은행에 저축하듯 상대방의 마음에 저축을 해둬야 필요할 때 찾아 쓸 수 있다. 일과 능력을 통해 신뢰를 얻을 수 있으나, 상대방이 원하는 따뜻한 말들은 관계를 끈끈하게 한다.

어떤 것이 사람과 일을 더 성장시키는가?

'사실지향적인 대화를 하느냐, 관계지향적인 대화를 하느냐'에 따라 관계를 증진시킬 수도 있고, 후퇴시킬 수도 있다. 따라서 상황에 맞게 어떤 것에 초점을 둘지 판단해야 한다.

어떤 팀장이 코칭을 받으면서, 이렇게 말했다. "부하직원에게 A방향으로 프로젝트 방향을 잡으라고 일러줬는데, B에 맞춰서 보고서를 준비했더라고요. 보고서를 다 듣기도 전에 너무 화가 나서 마구 야단을 쳤지요. 참아야 하는데 제가 이렇습니다." 필자는 순간적으로 '사실지향적 대화를 할까, 관계지향적 대화를 할까'를 결정한다. 만약 직면해야 한다면 사실지향적 대화를 할 것이다. "A방향인데도 불구하고 B로 접근한 부하직원을 보면서 답답하시고 화가 나셨단 말이시죠. 그런데 제가 보기에는 팀장님과 부하직원이 한 행동이 같은데요? 저하고 코칭시간에 약속한 것과는 반대 방향으로 갔으니 말이에요. 팀장님처럼 한다면 저도 이 순간에 화를 내야 하는 건가요?" 이런 피드백을 받아들일 준비가 되어 있고, 이것이 상대를 성장시킬 수 있다는 확신이 들 때 이렇게 사실지향적인 피드백을 할 수 있다. 물론 다음 날 나는 코치에서 해고되었다는 소식을 전해 듣게 될지도 모른다.

그 순간 그 팀장이 왜 그 이야기를 할까에 초점을 맞춘다면 관계지향적 대화를 할 것이다. '육성을 위해서 인내가 필요하다.' '인내가 필요한데 그렇게 하지 못해서 아쉽고 속상하다.' 라는 팀장 내면의 소리가 들리고, 그러면 대화가 달라진다. '참고 지지하겠다.' 는 코칭 과제는 제대로 못했지만, 그 내면의 작동들을 봄으로써 팀장의 행동을 수용하고 심지어 칭찬하고 격려할 수 있게 된다.

"진짜 짜증나고 속상하고 아쉬우셨겠어요. 육성을 해야겠다는 마음은 크고, 그 의도를 알리기 위해서는 참아야 하는데 부하직원이 제대로 따라주지 않으니 참기 어려우신 거잖아요. 그러면서도 더 참아야 했는데 하고 생각을 하면, 속도 상하고 아쉬우셨을 것 같아요. 과제는 원하시는 수준으로 하지는 못했지만, 저는 좀 기쁜데요. 팀장님이 느끼는 그 아쉬움의 크기만큼 목표에 대한 열망이 커지는 게 아닌가 하는 생각이 들어서요."

그 팀장이 예상한 대답은 아니지만, 다시 용기를 얻을 수 있을 것이다. '맞아. 지난번에는 상황이 받쳐주지 않았어. 하지만 부하 직원을 육성하는 일은 꼭 필요해. 나는 그것을 목표로 정했고, 더 해봐야겠어.' 하는 마음을 갖게 될지도 모른다. 또한 그 팀장은 필자를 '말귀를 알아듣는 코치, 내 마음을 알아주는 코치'라고 생각할 가능성이 더 커질 것이다.

그렇다고 필자가 매번 관계지향적인 말만 하고 사는 것은 아니다. 어떤 임원이 부하직원에 대해 평가하며, 자문을 요청했다. "이 사람을 잘라야 할지 말아야 할지 고민입니다. 리더십이 좋다고 하는데, 자기 팀끼리 아무리 분위기 좋으면 뭐합니까. 성과가 나질 않습니다. 그러나 그 사람도 한 가정의 가장인데, 그 가족들을 생각하면 자를 수도 없고, 그렇다고 우리 회사가 자선단체도 아닌데 두고 봐줄 수도 없고, 어떻게 하면 좋습니까?"

필자는 단호하게 말했다. "그러면 자르셔야지요. 자르는 것은 상무님이 갖고 계시는 카드입니다. 쓰시고 싶을 때 쓰면 되지요. 다만 그 카드를 쓰시기 전에 한 가지 검토해봤으면 하는 것이 있습니다. 혹시 좀더 체계적으로 육성을 한다면, 개선될 가능성이 있는데 그것을 놓치고 계신 것은 아니신지요?"라고 질문했다.

그 임원은 "음, 성과는 내고 있지만, 육성에 대해서는 제가 신경 쓰지 못했고, 그럴 시간이 없다고 생각했습니다. 실제가 그렇습니다. 이제 어디서부터 개입해야 할지, 정말 개입하면 그런 사람도 나아질 수 있는지 궁금합니다."라고 대답했다. 이로써 그 임원은 코치인 필자와 육성하기 위해 어떻게 개입할지를 설계하기 시작했다.

즉 어떤 상황에서는 반드시 사실지향적 대화를 해야 하고, 또 어떤 상황에서는 관계지향적 대화를 해야 한다. 사실지향적 대화와 관계지향적 대화를 적절하게 통합해 사용할 수 있다면, 대화는 더 지혜롭고 더 유쾌해질 것이다.

사실지향적 대화와 관계지향적 대화의 차이

사실지향적 대화는 지식이나 정보를 전달하는 데 사용한다. 설명이나 설득, 대결이나 지적을 할 때 필요하다. 사실지향적이니까 간단명료하고 진실하며 분명할수록 좋다.

반면에 관계지향적 대화는 친밀감이나 신뢰감을 조성하는 데 사용한다. 상대의 입장에 초점을 맞춰서 상대방의 속마음이나 의도, 혹은 듣고 싶은 이야기가 무엇인지에 초점을 둔다. 그러다보니 관계지향적 대화에서는 공감·수용·칭찬·인정의 말이 오간다. 또한 반드시 사실만을 이야기해야 하는 것은 아니다. 내 얼굴에 주름이 많지만 꼭 그 이야기를 나에게 집어주지 않아도 내 인생이 잘못되는 것이 아니므로, 내가 듣고 싶은 이야기를 해줘도 상관이 없는 것이다.

회사생활에서 리더들은 사실지향적 대화를 70~80%, 관계지향적 대화를 20~30% 정도 사용하는 것이 좋다. 사실지향적 대화를 그 이상 쓰게 되면 무미건조하고 피 한 방울 안 나오는 사람으로 인식되기 쉽고, 관계지향적 대화를 30% 이상 쓰게 되면 줏대 없는 사람으로 인식될 수 있기 때문이다. 물론 상대가 어떤 사람이냐에 따라 그 비율이 다소 달라질 수 있다. 통계는 통계일 뿐 사람과 상황에 따라 분별력 있게 사용하는 것은 개인의 몫이다.

그렇다면 가정에서는 어떨까? 회사와는 반대로 하면 좋을 것이다. 관계지향적 대화를 80% 이상, 사실지향적 대화를 20% 정도 사용하면 된다.

자, 오늘 한번 상대방과 상황을 살펴보자. '지금 필요한 건 뭐지?' 하며 자신에게 물어보자. 관계지향적으로 대화할 것인지, 사실지향적으로 대화할 것인지, 판단을 적합하게 하면 할수록 우리의 영향력은 더 커질 것이다.

감정은 돈과 같아서,
은행에 저축하듯
상대방의 마음에 저축을 해둬야
필요할 때 찾아 쓸 수 있다.

칭찬하고
인정할 거리를
들으면서 찾아라

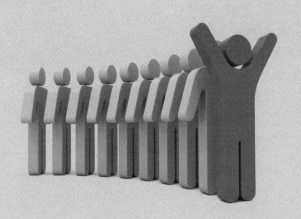

말 속에는 삶이 여실히 녹아 있다. 상대의 말을 잘 들어보면, 그 사람이 소중하게 생각하는 가치, 삶의 태도, 열정, 목표, 그리고 두려움이 들린다. 물론 칭찬할 거리도 수두룩하다. 칭찬할 거리가 없다는 것은 구체적으로 보면 2가지 이유다. 상대방의 긍정적인 면을 찾기 위해 관찰하지 않았거나, 칭찬할 마음이 없다는 것이다. 결국 칭찬할 마음이 없으니까 관찰하지 않는 것이다. 반대로 말하면 마음만 먹는다면 칭찬할 거리는 얼마든지 찾아낼 수 있다.

하이에나처럼 칭찬거리를 찾아다니자

코칭교육 중에 상대방의 이야기를 잘 듣는 법을 훈련하는 시간이 있다. 서로 짝지어 이야기를 나누면서 상대방의 이야기를 잘 경청하고, 칭찬하고 인정할 거리도 찾아보라는 주문을 했다. 그랬더니 한 교육생이 짝에게 이렇게 하소연한다.

"살을 빼려고 결심을 했는데도 운동할 시간이 없어서 이렇게 방치하고 있어요. 제 옆에 있는 매니저는 임신 8개월인데, 그 친구와 제 몸무게가 같아요. 그걸 알고 얼마나 속상했는지 몰라요." 그 이야기를 들은 다른 교육생은 "정말 속상하셨겠어요."만 여러 번 반복한다.

그때 필자가 "그 이야기 속에서 칭찬할 거리는 없을까요?"라고 하자, 두 사람 모두 눈이 동그래지면서 의아한 얼굴이 되었다. 이때 필자는 이렇게 물어봤다. "선생님은 스스로 살을 빼는 도전을 하기 위해서, 스스로 자극제를 계속 찾고 있었던 것 아닌가요? 그래서 옆의 매니저와 비교하면서, 운동할 시간을 내도록 자신을 지속적으로 자극하고 있었던 것으로 들리는데, 어떠세요?"

그러자 살을 빼고 싶은데 빠지지 않아서 속상하다는 그 교육생이 "맞아요! 그런 거예요!" 하며 얼굴이 밝아지기 시작했다. 계획대로는 하지 못했지만, 자신이 아무것도 안 하고 있었던 것은 아니고, 살에 대한 위기의식이 높아지면 행동으로 옮길 가능성이 더 커진다는 인식을 하게 된 것처럼 보였다. 짝인 교육생은 '목표를 이루지 못했다.'는 것에 초점을 두느라고 상대방의 노력이나 애씀을 보지 못했다고 토로했다.

그렇다. 우리가 하이에나처럼 칭찬거리가 없는지를 발견하려 애쓴다면, 실패나 실수 속에서도 칭찬거리를 찾을 수 있다.

단점도 뒤집어보면 장점이 된다

부모코칭 교육을 하는데, '가장 마음에 들지 않는 우리 아이의 특성' 한 가지를 적어보라고 했다. 한 부모가 "우리 딸은 너무 까칠해요."라고 이야기한다. "까칠함을 뒤집어보면 어떤 장점이 될까요?"라고 질문하자, 어떤 부모가 "기호가 뚜렷한 아이 같아요!" "자신의 기준이 명확한 아이 같아요!"라고 답한다.

우리 딸이 까칠하다고 말한 부모에게, 아이를 이렇게 볼 수도 있냐고 물으니까 그럴 수 있겠다고 답한다. 만약 기호가 뚜렷하거나 기준이 명확한 아이로 볼 때, 아이의 행동에 대해 칭찬할 거리가 있느냐고 물으니 "우리 아이가 까칠하긴 해도 명확한 구석이 있어요." 하며 웃는다.

독립적이고 결단력 있는 모습이 좋아서 남편과 결혼했는데, 막상 결혼하고 나니 다른 사람의 이야기는 안 듣고 행동으로 옮기는 남편의 모습이 위태하게 보여서 싸운다. 남편이 바뀌었다고 푸념하면서 말이다. 그런데 남편이 바뀐 것이 아니라, 내 시각이 바뀐 것이다. 독립적이고 결단력 있는 모습이 동전의 한쪽 면이라면, 다른 한쪽 면에는 다른 사람의 의견을 구하지 않고 혼자 결정하는 모습이 있는 것이다.

소리를 버럭버럭 지르는 임원들을 보면, 저 사람의 저런 열정이 어디에서 왔을까 하고 호기심이 생긴다. 분명 그 임원의 열정이 구성원에게 먹히지 않으니 화가 버럭버럭 나는 것이다. 필자는 코칭을 시작할 때 그러한 열정을 찾는다. 심하게 화를 내며 재떨이를 던지는 행동은 나쁘지만, 그 행동 안에 그 사람의 열정과 목표와 간절함이 있다.

인정·칭찬을 하면 사람들의 몸과 마음이 나를 향하는 것이 느껴진다. 마음이 열리는 것이다. 어떤 대화든지 마음의 빗장이 열리지 않으면, 그다음 진도를 나가기 어렵다. 상대와 친밀감을 쌓는 가장 빠른 방법이 그 사람의 이야기 속에서 인정·칭찬거리를 찾아서 들려주는 것이다.

상사의 칭찬은 힘이 세다

인정·칭찬은 최소한 2가지 장점이 있다. 첫 번째 장점은 인정·칭찬을 통해 상대방이 자신의 감정을 알게 되는 것이다. 사람들이 자신을 인정해주는 부분들을 들으면서, '내가 잘하는 것은 이런 것이고, 내가 부각될 때는 바로 이런 상황이구나.'를 확인할 수 있다. 특히 상사가 칭찬을 해주면 그 효과는 더 강하다.

많은 상사들이 칭찬을 해주면, 진짜 잘하는 줄 착각하고 노력하지 않을까봐 칭찬을 못하겠다고 한다. 하지만 그것은 잘못된 생각이다. 칭찬의 두 번째 장점은 칭찬과 인정을 많이 해준 상사가 지적하거나 피드백을 줄때 더 달게 받는다는 것이다. 즉 상대를 인정하고 칭찬하면서 감정에 적금을 많이 들어놓으면, 친밀감과 신뢰감이 쌓인다. 이 상태에서 더 나아가야 할 바, 즉 성장할 수 있는 부분에 대해 피드백을 해주면 수용도가 더 높아진다.

그래서 고과평가를 한 뒤에 술로 시간을 때우지 말고, 반드시 고과면담을 해야 한다. 고과면담을 할 때에 그해의 성과에 대한 평가도 하지만, 그 구성원의 장점과 세일즈 포인트를 언급해줘야 한다. 칭찬과 격려는 올해에 미흡했던 고과평가 결과에 대한 보상이다. 게다가 칭찬하고 격려하는 부분은 그 구성원이 고이 키워가야 할 좋은 특성이기 때문에 소중하게 언급해줘야 한다. 그런 뒤 내년에 어디에 중점을 두고, 어떤 화두를 가지고 자신의 경력을 쌓아가야 하는지 코칭해줘야 한다. 설령 올해의 고과평가가 좋지 않았더라도 내년에 어떤 방향으로 자신을 키워갈지를 함께 고민해주는 팀장이 있다면, 기대에 못 미치는 고과평가에 매달리기보다는 차후 설계와 결심으로 내년을 맞이하게 될 것이다.

자신의 장점이 커지면 인생에서 성공한다. 반면에 또 한편으로 장점이 크다는 것은 단점의 그림자도 크다는 것을 인식해야 한다. 신중함으로 성공할 수 있지만, 그 신중함을 잘 관리하지 못하면 꼬장꼬장하다는 평가를 받을 수 있다. 아니면 신중하느라고 의사결정의 타이밍을 놓치는 손해도 감수해야 할지 모른다. 즉 인생에서 성공은 자신의 장점을 얼마나 분별력 있게 쓰느냐에 달려 있다. 신중함을 써야 할 때는 신중함을 쓰지만, 그렇지 않을 때는 신중함보다는 순발력이라는 성향을 쓸 수 있도록 노력해야 한다.

칭찬보다는 인정이 더 좋은 영향을 준다

칭찬과 인정은 어떻게 다를까? 칭찬은 결과물 혹은 행동을 언급하는 것이다. 예를 들어 레고를 잘 쌓는 아이에게 "레고로 성을 잘 만들었구나!"라고 말하는 것이 바로 칭찬이다.

반면에 인정은 그 레고성을 잘 쌓기 위해서 그 아이가 내면에 가지고 있는 특성, 성격, 인성 등을 언급하는 것이다. 레고를 잘 쌓으려면 인내, 끈기, 분석력, 공간지각력, 구성능력, 성실성 등이 있어야 한다. 그래서 "와~ 원주는 진짜 끈기가 있구나. 이걸 어떻게 하나하나 다 맞춰서 이렇게 큰 성을 만들었어? 정말 대단해. 게다가 분석력도 대단하고, 어떻게 해야 성이 멋있어지는지 머릿속에서 이리저리 분석하고 계획을 세운 거잖아. 우리 아들은 누구를 닮아서 이렇게 끈기가 있고 분석적인 거야?"라고 말한다면 인정과 칭찬을 한꺼번에 한 것이 된다.

칭찬보다 인정이 좋은 이유는 '무엇을 해서'가 아니라, '이런 근성과 성향이 네 안에 이미 존재한다.'라는 전제를 깔고 있기 때문이다. 또한 그런 근성과 성향을 인정해주면, 그 결과물들은 다양하게 나타날 수 있다.

그래서 제대로 된 인정은 상대방에게 용기와 자신감을 주어 긍정적인 행동을 더 강화시킨다. 누군가를 인정하거나 칭찬하고 싶은가? 그렇다면 그 사람이 잘한 행동이 무엇인지 관찰한 뒤, 그 행동을 하기 위해 필요한 근성과 성격이 무엇인지 찾아내 함께 언급해줘야 한다. "정말 성실하고 끈기가 있군! 이것을 하루 만에 해내다니 말이야."라고 말이다.

건설적 피드백,
의사소통에
매우 중요하다

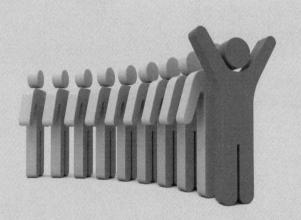

건설적 피드백, 참 어렵다. 필자도 가끔 헐크가 되어 씩씩거리며, 감정이 섞인 말들을 쏟아낼 때가 있다. 그런 후 뒷수습을 할라치면, '에구, 제대로 피드백할 걸…' 하는 생각이 든다. 건설적 피드백의 목적은 상대를 성장시키는 것이다. 상대를 성장시키기 위해서는 어떻게 피드백을 해야 할까? 피드백을 할 때, 성숙하지 못한 피드백은 오히려 상대방에게 나 자신의 미숙함만 전달하게 된다. 이것이 바로 '주는 이의 사실(giver's fact)'이다. 성숙한 피드백을 하는 방법과 피드백을 수용하는 방법에 대해서 알아보자.

건설적 피드백을 전달하는 기술

건설적 피드백혹은 질책 바람직한 기준에 부합하지 못한 사항을 설명함으로써 상대방이 이를 깨닫고 성장하게 하는 목적으로 사용하는 기법

건설적 피드백을 전달하는 기술은 아주 간단하다. 첫째, 상대가 했던 행동을 사실 그대로 묘사한다. 예를 들어 일주일에 지각을 세 번이나 한 직원에게 "넌 맨날 지각이냐?" 하면, 듣는 사람은 '어제는 안 했는데.' 라는 반항적인 마음이 생겨서 그다음 이야기는 듣지도 않는다. 그래서 "이번 주에 세 번이나 지각을 했군."이라고 말해야 듣는 상대가 방어할 수 없게 된다.

둘째, 그것이 미친 영향에 대해 이야기한다. 예를 들면 "지각하면 아침 회의를 준비하지 못하니, 본인 안건에 대해 충분히 논의하

지 못하잖아. 그리고 회의 중간에 들어오면 회의 분위기가 산만해
진다고. 게다가 회의를 제 시간에 하자고 강조했는데 무시하는 것
같은 기분이 들어서 좀 불편해."라고 말하는 것이다. 자신의 행동
이 미친 영향에 대해 구체적으로 알아야 '진짜 그랬겠구나.' 라고
설득이 된다.

  마지막으로, 앞으로 이렇게 해달라고 요청한다. 예를 들면 "자
네에게 뭔가 책임감을 부여하면, 좀더 일찍 올 수 있을 것 같아. 그
러니 내일부터 회의 15분 전에 와서 아침 회의에 쓸 프로젝터 빔
을 켜놓고 노트북을 연결하는 일을 자네가 맡아서 해주게."라고
말하는 것이다.

> **■ 건설적 피드백의 요령**
>
> 1. 상대가 했던 부적합한 행동을 사실 그대로 묘사한다.
> 2. 그 행동이 미친 영향에 대해 이야기한다.
> 3. 앞으로 이렇게 해달라는 요청을 한다.

기술보다 더 중요한 것은 사람이다

건설적 피드백을 하는 기술도 중요하지만, 기술만 사용할 때는 상
대에게 어필하기가 쉽지 않다. 마치 태권도장에서 앞차기와 옆차
기를 배웠는데, 동네 아이들과 싸울 때는 그것만으로는 이길 수 없

는 것처럼 말이다.

박상무는 구성원을 육성한다는 목적으로 야단을 많이 쳤다. 하지만 구성원들은 주눅만 들 뿐 야단친 부분에 대해서는 노력을 하지 않는 것 같아, 야단의 강도는 점점 강해지고 있었다.

필자는 박상무에게 야단을 치기 직전 구성원에 대해 어떤 마음이 드는지 질문했다. 그러자 박상무는 '그들은 최선을 다하지 않는다. 한 귀로 듣고 한 귀로 흘린다. 전문가 의식이 없다.' 라는 생각이 들어서 화가 치밀어 오른다고 대답했다.

건설적 피드백에서 가장 중요한 것은 '구성원의 온전함을 신뢰' 하는 것이다. 완벽하지는 않지만, 구성원이 자신의 경험과 눈높이에서 최선을 다하고 있다는 것을 신뢰해야 한다. 이 전제가 없다면, 아무리 휘황찬란한 공식을 써도 사람들은 자신의 잘못을 깨닫기는커녕 더욱 수동적이고 방어적이게 될 뿐이다.

박상무는 코칭을 통해 구성원을 비합리적이고 불성실하며 아이디어가 일천한 실수투성이로 전제한 상황에서는, 어떤 행동도 구성원들에게 어필할 수 없다는 것을 인식했다. 그래서 '구성원을 바라보는 3가지 전제' 에 대해 다음과 같이 정리했다.

• **전제 1** 그들은 최선을 다한다. 그들은 합리적이고 이성적이다. 문제가 생긴 데는 분명 이유가 있을 것이다.

→ 이러한 전제를 통해 사람 자체를 꾸짖기보다는 최선을 다했음에도 해결하지 못한 문제에 초점을 맞추고 해결책을 찾

는 데 관심을 두게 된다.

- **전제 2** 그들은 이 일에 전문가이고, 이미 주인의식을 가지고
  있다. 그들이 더 깊고 높이 조망할 수 있다면, 일을 더 잘해낼
  수 있을 것이다.
  → 지금도 충분히 전문성과 주인의식을 가지고 있다. 스스로
  해냈다고 생각하는 작은 성공들이 쌓이면, 전문성과 주인의
  식은 더 커질 것이다. 따라서 자신들이 해냈다고 자랑하는 기
  회를 만들어줘야 하며, 이때 필요한 것이 '산파 리더십'이다.

- **전제 3** 전문가는 시행착오를 통해 더 많이 배울 수 있다.
  → 따라서 일이 끝나면 리뷰를 해야 한다. 이 일을 통해 얻은
  성과, 개인적으로 얻게 된 지식과 경험, 다음 일을 할 때 적용
  할 것 등에 대해 정리할 시간이 반드시 필요하다.

이 전제들을 정리하고 나니 건설적 피드백을 할 상황이 상당부
분 줄어들었다. 또 늘 화나 있는 상사일 뿐, 정작 상사가 무엇을 원
하는지 구체적으로 알 수 없어서 상사를 외면했던 구성원들도 이
제는 상사의 말에 귀를 기울이게 되었다. 역시 상대를 바라보는 관
점이 건설적 피드백에서 가장 중요한 것이라는 사실을 실감한 사
례였다.

'주는 이의 사실'을 잘 살펴보자

건설적 피드백을 주는 것도 쉽지 않지만, 누군가가 내게 건설적 피드백을 한다면 어떤가? 아무리 나를 위해서 하는 '건설적 피드백'이지만, 피드백을 수용하기 전에 '주는 이의 사실giver's fact'을 검토해봐야 한다.

"피드백 정보는 그것이 무엇이든 상관없이 거의 모두, 피드백을 받는 사람보다 피드백을 주는 사람에 대한 것이다." 전설적 컨설턴트인 제럴드 와인버그가 한 말이다. 이를 '주는 이의 사실'이라고 한다. 즉 누군가가 나에게 피드백을 주면 그 피드백에는 나에 대한 정보도 있지만, 피드백을 준 사람이 어떤 사람이고 스스로 어떻게 생각하는지 등의 정보가 더 많다는 것이다. 따라서 피드백을 받을 때는 액면 그대로 받아들이기 전에, 피드백을 주는 사람을 살펴볼 필요가 있다.

예전에 한 대기업에서 팀장들을 대상으로 워크숍을 진행하고 나서, 일주일 뒤에 강의에 대해 평가를 들었다. 필자는 강의평가에 대해 어느 정도 낙관하고 있었다. 왜냐하면 그날 6시간 동안 한 워크숍에서 참여자들의 열정과 호응을 강렬하게 느꼈기 때문이다.

그런데 강의평가를 들은 필자는 잠시 쇼크 상태였다. 강의 평점이 일주일 전에 진행한 동일한 워크숍보다 0.3점이나 낮아졌다. 그 이유를 살펴보니 팀장 중 한 사람이 평점을 5점 만점 중 1~2점으로 준 것이다. 헉, 이럴수가? 이유가 뭐냐고 물었더니 코치가 자신의 책이 나온다고 광고를 했고, 뉴질랜드에 다녀온 것을 자랑하는 영상을 보여줬다는 등의 황당한 이야기들이었다.

그 말은 일부 사실이다. 책 이야기를 했으니까. 그런데 그것은 코칭스킬을 학습시키기 위해 워크숍 참여자 전원이 코치가 되어, '강사'를 코칭해보는 활동이었다. 필자는 '책을 빨리 써야 하는데 진도가 안 나갑니다.'라는 주제를 가지고 팀장 25명에게 코칭을 받은 것이다. 그걸 가지고 '책 광고'를 했다고 말하다니!

이 상황에서 볼 수 있는 그 팀장의 '주는 이의 사실'은 무엇일까?

- 가장 많은 부분을 차지한 점은 그 팀장이 열등감이 클 수 있다는 것이다. 남이 나보다 낫다고 생각하면 견디기 어렵다. 따라서 늘 주변사람과 경쟁할 확률이 높고, 남이 자신보다 나은 것을 가지고 있다고 생각하면 적으로 만들기 쉽다.
자신에 대해 자신감과 신뢰감이 큰 사람들은 다른 사람이 무엇을 가지고 있든 흔들리지 않는다. 오히려 넉넉히 받아주는 여유를 보인다.
- 여성과 관련된 불쾌한 경험, 혹은 충격적 사건트라우마을 경험했을 수도 있다.
- 더 중요한 것은 한두 가지 마음에 들지 않는 요소가 발견될 때, 나머지 소중한 것들도 함께 흘러버릴 수 있다. 그 팀장은 귀중한 6시간을 상대방의 나쁜 점을 찾느라고 시간을 소요했

을 가능성이 높다.

- 불편한 것들은 어떻게든지 표현해서 해소해야 하는데, 6시간 이나 참고 있다가 '평가'라는 방법으로 해소하는 것은 건강한 의사소통 능력이 없다는 것을 의미한다.

이런 생각이 드니 그 팀장이 안쓰러웠다. 6시간 동안 혼자 꾹꾹 누르고 참느라고 얼마나 힘들었을까 싶었다. 강의중이나 쉬는 시간에 불편하다고 이야기를 했으면, 어떻게든지 강사가 불편하지 않게 하려고 애썼을 텐데 말이다. 6시간에 대한 피드백 하나로, 그 팀장은 자신에 대해 부정적인 모습을 노출하고 말았다.

피드백은 이렇게 일방적인 것이 아니다. 그래서 피드백을 줄 때도 상대방에게 전달하고자 하는 것이 무엇인지 곰곰이 생각해서 피드백을 해야 한다. 역시 상대에게 피드백을 받을 때에도 내가 가져가야 할 사실과 상대가 가져가야 할 사실을 분리해서 들어야 한다.

가장 필수적인 피드백은 성과코칭이다

구성원들을 인터뷰하다보면 한결같은 의견 하나가 있다. 자신들의 역량을 높이는 데 관심을 가져주고, 자신들을 육성시키기 위해 기회를 주며, 한 일에 대해서는 피드백을 주고, 잘한 일에 대해서는 격려를 해달라는 것이다. "그것이 어떤 이유에서 중요한가요?"라고 물으면, 한 치의 머뭇거림도 없이 리더와 조직에 대한 충성도를 높일 수 있다고 이야기한다. 자신의 성장에 대해 관심을 가져주기 때문에 어려운 일이라도 팀 리더에게 맞추고 헌신하는 충성심이 생긴다는 것이다.

직원들의 충성도는 직무만족도 및 자부심과 관련되어 있다. 『상황대응 리더십 II 바이블』의 저자 켄 블랜차드는 "조직 구성원들의 직무만족도와 자부심을 높일 수 있는 가장 좋은 방법은 그들이 좋은 성과를 낼 수 있도록 도와주는 것이다."라고 언급한 바 있다.

켄 블랜차드는 대학에서 10년간 교수로 재직할 때, 기말고사 문제를 미리 알려줘서 교수진들에게 늘 타박을 들었다고 한다. 이에 대해 켄 블랜차드는 "제가 문제를 미리 알려주는 것 말고 학기중에 또 무엇을 하는지 아십니까? 저는 학기 내내 그 답을 가르칩니다. 학생들이 기말시험을 치를 때에는 모두가 A+를 받을 수 있도록 말입니다. 아시다시피 인생이란 A+를 받기 위한 것이지, 정규분포곡선 따위를 그리기 위한 것이 아닙니다."라고 말했다.

켄 블랜차드의 이야기를 직장에 적용해본다면, 직원들에게 기말고사 문제를 미리 알려주는 것은 성과계획에 해당한다. 그렇게 함으로써 직원들은 조직이 자신에게 무엇을 기대하는지 알 수 있다. 또한 직원들이 문제를 해결하는 방법을 알 수 있도록 돕는 것이 바로 성과를 위한 코칭이다. 리더는 직원들이 그 분야에서 육성될 수 있도록 해당 기간 동안 지원해야 한다.

어떤 리더는 이 대목에서 '내가 그럴 시간이 어딨어?' 라고 생각할지 모르겠다. 하지만 리더인 내가 올해 하는 일과 내년에 하는 일이 동일하다면, 조직은 정체되어 있는 것이다. '이 정도는 이제 저 녀석들이 좀 해줘야 하는 거 아니야?' 라는 불평이 절로 나온다면, 직원들에게 위임하고 직원들을 육성해야 한다. 이를 위해서는 성과를 위한 코칭이 필수적이다.

다시 한 번 정리해보자면 좋은 성과를 내기 위해서는 3가지 단계가 필요하다. 바로 성과계획, 성과코칭, 성과평가다. 즉 팀과 개인이 집중해야 할 목표를 합의하는 성과계획, 그 목표를 달성하도록 물심양면으로 지원하는 성과코칭, 리더와 직원이 함께 일정기간 동안 직원의 성과를 평가하는 성과평가, 이 3가지를 유념해야 한다.

당연한 이야기인데도 이 3가지 단계가 제대로 실행되는 조직은 많지 않다. 가장 시간을 많이 들여야 하는 성과코칭에는 시간을 적게 들이고, 오히려 성과평가에만 많은 시간을 투자하는 경향이 있다.

수시로 일을 통해서 하는 성과코칭은 지난번에 비해 잘한 것과 더 진도가 나가야 할 역량에 대해 피드백해주는 것이다. A+를 달성하기 위해 무엇이 문제가 되는지 알려주는 건설적 피드백은 성과코칭에서 필수적이다.

건설적 피드백에서

가장 중요한 것은

'구성원의 온전함을 신뢰'

하는 것이다.

Chapter
6

히딩크의 질문법이
선수들의
판단능력을 키웠다

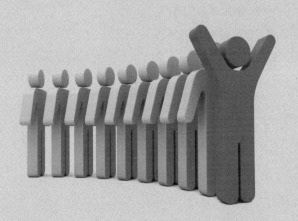

오랜 세월이 지났건만 아직도 2002년의 월드컵 이야기를 하면, 그게 엊그제이듯 가슴이 뛴다. 온 국민이 하나 되었던, 우리의 저력을 세계에 알렸던, 가슴속 열정이 맘껏 분출되었던 순간이었기 때문이다. 그 기억의 핵심에 히딩크 감독이 있다. '대통령이 되어도 좋겠다.'는 여론이 형성될 만큼 히딩크의 리더십은 출중했고 사람들의 마음을 움직였다. 이런 히딩크의 리더십을 가능하게 했던 중심축은 '코칭'이었다.

코치는 원하는 목적지까지 데려다주는 운송수단

흔히 이야기하는 코치coach는 마차를 일컫는다. 지금도 일부 국가에서는 버스를 코치라고 말하기도 한다. 다시 말하면 코치란 원하는 목적지에 데려다주는 운송수단을 의미한다. 우리에게 익숙한 '코치'는 운동선수들의 코치다. 운동선수들이 최적의 성과를 낼 수 있도록 돕는 사람들인데, 이 역시 '원하는 목적지에 데려다주는 역할'이라는 의미를 찾아볼 수 있다.

'코칭coaching'은 코치가 개입하는 모든 과정을 일컫는다. 코칭이란 단어가 새롭고 의미 있게 들리기 시작한 것은 사실 히딩크 때부터다. 그럼 코칭이라는 것이 무엇일까? 또 히딩크가 무엇을 어떻게 했기에 코칭이 히딩크와 관련이 있다는 것일까?

우선 코칭이 무엇인지 살펴보기로 하자. 코칭은 여러 가지로 정의할 수 있지만, 필자는 지혜서라고 불리는 『잠언』의 이야기를 코칭의 정의로 많이 사용한다.

"사람의 마음에 있는 모략은 깊은 물 같으니라. 그럴지라도 명
철한 사람은 그것을 길어내느니라."   (『잠언』 20:5)

말이 좀 어렵다. 하나씩 풀어보자. 우선 '모략' 하면, 어떤 단어
가 떠오르는가. 혹시 '중상모략'이라는 단어가 떠오르지 않는가?
그래서인지 어감이 별로 좋지 않다. 하지만 원어를 찾아보면 '지
혜wisdom'라고 나온다. 전체 문장을 풀어보면, 사람의 마음에 지혜
가 있는데 깊은 물 같다는 것이다. 너무 깊어서 길어내기가 어려운
데 명철한 사람, 즉 지혜로운 사람은 그 지혜를 길어낼 수 있다는
뜻이다.

위의 명구에는 중요한 가정이 나온다. 가만히 글을 살펴보면 어
떤 사람의 마음에는 모략이 있고, 어떤 사람에게는 모략이 없다고
말하는 것이 아니다. 즉 모든 사람의 마음에는 그 나름대로 지혜가
있다는 것이다. 그럼 이 말을 이렇게 바꾸어볼 수도 있을까? '세
살짜리에게도 지혜가 있다.'라고 말이다.

세 살짜리에게도, 다섯 살짜리에게도 지혜가 있다. 어른이 보면
지혜라고 말하기에는 너무 웃긴 것들이지만 그들 나름의 지혜가
있다. 그런데 여기서 중요한 것은 세 살짜리가 자신의 지혜를 써보
지 않으면, 다섯 살이 되었을 때에 다섯 살에 맞는 지혜를 꺼내서
쓰기가 어렵다는 점이다.

그런 아이가 자라서 스무 살이 되어도 자신 내면에 있는 좋은 해결책을 써보는 경험을 하지 않았다면, 스무 살에 맞는 지혜를 발휘할 수 없다는 것도 쉽게 가정해볼 수 있다. 마찬가지로 그 아이는 서른 살이 되어도 자신의 생각이나 지혜에 귀 기울이기보다는 외부의 자원에 기대고 점점 확신 없는 삶을 살 수도 있다.

히딩크가 몰라서 질문한 게 아니다

히딩크의 리더십이 대통령직을 수행할 수 있을 만큼 대단하다고 평가하면서, 사람들은 히딩크가 사용하는 리더십의 도구가 무엇인지 궁금해하기 시작했다. 히딩크는 자신이 코칭을 한다고 대답했고, 사람들은 의아해했다. 코치가 있는데 자신이 코칭을 한다니, 이게 무슨 뜻인가 하고 말이다. 앞에서 말한 내용을 기억하는가? 코칭은 원하는 목적지까지 가도록 돕는 모든 과정을 의미한다는 것, 그리고 명철한 사람은 지혜를 길어낸다는 것 말이다. 히딩크는 바로 이 2가지를 했다.

히딩크는 여러 가지 리더십 레퍼토리를 사용했는데, 그 중 한 가지는 선수들이 시합한 것을 촬영해서 일대일로 면담을 했다. 면담 시 "네가 왜 미드필더지?" "지금 저런 상황인데 네가 어디로 가야 하지?" "네가 가장 잘하는 것은 무엇이지?" "그것을 여기에 적용한다면 어떻게 해볼 수 있지?"라는 질문을 많이 했다.

히딩크가 몰라서 질문한 게 아니다. 선수 자신이 가지고 있는 지혜를 끄집어내서 쓰도록, 정리하도록, 판단하도록, 그래서 자신의 지혜를 확신하도록 돕는 과정이었을 것이다. 질문을 받으면서 선수들은 '그래 내가 왜 미드필더지? 미드필더의 역할은 무엇이지? 저 상황에서 내가 어떻게 해야 하지?'라는 질문을 자신에게 했을 것이고, 그 과정에서 무수한 판단과 실행을 반복했을 것이다.

측정은 해보지 않았지만 선수들은 그 시기에 자신의 역할에 대해 충분히 이해하며 빠른 판단능력, 순발력, 판 전체를 볼 수 있는 힘을 길렀을 것이다. 즉 2002년 월드컵의 4강 신화는 기초 체력을 튼튼히 한 덕분이기도 하지만 가장 긴박한 상황에서도 정확한 판단으로 공을 패스하고 골을 넣을 수 있었기 때문이다. 이로써 바로 히딩크가 '명철한 사람, 지혜로운 사람'의 표본이 된 것이다.

필자도 코치라는 직업으로 활동하고 있다. 기업에서 리더들과 경영진들, 가정에서 부모들을 대상으로 자신의 지혜와 명철을 끄집어내어 쓸 수 있도록 돕는 직업이라고 할 수 있다. 코칭을 하면서 역시 가장 보람차고 가슴이 뛸 때는, 사람들이 자신의 깊은 곳에 있는 지혜와 깨달음을 끄집어낼 수 있도록 도왔을 때다. 아마 히딩크도 자신의 지혜를 선수들에게 전수할 때보다는, 선수들 스스로 지혜를 길어내는 모습을 보았을 때 더 행복했을 것이다.

코칭을 현장에 적용해보자

코칭은 직장에서 부하직원에게, 동료에게, 심지어 상사에게도 할 수 있다. 또한 가정에서 아이들에게도 적용해볼 수 있다. 세 살짜리라도 자신이 해결할 수 있는 지혜를 모아서 판단하고 행동할 수 있도록 도와야만, 다섯 살이 되었을 때 그에 걸맞은 행동과 판단을 할 수 있게 된다. 마찬가지로 아무것도 모르는 위험한(?) 신입사원이라 할지라도 때로는 지시보다는 질문을 해서 스스로 자신의 생각을 정리하게 해주고 확장하도록 도우면, 그 신입사원이 대리가 되었을 때는 더 큰 역할을 담당하게 될 것이다.

지시를 하거나 정보를 주면 우리 마음의 안테나는 밖을 향하게 되지만, 질문을 하면 우리 마음의 안테나는 내부를 향하게 되고 깊이 생각하게 된다. 인간심리의 가장 큰 특징은 질문하면 자꾸 답하고 싶어진다는 것이다.

여기서 더 중요한 것은 나 자신이 자신의 코치가 되어주는 것이다. 즉 나 자신에게 깊은 질문을 던지고, 자신이 그것에 답하게 만드는 것이다. 나 자신의 지혜를 길어내고 생각의 강한 근력을 만들어내기 위해 자신의 깊은 곳을 건드려주는 그런 질문들을 하고, 깊이 있는 내면의 말들을 들어주는 것이 바로 '셀프코칭self-coaching'이다.

아침에 일어날 때 "오늘 가장 설레는 것은 무엇이지?" "오늘 어떤 것에 헌신할 거지?" "나의 역량을 발휘할 곳은 어디지?" 이런 질문들을 스스로 해볼 수 있다. 요즘 필자가 자신에게 던지는 질문은 이런 것들이다. "네가 가장 신나게 몰입하기 위해서는 무엇이 필요하지?" "사업을 확장하는 데 네가 가장 비중을 둬야 할 것들은 무엇이지?" "스트레스가 긍정적인 에너지를 주는 정도로 유지되려면 버려야 할 것, 더 해야 할 것은 무엇이지?"

자신의 지혜를 이끌어내고, 삶에서 주도성과 결정력을 높이기 위한 코칭 질문들을 자신에게 하고 있는가? 나 자신을 좀더 똑똑하게 만드는 셀프코칭을 자신과 주변의 사람들에게 시행해보라. 우리는 점점 더 명철한 사람이 되어갈 것이다.

질문은 착각과 오해를 명료하게 한다

우리가 보는 것들 중에서 정말 그것이 사실이라고 단언할 수 있는 것이 얼마나 될까? 우리는 자신의 판단이 늘 사실이라고 믿고, 믿는 것에 따라 행동한다.

한 아이가 학교에서 집으로 돌아와 엄마에게 말했다. "엄마! 오늘 내가 하지도 않은 일로 선생님에게 벌받았어!" 그 이야기를 들은 엄마는 너무 화가 났다. "뭐라고? 그런 경우가 어딨니? 학교에 찾아가 선생님과 이야기를 좀 해야겠구나. 참나, 그런데 네가 하지 않은 일이 뭐였니?" 그러자 아이가 대답했다. "숙제!"

재미있는 이야기다. 아이가 하지도 않은 일로 혼이 났다는 소리만 듣고, 엄마는 선생님을 부당한 행동을 한 사람으로 판단하고 화가 났다. 살면서 '내가 본 게 확실해!' 라고 생각했는데, 사실은 완전히 다를 때 당혹스럽기도 하고 무안하기도 하다. 앞의 이야기는 우스갯소리지만 엄마가 아이에게 질문했기 때문에 명확해질 수 있었다.

박전무를 코칭할 때였다. 필자가 박전무를 처음 만났을 때는 금융위기로 성과에 대한 강도 높은 도전이 2년 동안 지속되었다가, 열심히 노력한 결과 조금씩 조직이 안정되어가는 시점이었다. 그런데 쉼 없이 달려오다 이제 숨을 고르기 시작하니, 여기저기서 불만의 목소리들이 들려오기 시작했다. 박전무는 열린 마음으로 구성원들의 이야기를 들으려 애썼고, 구성원들의 가장 큰 불만이 육성에 관한 것임을 알게 되었다.

코칭을 진행하면서 박전무는 육성에 관해서 2가지를 조직에 적용해보겠다고 다짐했다. 하나는 '교육의 기회' 였고, 다른 하나는 '직무순환' 이었다. 이를 추진하기 위해 박전무는 상무 및 팀장들과 몇 번의 회의를 했고, 시스템적으로 지원하기 위한 계획도 세웠다. 뭔가 되어가는 느낌이 들면서도 '이것이 전부일까' 하는 의문이 필자 마음 속에 일어나기 시작했다.

박전무에게 다음과 같은 질문을 했다. "전무님, 육성의 차원이 여러 가지일 것 같습니다. 지금 이뤄지는 시스템적인 것 외에 또 다른 차원이 있을까요? 컴퓨터도 성능 좋은 하드웨어와 소프트웨어가 함께 있어야 그 기능을 발휘하듯 이런 시스템적인 하드웨어에 어떤 소프트웨어를 결합시키면, 구성원들이 원하는 육성이라는 목표를 잘 이뤄낼 수 있을까요?" 이 질문에 전무는 좀 의아해하며, 도리어 내게 질문을 던졌다. "육성에서 하드웨어와 소프트웨어라… 소프트웨어에 무엇이 있을까요?"

"음, 제가 다르게 말씀드려볼게요. 만약 사장님이 전무님에게 3가지의 옵션을 주신다면, 전무님은 어떤 것이 '육성'에서 가장 중요하다고 느낄까요? 첫째 옵션은 '멋진 교육의 기회'이고요, 둘째 옵션은 '직무이동'이고요, 마지막 셋째 옵션은 '사장님이 전무님에게 주는 피드백'입니다. 전무님이 과거에 비해 무엇을 잘해내게 되었는지, 혹은 앞으로 무엇을 더 하면 훌륭한 경영자가 될 수 있을지에 대해 피드백을 해주시는 것이지요. 이 3가지 옵션에 순위를 매긴다면 어떤 순서가 될까요?" 이 질문에 박전무의 눈빛이 빛나면서 미소를 띠었다.

박전무는 "저라면, 사장님 피드백이 1순위가 될 것 같군요." 하며, 잠깐 생각에 잠기더니 2가지 통찰을 얻었다고 이야기했다. "정말 그렇군요. 내가 생각한 것과 상대방이 중요하다고 보는 관점이 다를 수 있겠어요. 구성원들은 그 3가지 중 무엇을 가장 중요하게 생각하는지 물어봐야겠습니다. 또 하나 시스템적인 것뿐만 아니라 저를 비롯한 리더들 각자가 해야 할 역할이 분명하게 있음을 알았습니다. 상무와 팀장들에게 이 이야기를 함께 공유하며, 우리가 해야 할 역할에 대해 인식할 필요가 있겠습니다."

멋진 전무님이다. 그렇다. 물어봐야 한다. 물어보면 상대방은 대답하게 되어 있고, 답하면 자신이 말한 것에 대해 주인의식을 갖게 된다. 특히 상대방을 위한 일이거나 혹은 함께 이뤄가야 하는 일이라면, 내가 인식하고 있는 것이 정말 사실이 아닐 수도 있기 때문에 반드시 물어봐야 한다. 질문은 착각과 오해를 명료하게 할 기회를 준다.

코치란

'원하는 목적지에

데려다주는 역할'을

하는 사람이다

Chapter
7

대화에도
명료한
프로세스가 있다

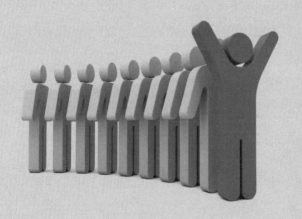

KTX를 타고 서울에서 부산까지 갈 때 몇 개의 역을 거쳐야 한다. 최소한 서울-대전-동대구 정도는 들러야 부산이라는 목적지에 다다를 수 있다. 마찬가지로 어떤 목표를 이루기 위해서 대화를 할 때 반드시 거쳐야 하는 대화의 프로세스가 있다. 코칭에서 'GROW'라는 대화 프로세스가 있는데, 일대일의 대화든 회의 진행이든, 이 프로세스를 밟을 때 목표에 이를 가능성이 커진다.

목적지에 도달하게 하는 코칭대화

딸아이가 초등학교 3학년 때의 일이다. 딸아이가 학교에서 한 달 뒤에 줄넘기 시험을 봐야 한다고 했다. 그래서 필자는 딸아이와 줄넘기 시험에 관한 대화를 나눴다. 이 대화를 잘 살펴보면 4단계의 역을 거쳤음을 알 수 있다. 1단계는 '목표Goal' 라는 역, 2단계는 '현실Reality' 이라는 역, 3단계는 '대안 찾기Option' 라는 역, 그리고 마지막 4단계는 '의지 다지기Will' 라는 역이다. 이 단어들의 앞 자만 따면 '성장' 이라는 뜻의 영어단어인 'GROW' 가 된다. 이 프로세스가 나와 너를 성장시킨다는 의미리라. 필자와 딸아이가 한 대화 내용을 살펴보자.

> **딸아이** 엄마, 나 줄넘기 시험 본대.
> **엄　마** 음, 언제 보는데?

딸아이 한 달 뒤.

엄 마 음, 몇 개를 해야 만점을 받는데?

딸아이 30개 해야 A+래.

(여기까지의 대화를 통해서 한 달 뒤 30개의 줄넘기를 해야 한다는 목표를 도출했다.)

엄 마 희재는 지금 몇 개 할 수 있는데?

딸아이 지금 2개밖에 못해. 어떻게 해?

엄 마 그렇다면 28개를 더 할 수 있어야 하는구나.

딸아이 응, 한 달 동안 어떻게 28개를 더 해?

(여기까지의 대화를 통해서 지금 상황에서는 2개밖에 못하는 것이 현실이고, 목표와는 28개의 차이가 있음을 정리했다.)

엄 마 그러게. 방법을 한번 찾아보자. 줄넘기를 잘할 수 있는 방법이 뭘까?

딸아이 몰라.

엄 마 반 친구들 중에 줄넘기를 제일 잘하는 친구는 몇 개를 하니?

딸아이 12개 정도?

엄 마 음, 그렇구나. 그럼 그 친구에게 줄넘기하는 방법을 배우면 어떨까?

딸아이 점심시간에 선생님이 나가서 줄넘기 연습하라고 해서,

그 친구에게 가르쳐 달라고 했거든. 근데 그 애가 "이렇게 하면 돼." 하면서 줄넘기를 그냥 막 해버리는 거야. 너무 빠르니깐 방법을 볼 수가 없어. 설명해달라고 하니까 자기도 어떻게 해서 줄이 넘어가는지 잘 모르겠대.

엄 마 그렇긴 하겠다. 엄마도 줄넘기를 잘하긴 하지만, 설명해주기는 좀 어렵겠어.

딸아이 그래도 엄마가 가르쳐줘.

엄 마 오, 그래. 엄마가 가르쳐주는 방법도 있겠다. 희재야, 또 다른 방법이 있을까?

딸아이 응, 연습을 많이 해야 될 것 같아.

엄 마 그치. 잘한다는 그 애도 누군가에게 방법을 배우고 했다면 너에게 설명할 수 있을 텐데, 설명을 못했다는 것은 그냥 연습을 하다보니 잘하게 된 것일 수도 있어. 연습이 중요하겠다. 또 다른 방법이 있을까?

딸아이 인터넷에 줄넘기하는 동영상이 있을까?

엄 마 오, 정말! 인터넷에 있을 수도 있겠다. 어쩌면 방법을 슬로우 모션으로 설명해놓은 사이트가 있을지도 몰라.

딸아이 찾아봐야지.

엄 마 그래, 우리가 여러 가지 방법을 이야기했는데, 한 달 뒤에 줄넘기를 30개 하기 위해서 해볼 수 있는 가장 좋은 방법은 무엇일까?

딸아이 음, 일단은 인터넷에 동영상이 있는지부터 찾아보면 좋

겠어. 그리고 매일 저녁마다 아빠나 엄마가 줄넘기 연습하는 것

을 도와주면 좋겠어.

엄 마 오케이! 진짜 좋은 방법인데!

(여기까지의 대화를 통해서 목표를 이루기 위한 대안 찾기를 했다. 다

양한 대안을 찾기 위해 브레인스토밍을 했고, 실천할 수 있는 최적의

대안을 찾았다.)

엄 마 그럼, 언제부터 할까?

딸아이 음, 인터넷은 지금 찾아보고 줄넘기 연습은 오늘 저녁부

터 해. 밥 먹고 바로 하면 배 아프니까, 밥 먹고나서 9시가 좋겠

다. 오늘은 엄마가 방법도 알려주면서 연습하는 거 도와줘.

엄 마 오케이, 좋아. 혹시 이렇게 하는 데 방해요소가 있을까?

음, 엄마가 안 되는 날은 어떻게 하지?

딸아이 아빠에게 부탁하지 뭐.

(여기까지는 의지를 다지는 대화다. 가장 최적이라고 생각되는 방법을

구체적으로 육하원칙에 따라 계획해보도록 돕고, 혹시 장애물이 있는

지를 예측해보고 장애물을 극복할 수 있는 방안까지도 찾았다.)

딸아이와의 대화를 통해서 코칭대화인 GROW의 프로세스를 경

험해봤다. 이런 대화를 하면 자신이 이루고자 하는 목표에 초점을

두고, 다른 사람의 방법을 그대로 따라 하기보다는 자신이 실행해

봄직한 대안들을 적극적으로 찾게 된다. 무엇보다도 자신이 동의

한 방법이기 때문에 실천의지가 높다. 한 달 뒤에 딸아이는 줄넘기를 30개 이상 해서 A+를 받았다. 이런 프로세스를 여러 번 경험하면, 혼자서 어떤 문제를 풀 때도 동일한 프로세스를 적용하며 셀프 코칭을 할 확률이 크다.

그 목표가 가슴을 떨리게 하나요?

예전에 전자회사의 R&D 담당 부사장을 코칭한 적이 있었다. 코칭을 진행하면서, 어떤 주제로 코칭을 받고 싶은지 물어봤다. 교수 출신인 그분은 조용하고 학구적이며 신사적이었는데, "저는 카리스마 리더십을 가지고 싶습니다. 그것에 대해 코칭을 받을 수 있나요?"라고 말해서 깜짝 놀랐다.

"부사장님께서 카리스마 리더십을 정의해보신다면, 그것은 무엇인가요? 어떤 모습으로 묘사할 수 있나요? 왜 그것이 필요한가요?" 등을 질문했다. 그러자 대답하기를 자신은 신사적으로 연구원들을 대하니까 속도가 더딘 것 같은 느낌이 드는데, 다른 부사장은 늘 소리 지르고 강하게 밀어붙이니까 연구원들이 그 사람의 말을 더 잘 듣는 것 같다고 한다.

강하고 강압적이며 직원들에게 압력을 주어 행동하게 하는 리더십, 이것이 가슴을 떨리게 하는 목표인지 부사장에게 다시 물어봤다. 부사장의 얼굴은 굳어졌다. "만약 신께서 부사장님이 가지고 계시는 부드럽고 합리적인 리더십과 지금 묘사하신 카리스마 리더십 중에 한 가지를 선택할 기회를 주신다면 무엇을 선택하시겠습니까?"라고 묻자, 부사장은 "음, 지금의 제 모습이 소중하네요."라고 이야기한다.

"예, 부사장님이 정말 원하는 목표는 무엇인가요? 특히 구성원의 육성과 성과에 관해 부사장님의 가슴을 떨리게 만드는 목표는 무엇인가요?" 이 질문에 부사장은 한참을 생각하더니 "우리는 특허를 많이 출원해야 합니다. 구성원들이 자신이 공부하고 연구한 것들을 공유하고, 공유한 정보를 바탕으로 좀더 진보된 지식을 만들어내고, 그 과정에서 특허를 출원하고 상품으로 만드는 선순환 사이클이 잘 돌아가길 바랍니다."라고 말했다.

"예, 그렇군요. 그 선순환 사이클이 잘 돌아가기 위해서 부사장님께서는 어떤 역할을 하고 싶으세요?"라는 물음에 "촉매제 역할, 멘토 역할, 지지자 역할, 그리고 다양한 실험을 맘껏 해보도록 돕는 울타리 역할을 하고 싶습니다."라고 부사장은 답한다. "그 단어들이 가슴을 뛰게 하나요?"라고 묻자, "예, 좋은데요."라며 환하게 웃는다.

코칭을 통해 이 부사장은 가슴이 떨리는 목표를 설정하게 된 것이다. 가슴 떨리는 명확한 목표를 설정했다면, 이 여행은 벌써 반 이상 성공을 거둔 것이다. 나머지 여정은 이제 GROW의 과정을 하나씩 거치면서 묻고 정리하면 이뤄지게 될 것이다.

GROW를 통한 셀프코칭

GROW의 프로세스를 자신에게 적용해서 코칭을 할 수 있다. 셀프 코칭을 하는 것이다. 연말이 되면, 필자는 자신에게 묻는다. GROW의 프로세스를 따른다면 다음과 같다.

① 목표Goal

- 내년 12월 말이 되었다고 가정해보자. 너는 내년 12월 말에 너의 어떤 모습을 확인하게 되면 기쁘고 행복할 것 같아?
- 그 모습이 되길 정말 갈망하니? 그 모습이 되면 네게 어떤 일이 일어날 것 같아?
- 왜 그 목표가 가슴을 떨리게 하지?

② 현실Reality

- 그 되고 싶은 모습 말이야. 그에 비해서 지금 넌 어떤 상태인데?
- 현실과 목표를 형용사로 나타낸다면 어떻게 표현할 수 있을까? (예를 들면 '초보인-모범운전사인')

③ 대안 찾기Option

- 목표에 도달하기 위해 할 수 있는 방법에는 어떤 것이 있을까?

- 또 다른 방법이 있을까? 또?
- 여태까지 시도하지 않았지만 여유가 있다면 한번 시도해보고 싶은 방법이 있다면?
- 그 중에 목표를 이룰 수 있는 가장 좋은 방법은?

④ 의지확인Will

- 최적안이라고 선택한 방법을 육하원칙에 따라 설계해본다면?
- 가장 첫 단계는?
- 방해물은? 그 해결방법은?
- 그것을 이루게 될 때, 무슨 상을 받고 싶어?
- 하겠다는 너의 의지를 강화하기 위해 수첩에 그림 하나를 붙이고 다닌다면 어떤 그림을 붙이고 싶어?

이런 GROW 질문은 연말에만 하는 것이 아니다. 언제든지 목표가 생겼을 때, 어떤 문제에 봉착했을 때 "네가 진짜 원하는 것은 무엇이지?"라는 질문을 통해 나 자신 안에 있는 지혜와 열정이 힘을 합치도록 할 수 있다. 뿐만 아니라 조직 내에서 부하직원과 대화할 때나 회의에서도 언제든지 적용할 수 있다. 또한 필자처럼 자녀들에게도 적용해볼 수 있는 대화방법이다.

단, 주의사항이 있다. GROW의 첫 시도를 자녀를 대상으로, 특히 '공부 잘하기'라는 목표로 코칭하지 말길 바란다. 성공할 확률이 적다. '코칭력coachability'이라는 것이 있다. 코칭을 받고자 하는 의지를 말한다. 코칭력이 있을 때만 코칭을 진행할 수 있다. 공부에 대해서 코칭력이 없는 자녀에게, 부모의 욕구만으로 코칭을 진행하기는 어렵다. 자녀와 친밀감과 신뢰감을 한층 쌓은 후, 그다음에 시도해보라.

가슴 떨리는

명확한 목표를 설정했다면,

이 여행은 벌써 반 이상

성공을 거둔 것이다.

질의와 주장을
균형 있게
해야 한다

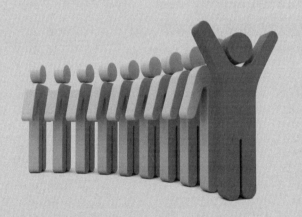

"저 사람 참 성격 좋아 보여! 그치?"라고 했을 때 상대는 "어? 나는 다르게 봤는데? 내가 보기에 그 사람은 성격이 별로일 것 같아!"라고 대답할 수 있다. 이렇게 견해가 다른 상태에서 이야기를 나눌 때는 반드시 지켜야 할 최소한의 2가지 룰(rule)이 있다. 첫째는 내가 주장하는 것과 상대방이 주장하는 것의 균형을 유지하는 것이다. 둘째는 결론이 아닌, 결론을 추론하게 되었던 사실이나 정보를 주고받아야 한다는 것이다.

우리는 어떻게 결론을 내리는가?

우리가 어떤 결론을 내릴 때는 〈도표 3〉의 피라미드 도형에서 보는 것처럼 몇 단계를 거치게 된다. 우선 우리는 우리가 결론을 내리고자 하는 분야와 관련된 다양한 사실들을 접한다. 이 사실들을 좀더 구체화하면 데이터가 되고, 그 데이터들을 모으면 정보information가 되며, 정보에 가치와 의미를 부여하면 지식knowledge이 된다. 마지막 단계인 지혜는 보편적인 지식을 일컫는다.

만약 두 사람 이상 사이에 이해관계가 대립되는 경우가 아닌데도 논쟁이 생긴다면, 그것은 사실이나 데이터 부분에서 생기는 것이 아니라 지식 부분에서 생긴다. 내가 가치를 두는 것과 상대방이 가치를 두는 것이 다르기 때문에 주장이 엇갈리고 논쟁거리가 되는 것이다.

토론이나 협상은 사실 자기주장이 아니다. 근거를 확인하고 그

것을 인정하거나 반박하면서 합의점을 만들고 찾아가는 과정이다. 그럼에도 우리는 토론할 때 상대방의 반박에 자신이 공격당하는 것처럼 느끼고, 그래서 왜 이 결론이 타당한지에 대해 중언부언하게 될 때가 있다. 상대방의 반론에는 데이터로 반박해야 한다. 정확한 근거를 제시할 때 그만큼 주장이 명백해진다.

상대방의 반박은 나를 공격하는 것이 아니다

데이터로 반론을 제기한다 해도 왜 이런 반론 과정이 필요한지 이해하지 못하면, 논의과정은 성숙하게 이루어질 수 없다.

코칭을 받고 있던 대기업의 박전무가 어느 날 한숨을 쉬면서 이렇게 말했다. "팀장이나 직원들이나 왜 자신이 제출하는 보고서와 자신을 동일시하는지 모르겠습니다. 좀 반박을 할라치면 그 반박을 통해 최적화된 의사결정을 하려는 것에는 관심이 없고, 방어만 하려고 하는지…. 그런 모습이 답답합니다. 상대방의 이견에 대답하는 모습이 자신의 의견에 대한 것이기보다는 자신에 대한 방어로 보일 때는 더더욱 답답합니다. 코치님, 토론을 할 때의 자세를 훈련시키는 곳은 없습니까?"

사실 박전무가 토로한 이야기는 우리 모두의 이야기이자 대부분 조직의 모습이다. 다른 사람의 보고나 발표를 들을 때에는 상대에 대한 배려라는 이유로, 혹은 내가 발표할 때 다른 사람도 반박 의견을 내지 않도록 하는 암묵적인 동의로 인해, 혹은 말을 하지 않으면 중간이나 간다는 무임승차 심리가 '최적의 의사결정'을 방해하고 있다. 또한 의견을 개진하는 사람도 자신이 애를 쓰고 노력해온 결실이기 때문에, 이 안에 대해 반박한다는 것은 자신의 노력을 몰라주는 처사라고 왜곡해서 받아들이는 것이 '최적의 의사결정'을 방해한다.

필자와 이야기를 나누면서, 박전무는 2가지를 실천해보기로 다짐했다. 첫째는 우리가 회의를 통해 얻고자 하는 것은 '정반합正反合을 통한 최적의 의사결정'이라는 것을 구성원에게 알려주고 지속적으로 상기시키겠다는 것이다.

둘째는 실제로 누가 안건을 내거나 보고서를 작성해오면 "이것으로 '정正'의 역할을 한 것이고, 그것 자체가 네가 할 수 있는 기여contribution를 다한 것이다."라고 인정을 먼저 해주겠다는 것이다.

실제로 '반反'의 의견이 나오고 '합合'의 의견이 나와서 초안보다 더 좋은 의사결정을 하게 되었을 때, 다시 한 번 원안을 제공했던 팀장에게 칭찬과 인정을 아끼지 않음으로써 실제로 자신이 기여했다는 느낌을 가지도록 하겠다는 것이다.

이렇게 먼저 노력해주는 리더가 있다면 얼마나 좋을까. 토론이나 협상의 과정은 성숙하게 진행될 것이고, 따라서 최적안이 도출되는 것은 당연한 결과다. 그렇지만 내게 그런 리더가 없다고 해서 앉아 있을 수는 없다. 나라도 먼저 성숙한 모습으로 토론에 나서야 한다. 또한 누군가 내가 열심히 노력한 안에 대해 반박을 할 때, '나를 공격하는 것이 아니라, 더 좋은 결론을 얻고 싶은 거구나.'라고 생각하는 훈련을 스스로 해나가야 한다.

주장하는 것과 주장을 듣는 것

'상대방이 나를 공격하는 것이 아니라, 더 좋은 최적안을 내놓기 위한 반박'이라는 마음가짐이 훈련되었다면, 이제는 토론을 이끄는 핵심에 대해 알아야 한다. 상대방의 주장은 듣지 않고 내 주장만 펼친다면, 상대방이 설득되기는커녕 점점 더 강한 주장을 하기 쉽다.

리더의 역할을 맡기 시작하고 고위직으로 올라가면 갈수록, 자신의 경험을 넘어서는 복잡하고 다양한 사안들을 맞닥뜨리게 된다. 복잡한 사안을 해결하는 좋은 방법을 찾기 위해서는 서로의 주장을 펼쳐놓도록 돕는 토론의 기법, 즉 '서로 질의reciprocal inquiry하기'가 필요하다.

서로 질의하기는 크게 2단계로 나뉜다. 1단계는 자신이 상대방의 의견에 동의하지 않을 때, 어떻게 그러한 관점을 가지게 되었는지 상대방의 논리에 대해 질문하는 것이다. 2단계는 나의 관점을 이야기하고 상대방에게 이해가 되지 않는 부분이 무엇인지 질의하도록 요청하는 것이다.

예를 들면 "그런 결론을 내리게 된 근거가 분명히 있을 텐데요, 그 자료들을 제게 설명해주시겠어요?"라고 질의하는 것이다. 혹은 나의 관점과 그런 추론을 하게 된 근거자료를 보여주면서, "혹시 제 논리에 허점이 있나요? 제가 빠뜨린 것이 있을까요?"라고 묻는 것이다. 더이상 논쟁이나 토론에 진전이 없을 때에는 "우리가 관점을 바꾸기 위해 추가로 필요한 자료나 논리는 무엇일까요?"라고 물을 수 있다. 이미 눈치챘겠지만, 여기서 중요한 점은 자신의 해석이나 가치가 들어가 있는 지식의 차원이 아닌 자료의 차원에서 묻고 답해야 한다는 것이다.

서로 질의한다는 것은 단순한 기법 이상이다. 토론에 참여한 모든 사람이 자신의 생각을 명확하게 드러내고 참여한 사람들의 검증을 받는 것이며, 누구도 자신의 관점 뒤의 증거나 논리를 숨기지 않고, 진정으로 비평할 수 있는 환경을 구축한다는 뜻이다.

이제 좀더 성숙한 자세로 토론할 준비가 되었는가? 어떤 수준에서 대화해야 하는지, 어떤 마음가짐이 필요한지, 토론의 궁극적인 목적이 무엇인지, 그리고 어떻게 균형을 잡고 토론해야 하는지 생각해보자. 복잡한 것 같지만 그 모든 것들은 최적의 결정과 좋은 성과를 위한 요소들이다.

좋은 질문을 해야 좋은 답을 얻을 수 있다

신이 인간에게 내려주신 소중한 능력 중에 하나가 질문을 하면 답을 찾으려고 노력하는 것이다. "요즘 어떤 일에 가장 시간을 많이 쓰고 계세요?"라고 질문을 받는다면, 우리는 '응? 요즘 내가 가장 시간을 많이 쓰는 곳이 어디더라?' 하며 밖으로 솟아 있던 안테나를 이내 내면으로 주파수를 맞추며 답을 찾기 시작한다. 가장 단순한 진리는 답을 찾고 싶다면 질문을 던지라는 것이다. 질문을 던지면 던질수록 답하는 능력이 커져서 문제를 해결하는 능력은 더 커진다.

하지만 문제는 어떤 질문을 던지는가다. 좋은 답을 얻어내고 싶다면, 좋은 질문을 해야 한다. 과거탐색적인 질문보다는 미래지향적인 질문이 좋고, 잘잘못을 따지는 심판자의 질문보다는 무언가를 얻을 수 있는 학습자의 질문이 좋다.

과거탐색적인 질문과 미래지향적인 질문

여기 질문 세트 2개가 있다. 자, 다음의 질문 한 세트를 읽어보면서 마음 상태가 어떻게 변하는지 느껴보자. '무엇이 잘못되었나? 왜 이런 문제가 생기게 되었나? 나는 얼마 동안 이 문제에 시달려왔나? 누구무엇 때문에 내가 이런 문제에 시달리게 되었나? 내가 원하는 것을 이루는 데 이 문제가 어떻게 방해를 하고 있나?' 이런 질문들의 느낌이 어떤가? 마음이 답답하고 목이 조여오는 느낌이 들지 않는가?

다른 질문 세트가 있다. 이 질문들을 읽어보면서, 역시 마음 상태가 어떻게 변하는지 느껴보자. '그 문제가 바람직하게 해결된 모습을 떠올려보자. 무엇이 보이는가? 문제가 해결된다면 어떤 소리를 들을 수 있는가? 어떤 기분인가? 내가 목표했던 일이 이뤄졌다는 것을 어떻게 알 수 있나? 그것을 이뤘을 때 내가 얻는 혜택은 무엇인가? 그것을 이루기 위해 내가 가지고 있는 자원은 무엇인가? 그 자원을 어떻게 최대로 활용할 수 있을까? 그것을 이루기 위해 당장 무엇부터 시작할 수 있나?' 자, 느낌이 어떤가? 긍정적인 에너지가 마음에서 올라오지 않는가?

앞의 질문 세트들은 원인을 분석하고 잘못된 것에 초점을 두는 질문이다. 이런 질문을 자신에게 던지기 시작하면, 마음은 부정적인 에너지로 차게 되고 참담한 기분을 느끼게 되며 설령 해결책이 나오더라도 창의적인 해결책은 아닐 확률이 크다.

반면에 뒤의 질문 세트처럼 내가 원하는 것에 초점을 두고, 그것이 이뤄졌을 때 어떤 영향력이 생기는지, 그때 어떤 기분인지를 상상하고 시각화하면 '이루고 싶은 열망'이 더 커지게 된다. 이루고 싶은 모습과 영향력을 시각화하면, 이후에 장애물이 생기더라도 그 열망 때문에 극복하고자 노력을 하게 된다. 자녀들의 성적이 왜 이것밖에 나오지 않는지를 분석하고 매달리기 전에, 자녀들에게 꿈을 갖게 하는 것이 왜 필요한지도 이 대목에서 충분히 이해할 수 있다. 우리가 에너지를 쏟는 곳이 더 확대되는 것은 당연한 진리다. 부정성에 에너지를 쏟으면 삶에서 부정성이 더 커진다. 긍정성에 초점을 둔다면 삶에서 더 많은 긍정성을 경험하게 될 것이다.

그래서 미래지향적인 질문은 2가지 면에서 중요하다. 하나는 이루고 싶은 것에 초점과 에너지를 맞춘다는 것이고, 다른 하나는 삶의 에너지를 긍정적이고 희망적으로 유지시켜준다는 것이다. 나 자신에게 희망과 열망을 주고 싶다면, "이 문제가 어떻게 해결되었으면 좋겠어? 정말 네가 바라는 것은 뭐야? 그것이 이뤄졌을 때 네 기분은 어떨까? 그것이 어떤 영향을 줄까? 주변 사람들은 뭐라고 할 것 같아?"라고 물어야 한다.

심판자의 질문과 학습자의 질문

성공을 향해 가는 사람들은 어려운 상황 속에서도 스스로 가치와 의미를 깨닫는 질문을 한다. 필자에게 코칭받았던 어떤 경영자는 '그럼에도 불구하고 무엇을 할 수 있지?'라는 질문을 자신에게 던진다고 했다. 또 어떤 경영자는 힘이 들 때마다 아버지 산소를 찾아가서 절을 올린 후 앉아 있으면 '아버지라면 이 상황에서 무엇을 하실까? 내게 뭐라고 말씀하셨을까?' 라는 질문이 내면에서 올라오는데, 이 질문에 답하는 순간 미소를 지으며 산소를 내려왔다고 이야기한다.

필자 또한 어려운 일이 생기면, '이 일은 분명 내 삶에서 내가 깨달아야 하는 의미가 있을 것이다. 이 상황 속에서 내가 배울 교훈은 무엇이지?' 라고 묻는다. 그런 질문은 나에게 미래에 대처하는 힘과 담대함을 준다.

『삶을 변화시키는 질문의 기술』의 저자인 마릴리 애덤스는 자신의 책에서 심판자의 질문과 학습자의 질문을 구분하면서 다음과 같은 질문 세트를 제시했다. 심판자의 질문은 심판관이 되어 판단하고 잘잘못을 따지는 형태의 질문이다. '뭐가 잘못되었지? 누구 탓이지? 내가 옳다는 것을 어떻게 입증할 수 있을까? 어떻게 나의 세력권을 보호할 수 있을까? 어떻게 통제할 수 있을까? 내가 질 수도 있겠지? 그들은 왜 그렇게 어리석고 실망스러울까? 왜 날 괴롭히지?' 이런 질문을 되풀이하다보면, 손에는 힘이 들어가고 경쟁적이 되며 두려움을 억누르기 위해 과도한 힘이 온몸에 퍼지는 것을 느낄 수 있다.

반면에 학습자의 질문은 배움의 질문이며 성장을 돕는 질문이다. '제대로 돌아가는 것은 뭘까? 내가 책임질 일은 뭘까? 큰 그림은 뭘까? 어떤 선택을 할까? 이 일에서 유익한 것은 뭘까? 내가 배울 점은 뭘까? 다른 사람들이 생각하고 느끼고 필요로 하고 원하는 것은? 어떤 일이 가능할까?' 등의 질문을 되풀이하다보면, 진지해지고 침착해지며 지혜롭고 성숙한 해답을 얻기 위해 노력하는 내 모습을 발견할 수 있다.

재미있는 것은 한 번에 한 종류의 질문밖에 할 수 없다는 것이다. 심판자와 학습자의 질문을 동시에 할 수는 없다. 만약 심판자의 질문을 했다면, 그 순간에 우리는 자신을, 상대를, 상황을 심판하기로 선택한 것이다. 그 순간에는 상황을 통해 우리를 성장시키도록 돕는 학습은 없을 가능성이 크다.

또 다른 흥미로운 사실은 순간순간 선택을 바꿀 수 있다는 것이다. 심판자의 질문을 선택했더라도, 바로 그다음 순간 학습자의 질문을 선택함으로써 심판자의 길에서 빠져나올 수가 있다.

우리는 인생에서 던져진 질문들을 풀면서 성숙해진다. 하지만 어떤 질문을 던지는가에 따라 성숙하는 방향이 달라진다. 나 자신을 사랑하는 가장 아름답고 지혜로운 방법은 스스로 좋은 생각을 이끌어낼 수 있도록 좋은 질문을 하는 것이다.

질문은 나와 상대를 성숙시킨다. 묻고 답하면서 서로 설득되므로 질문은 최적의 답을 도출하는 데 좋은 도구다. 자신과 상대방을 성장시키고 성과를 도출하는 질문을 친구로 삼자.

수단을
목적이라고
착각하지 말자

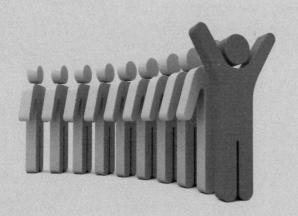

—

아이들에게 꿈이 뭐냐고 물어보면 "서울대 가는 거
요."라고 확신에 차서 말한다. 그런데 서울대에 가면
무엇을 얻게 되느냐고 물어보면 뜨악한 표정을 짓는
다. 서울대에 가는 것은 작게 보면 목표이지만, 좀더
큰 시야로 보면 그것은 과정적인 수단에 지나지 않는
다. 수단과 목적을 혼동하는 일은 직장에서나 가정에
서 흔하게 일어난다. 그것을 통해 무엇을 얻고자 하는
지 좀더 정리해야 한다.

—

수단과 목표를 치환하면 안 된다

코칭을 진행할 때, 곧잘 묻는 질문이 "그것을 이루게 되면, 당신은 무엇을 얻을 수 있나요?"라는 질문이다. 부모들을 코칭하는 워크숍에서도 꼭 물어본다. 예를 들면 다음과 같은 상황이다.

코 치 자녀에 대해 어떤 목표나 기대를 가지고 계시나요?

어머니 공부 좀 잘했으면 좋겠어요.

코 치 그렇군요. 모든 부모의 염원이죠. 그 목표에 담겨져 있는 우리 어머님의 궁극적인 목표가 무엇인지 탐색해봤으면 하는데, 제가 몇 가지 질문을 드려도 괜찮을까요?

어머니 예, 그럼요.

코 치 자, 아이가 공부를 잘하게 되면 아이는 무엇을 얻을 수 있나요?

어머니 (겸연쩍어하며) 좋은 대학에 들어가겠죠.

코 치 그렇겠네요. 그럼 좋은 대학에 들어가게 되면, 아이는 무엇을 얻을 수 있까요?

어머니 (의아해하며) 좋은 회사에 들어가겠죠.

코 치 그렇겠네요. 같은 질문을 반복하니까 좀 의아하고 당황스러우시죠? 정말 원하는 것이 무엇인지를 정리해보기 위해 같은 질문을 반복하는 거예요. 좀더 여쭤볼게요. 좋은 회사에 들어가게 되면, 아이는 무엇을 얻을 수 있나요?

어머니 (다소 심각한 얼굴로) 좋은 회사 들어가면 좋은 배필을 얻어서 결혼도 잘할거고, 월급이 많을 테니 집도 빨리 사게 될 거고, 그러지 않을까요?

코 치 예, 정말 그렇겠네요. 좋은 배필을 얻고 집도 빨리 사게 되면, 아이는 무엇을 얻을 수 있까요?

어머니 (고민이 되는 얼굴로) 음, 행복감을 느끼겠죠. 무엇이든 할수 있다는 자신감을 얻을 수 있겠죠.

코 치 아, 그렇군요. 아이는 행복감을 느끼고 자신감을 얻게되는군요. 지금 말씀하신 모든 것들을 통해서 궁극적으로 어머님이 바라는 목표는 아이가 행복하고 자신감을 얻는 것이라고 말할 수 있까요?

어머니 예, 맞아요. 그랬으면 좋겠어요. 아이가 자신감을 갖고 행복하게 인생을 살았으면 좋겠어요.

코 치 예, 그러면 한 가지만 더 질문할게요. 좋은 대학, 좋은

회사, 좋은 배필, 좋은 집에 살게 될 때야 비로소 아이는 행복하
고 자신감을 얻게 되나요?

어머니 음, 아니요. 지금부터도 자신감을 갖고 행복해질 수 있
어요.

정말 원하는 것은 아이에게 자신감을 주고 행복감을 느끼도록
하는 것인데, 좋은 대학을 가는 것을 가장 궁극적인 목표로 설정해
버린 후, "그렇게 공부해서 취직이나 하겠니? 넌 뭐가 되려고 하
니? 옆집 아이는 전교에서 몇 등 했다더라. 너는 왜 그러니?" 하는
식으로 말을 하면서, 아이의 자신감과 자존감을 꺾어버리고 불행
감을 느끼게 한다.

좋은 대학이라는 것이 나쁜 목표라는 뜻은 절대 아니다. 다만 수
단과 궁극적인 목표를 치환해버리면 안 된다는 것이다.

내가 이 순간 진짜 원하는 것은 무엇인가?

'메타아웃컴Meta-outcome'이라는 개념이 있다. '아웃컴outcome'은
'결과' 혹은 '목적'이라는 뜻이다. '메타meta'라는 것은 '더 큰' 혹
은 '더 상위의'라는 뜻이다. 따라서 메타아웃컴은 '더 궁극적인 목
표' 혹은 '목표 위에 있는 목표'를 뜻한다.

적금을 예로 들어보자. 천만 원짜리 적금을 3년을 목표로 붓는

다면, 매달 27만 원씩은 부어야 한다. 매달 27만 원이라는 목표는 천만 원이라는 더 큰 목표 아래에 있다. 매달 27만 원을 저축한다는 목표도 소중하지만, 그 27만 원은 '천만 원'이라는 목표 아래에 있을 때 더 큰 의미와 가치가 생긴다. 여기서 27만 원은 아웃컴이고, 천만 원은 메타아웃컴이라고 할 수 있다.

큰 아이가 중학생 때 일이다. 이 녀석이 학원을 땡땡이쳤다. 저녁 7시가 되면 어김없이 학원에서 출결석에 관한 문자가 온다. 오늘은 아들이 학원에 안 왔다는 것이다. 집에 가니까 눈에서 레이저를 쏘듯 컴퓨터를 노려보며 게임 삼매경에 빠져 있다. '이 녀석이!' 하는 마음이 컸지만, 중립적인 언어로 "원주야. 7시가 넘었는데 학원에 아직 안 갔네?"라고 교양 있게 물었다.

아들은 "엄마! 어제 중간고사 끝났으니까 오늘까지는 좀 쉬자!"라고 한다. '헉!' 기가 찼지만, 그 순간 머리에 스파크가 일어나면서 이 순간 더 중요한 것이 무엇인지 찾아보려고 애썼다. 아들의 눈빛에서는 '오늘은 꼭 놀고야 말겠어!'라는 강한 의지가 보이는 지금, 학원을 억지로 보낼 수는 있겠지만 공부는 안 할 것이다. 오늘만 공부를 안 하는 것이 아니라 며칠 동안은 '자신의 마음을 몰라주는 야속한 부모'와 투쟁하느라고 힘겨루기에 시간을 보낼 것이다.

필자는 오늘은 포기하고, 내일부터라도 공부에 전념하도록 돕는 것이 더 중요한 목표였다. 그래서 이렇게 말했다. "그래, 충전이 필요하단 말이지?" '충전'의 전제는 무엇인가? 에너지를 가득 채

운다는 뜻이고, 충전되면 다시 '작동'하겠다는 것을 전제한다. 아들은 "그래, 엄마. 좀 쉬어야 내일부터 열심히 하잖아!"라고 한다. "그래, 알았어. 오늘은 무조건 신나게 놀아야 해!" 아들은 신나게 놀았다. 그다음 날 학원에 가는 것이 신나는 일은 아닐 테지만, 이미 충전이 되었으므로 일상으로 복귀하는 데는 문제가 없었다.

'더 중요한 것이 무엇인가?'를 생각하게 하는 메타아웃컴은 직장에서도 마찬가지로 적용할 수 있다. 함께 일하는 직원에게 교정적인 피드백을 주고 싶은 상황이 생겼을 때, 필자는 먼저 스스로 정리를 해본다. '이 직원과 한 시간 정도 이야기를 하면서 내가 정말 얻고 싶은 것은 무엇인가? 대화하는 과정에서, 그리고 이후에 이 직원과 어떤 관계를 지속하고 싶은가?' 등에 대해 미리 정리를 해본다.

그러면 처음에는 화가 나서 지적하고 싶었던 마음이 컸는데, 메타아웃컴에 대해 정리하고 나면 시냇가에서 사금을 채취한 듯 귀한 결과물들에 초점을 두게 된다. 예를 들면 '나는 이 코치가 고객을 대응할 때 좀더 친절해지길 원한다. 또한 그 친절함이 자신의 장점을 상대에게 어필할 수 있는 시너지로 작동한다는 것을 이 코치가 이해하길 원한다. 어려운 점이 있을 때, 대화를 하면 더 좋은 해결책이 나온다는 것을 서로가 경험하길 원한다. 자신의 성장에 대해 관심을 갖고 격려하려는 나에 대해 신뢰가 더 커지길 희망한다.' 등이다.

이런 마음으로 정리하고 나면, 면담하러 들어오는 직원을 대하는 필자의 태도는 매우 열려 있게 된다. 면담하고 난 결과도, 필자가 미리 정리한 목표에 준하는 경우가 다반사다. 왜냐하면 필자는 그 목표 때문에 상대를 비난하거나 책임을 묻거나 하기보다는, 상대방을 육성하고 고객사에 더 어필할 수 있는 방안을 '함께' 찾는 데 초점을 두기 때문이다.

개인의 신념과 역할에 따른 신념

대기업의 한팀장은 대나무처럼 꼿꼿한 사람이다. 첫인상도 강인함과 책임감으로 강한 기운이 느껴졌고, 말수는 적었지만 구성원들에게 일할 수 있는 환경을 만들어주기 위해 최선을 다하고 있었다. 해외사업을 하고 있는 팀이어서 장기적인 투자와 전략, 그리고 인내와 지원이 필요한 팀이었는데, 경영진들이 그만큼 기다려주지 않아서 고군분투하고 있었다. 회사에 대한 책임감도 강해서, 단기간에 보여줄 성과가 없으니 팀의 과정적인 성과나 팀의 노력들을 상부에 어필하는 것은 부끄러운 일이라고 생각하고 있었다.

인터뷰를 통해 한팀장에 대한 구성원들의 바람을 정리해보니, 인상에서 보여준 것처럼 언행일치하는 팀장에 대한 신뢰가 깊었다. 반면에 상사에게 좀더 유연하게 대했으면 하는 것과 자신들의 과정적 · 결과적인 성과를 상부에 어필해주는 모습이 있었으면 좋겠다는 바람도 함께 있었다.

인터뷰 결과를 듣고 한팀장은 "모두 맞는 말입니다. 그런데 당연히 해야 할 일을 상사에게 어필한다는 것은 별로 적합한 일이 아니라고 생각합니다. 게다가 경영진들은 눈에 띄는 성과를 기대하는데, 작은 것들에 대해 이야기한들 귀담아듣겠습니까? 그리고 상사를 칭찬하거나 하는 것은 아부를 떠는 것 같아서 제 체질에 안 맞습니다." 한팀장은 구성원들이 바라는 변화를 소신에 어긋나는 일처럼 생각하는 것 같았다.

"예, 그러시군요. 한 가지만 여쭤볼게요. 팀장님은 구성원들에게 어떤 환경을 만들어주고 싶으세요?"라고 묻자, "음, 하루의 70~80%를 일터에서 보내기 때문에, 이 일터가 그들의 삶 자체라고 해도 과언이 아닐 겁니다. 상황은 힘들어도 즐겁게 일하고, 일하면서 성장하고, 그리고 노력한 결과물들을 상부에서 알아줘서 인정도 받고 승진도 하고, 그랬으면 좋겠습니다."라고 의미심장한 얼굴로 대답한다.

그다음 이야기가 어떻게 되었을까? 한팀장은 자신이 진정으로 원하는 것이, 직원들이 스스로 일을 통해서도 만족을 느끼고 더불어 노력한 결과물들이 상부에 잘 전달되어서 인정받는 것임을 확신하게 되었다. 또한 '상부에서 알아주건 말건 묵묵히 일하면 언젠가는 태양이 떠오를 것이다.'라는 신념은 내 개인의 가치이지 팀장에게 필요한 가치가 아님을 인식했다. 즉 성과가 크든 작든 상부에 전달함으로써 직원들이 이룬 성과에 대한 피드백을 상부에서 받게 하는 것이 한팀장이 원하는 '궁극적인 목표'임을 인식했다.

또한 그렇게 전달함으로써 팀장들에게는 빡빡하게 굴지만 구성원들에게는 '후덕한 한마디' 라도 해주고 싶어하는 상사들에게 구성원을 칭찬할 수 있는 '거리'를 만들어준다는 측면에서 양자에게 모두 필요한 일임을 인식했다. 늘 당당하고 안하무인인 것 같은 임원들도 칭찬과 인정과 존경이 필요하다는 것을 인식하고, 상사를 인정하는 발언을 조금씩 하게 되었다. 한팀장이 상사에 대해 인정과 존경을 보내자 임원과 팀이 함께하는 자리가 훨씬 역동적이고 친밀감이 더 생기게 되었을 뿐만 아니라 팀의 요구나 필요한 자원들을 좀더 수월하게 확보할 수 있게 되었다.

한팀장처럼 '아부는 못해!' 라는 강한 생각들이 자신이 진정 원하는 것을 방해할 때가 있다. 정말 한평생 붙들고 지켜나가야 할 개인의 신념과 함께 현재의 내 역할에 충실한 신념 또한 구축할 필요가 있다. 그러한 신념은 '내가 정말 궁극적으로 원하는 것이 무엇인가?' 라는 강력한 질문과 사색을 통해 정리할 수 있다.

직관을 써야 할 때와
확인사살을
해야 할 때가 다르다

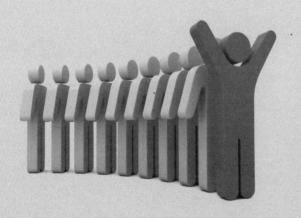

직관은 참 매력적이다. 하지만 일과 사람 관계에서 직관을 제대로 쓰려면 수많은 경험과 시행착오를 하며 연마해야 한다. 직관이 왜 중요하며 그것을 어떻게 키울 수 있는지, 그리고 직관을 더욱 정교하게 만드는 '확인사살'이 왜 필요한지 알아보자.

직관, 믿어도 되는 것일까?

하버드대학에서 나오는 학술지인 〈하버드 비즈니스 리뷰〉에 실린 논문을 검색하다가 '직관'에 관한 논문이 눈에 띄었다. 왜 하버드 대학 교수들이 설명하고 검증하기 어려운 직관에 대해서 언급했을까?

　많은 사람들은 오감을 넘어서, 다른 사람에게는 설명하기 어렵지만 자신에게는 자명하게 느껴지는 직관을 가지고 있다. 육감이라고도 불리는 이 직관은 과거 데이터만을 가지고 예측하기엔 너무 변수가 많은 현재에 더욱더 필요한 능력이 되고 있다.

　직관에 대한 정의는 상당히 많이 있다. 프로적인 판단이다, 직관적 통찰이다, 내면의 소리다 등 직관에 대한 정의는 다소 불분명하지만, 쉽게 흘려서는 안 되는 소중한 자원임에는 틀림없다.

　미국의 정치학자 폴 슈메이커는 직관을 의사결정에 이르는, 명확하게 규정할 수 없는 사고의 과정이라고 언급했다. 또한 웹스터 사전에서는 '감각, 경험, 연상, 판단, 추리 등의 사유작용을 거치지 않고 대상을 직접적으로 파악하는 작용이다.' 라고 정의했다. 이런 언급들은 직관이 하나의 중요한 능력임을 시사한다.

직관을 합리적으로 설명하기

경력 있는 코치를 채용하기 위해 지인에게서 소개받은 사람과 면접을 보게 되었다. 이력서를 보고 '괜찮겠다.' 하는 마음이 들었지만, 아무것도 결정을 하지 않은 상태였다. 면접이 시작되고 20분이 좀 지났을까? 이 친구를 채용해야겠다는 생각이 굳어졌다. 이유는 사실 설명하기 어려웠지만, 그냥 '이 친구면 되겠다.' 라는 직관이 강하게 들었다.

그러면서도 필자는 이 친구를 왜 '괜찮겠다.' 라고 생각했는지, 그 직관적 판단의 근거가 무엇인지 잠시 생각해봤다. 그러자 명확한 3가지 근거가 있었음을 알 수 있었다.

① 고등학교 때 연극을 했고 대학도 연극을 전공하려 했다. 연극은 사람들에게 정서와 감동을 전달해주는 것이라고 생각하는데, 그런 전달을 해봤다면 사람들과 어떻게 소통해야 하는가에 대해 기본적인 훈련이 되어 있다는 생각이 들었다.

② 겉으로 드러나는 것이 깊이 있고 아름다우려면, 체계적으로 학습하고 지속적으로 독서를 해야 하는데, 책 읽기를 좋아하고 다양한 장르의 책을 소화하려고 노력하고 있다.

③ 소위 '전문가', 특히 사람의 성장을 돕는 전문가는 자신을 성장시키는 것을 제1순위로 해야 하고 자신이 어디쯤 와 있는지 성찰해보는 능력이 필요한데, 새롭고 깊이 있게 성장하기 위해 노력해왔던 흔적들을 여기저기에서 볼 수 있었고, 지속적인 성장을 하고 싶어하는 강한 욕구를 볼 수 있었다.

정리를 하고 보니까, 필자가 그냥 감정적으로 판단한 것이 아니라는 생각이 들면서 필자의 훌륭한 직관에 다시 한 번 신뢰를 보냈다. 그렇게 선발된 코치는 그때의 판단대로 너무 잘 일해주고 있다.

직관이 얼마나 중요한지 이야기하는 사람들은 많은 리더들이 쉽게 결정을 내리는 것 같지만, 사실 리더들의 정신은 인식하지 못한 정보들을 지속적으로 검토하고 있다고 말한다. 식사할 때나 이동할 때나 끊임없이 그 문제에 대해 생각하며 필요한 정보들을 모으다가 어느 순간 "아! 이거다." 하는 통찰과 직관적 판단을 발휘한다는 것이다.

따라서 직관적 판단의 근거가 무엇인지 스스로 설명해보는 작업은 중요하다. 자신의 직관적 판단을 신뢰하게 될 뿐만 아니라, 다른 사람에게 이 직관적 판단의 근거를 설명할 수 있기 때문에 쉽게 설득할 수 있다. 만약 직관적 판단을 설명할 수 없다면, 다른 사람이 왜 그런 결론에 도달했는지를 이해하지 못하기 때문에 몰입하기 어려워질 수 있다.

직관을 내 능력으로 만들기

하지만 이러한 직관은 그냥 저절로 생기는 것이 아니다. 하버드대학의 교수인 다비스 스타우퍼는 4가지의 노력을 통해 직관을 발달시킬 수 있다고 말한다.

① 전문지식을 쌓을 것

→ 직관은 지식이 습관이 된 것이다.

② 편안한 환경을 만들 것

→ 자신의 직관을 자극하는 환경이 필요하다.

③ 일기를 쓸 것

→ 글쓰기는 직관과 즉흥적인 생각들을 구분 짓게 한다.

④ 말로 표현할 것

→ 토론을 통해 나의 직관을 검증할 수 있다.

위의 사항 중 몇 가지를 실천하고 있는가? 다른 것도 의미 있지만, 필자에게는 마지막 항목인 '말로 표현할 것'이란 문구가 크게

다가온다. 필자가 면접 본 코치가 "왜 저를 마음에 들어하셨는지 궁금해요."라고 물어봤다. 이 질문에 답하려는 순간, 필자의 직관이 어떤 기준으로 작동했는지 정리할 수 있었다. 그래서 말로 표현해보라는 것이었다.

많은 리더들이 직관을 사용하면서, 왜 직원들은 그런 생각을 못하는지 답답해할 때가 많다. 내 직관적 판단이 어떻게 생기게 되었는지를 설명해주고 정리해보는 것이, 나 자신의 직관을 더 키우는 방법이면서 동시에 부하직원들이 올바른 판단을 할 수 있도록 육성하는 좋은 방법임을 다시 한 번 깨닫는다. 직관! 그 멋진 능력을 꺼내서 써라! 그리고 더 개발하라!

이럴 때는 직관이 아닌 확인사살이 필요하다

회의중이다. "이 회사에서 원하는 건 이거야. 이걸 소화시켜줘야 한다고!"라고 말하자, 홍팀장은 "아, 그런가요."라고 답한다. 여기서 홍팀장의 "아, 그런가요."라는 말이 어떻게 해석되는가? 알아듣지 못했다고 생각하는가? 혹은 홍팀장이 다른 의견이 있는 것이라고 생각되는가? "아, 그런가요."를 어떻게 해석하느냐에 따라 그 뒤의 대화는 완전히 달라진다.

만약 "아, 그런가요."를 '내 이야기를 제대로 알아듣지 못했군!'이라고 직관적으로 판단한다면, 내 이야기를 알아들을 때까지 계속 이야기를 하게 된다. 홍팀장의 굼뜬 얼굴 표정이 점차 무표정해지는 것을 보면서 목소리는 더 강해지고 빨라질 것이다. 결국에 홍팀장이 "예, 알겠습니다."라고 할 때까지 계속될 것이다. 홍팀장이 나간 뒤에도 '홍팀장은 왜 이렇게 말귀를 못 알아듣지?' 하며 잠시 짜증이 나게 될 것이다.

반면에 "아, 그런가요."를 '혹시 홍팀장이 무슨 다른 의견이 있어서 그런 것 아니야?'라고 직관적으로 판단했다면, 이제 확인사살에 들어간다. "홍팀장, 자네는 그들이 무엇을 원한다고 생각하나?"라고 묻는다. 홍팀장이 "예, 제 생각에는"이라고 말하기 시작했다면, 당신의 직관은 적중한 것이다.

사람과의 관계에서도 직관은 소중히 쓰인다. 하지만 뭔가 석연치 않은 표정일 때는 다른 가능성을 가지고 물어봐야 한다. '내 이야기를 알아듣지 못했다.'고 판단해서 상대가 포기할 때까지 내 의견을 쏟아낸다면, 실무자들은 동의하지 않은 일을 하려니 사기가 침체되고 방향성을 찾지 못해 그 일의 완성도는 떨어질 수밖에 없다.

또한 내 의견도 중요하지만, 실무자인 당신의 의견도 듣고 싶고 존중한다는 메시지가 필요할 때가 있다. 어떻게 아냐고? 이렇게 찔러보면 안다. "자네가 고객이라면 무엇을 원하겠나?"

직관이 내 역량으로 쓰이기 위해서는 확인사살을 해야 한다. 나 자신에게 '왜 그런 결론을 얻게 되었나?'라고 질문함으로써, 직관의 결론을 합리적으로 도출하는 과정이 필요한 것이다. 여기에 타인과 합의나 설득해가는 과정에서 '그 결론 말고 다른 결론이 있는가?' 라는 질문을 던짐으로써 놓치고 가는 것은 없는지, 사고의 비약은 없는지를 검토해야 한다.

팀과 조직 차원의 리더십 스펙이란 일대일의 관계를 넘어서서 팀 혹은 더 큰 조직 차원에서의 영향력을 행사하는 것이다. 내가 우리 조직에게 물려줄 정신적 유산은 무엇인가? 서로가 서로를 염려하고 배려하게 할 수 있는 방법은 무엇일까? 회의를 어떻게 하면 효과적일까? 그리고 어떻게 우리 조직을 긍정성 있게 만들 것인가? 이 질문들의 해답이 3부에 있다.

Part 3

탁월한 리더는 진정성에 바탕을 둔다

Chapter
1

리더십은 좋고
관리는
나쁜 것인가?

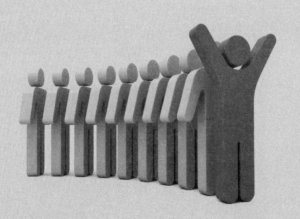

—

리더십을 강조하면서부터 관리와 관리자에 대한 역할
이 폄하되었다. 하지만 탄탄한 관리능력 없이는 리더
십을 발휘할 수 없다. 왜냐하면 군대로 비유할 때, 관
리는 평상시의 군대이고 리더십은 전쟁시의 군대이기
때문이다. 평상시에 체계적으로 관리하지 않으면 전쟁
에서 군대를 지휘할 수 없다. 탄탄한 관리능력 위에
리더십 능력을 얹어야 한다.

—

리더십과 관리의 차이를 알자

아들이 군대에 갔다. 필자는 입소하는 아들을 배웅하러 논산훈련
소를 처음 방문했다. 이곳에서 아들을 보내는 어머니들은 눈물을
훔쳤다. 더이상 앞으로 나오면 안 된다는 말도 들리지 않는 듯 어
머니들은 아들을 가까이 보기 위해 다가갔다. 이런 모습을 예측이
라도 한 듯 군인들이 줄을 서서 경계를 만들었다. 훈련소의 인력은
일사불란하게 움직였고, 만일의 사태에 대비해 구급차도 대기시켜
놓았다.

훈련소의 모습에서 볼 수 있듯이 관리는 복잡한 상황에 대응하
는 것이다. 제품의 질과 수익성을 안정적이고 일관성 있게 유지하
기 위한 제반행동들을 관리라고 말한다. 따라서 관리를 위해서는
먼저 목표를 잡고 계획을 수립해서 예산을 편성한다. 목표를 달성
하기 위해 사람들을 뽑고 조직화하고 충원한다. 목표가 방해받거

나 미달될 때, 상황을 통제하고 문제를 해결하기 위해 힘쓴다. 이 것이 바로 관리다.

리더십은 변화에 대응하는 것이다. 앞에서도 잠깐 언급한 〈위 워 솔저스〉라는 영화를 보면, 적진에 들어가기 전 무어 중령이 이렇게 말한다. "우리는 죽음의 계곡으로 들어갈 것입니다. 제군들이 할 일은 옆 사람을 돌보는 것입니다. 왜냐하면 그들이 여러분을 돌볼 것이기 때문입니다. 피부색이 무엇이든지, 언제 신 앞에 불려가는지는 중요하지 않습니다. 그들이 우리의 가정을 지켜줄 것이기 때문입니다. 우리는 지금 적들을 막으러 아주 위험한 전장에 투입된다는 것을 이해해야 합니다. 우리가 다 살아 돌아올 수 있다고 나는 장담할 수 없습니다. 다만 이것만은 신께 약속하겠습니다. 적진에 들어갈 때 내가 처음 앞장서는 사람이 될 것이요, 그리고 물러날 때는 내가 마지막까지 남을 것이며, 내 뒤에 아무도 남겨두지 않을 것입니다. 죽어서든지 살아서든지 우리는 함께 집에 올 것입니다. 신의 가호를 빕니다."

이 연설을 들은 군인들은 숙연해졌다. 이때는 정치적인 이념도 경제적인 득실도 없어진다. 전쟁에서 내가 왜 싸워야 하는지, 왜 옆 사람을 아껴야 하는지를 마음속으로 가다듬게 된다. 리더가 자신의 책임에 대해 분명히 말해주면 리더에 대한 신뢰가 생긴다. 또한 자신의 역할에 대한 분명한 가이드라인을 들음으로써 책임을 분명히 한다. 이러한 명확한 의사소통은 서로를 신뢰하게 만든다.

탄탄한 관리 위에 리더십을 펼쳐야 한다

전쟁시에나 필요한 이런 노력을 왜 리더십에 비유하는 것일까? 지금의 기업들은 점점 경쟁적이고 변화무쌍한 환경에서 지속할 수 있어야 하며, 경쟁력을 확보해야 한다. 전쟁과 동일하게, 예측할 수 없는 상황에서 조직을 지휘하는 것이다.

따라서 리더십은 목표가 아닌 미래의 장기적인 비전과 전략을 고민하는 것이다. 비전은 이해 당사자의 관심사를 반영한 것이어야 하며, 이 비전을 달성하기 위해 구성원들에게 협조를 구하고 신뢰를 구축함으로써 비전을 향해서 한 방향으로 나아갈 수 있도록 하는 것이다. 이런 비전을 달성하기 위해서는 구성원들에게 동기를 부여해야 한다. 따라서 변화에 대응할 수 있고 장애물을 극복할 수 있다는 자신감을 고양하는 것이 리더십의 정체성이다.

관리라는 기본기 없이 리더십만 있는 리더는 회사를 불안하게 만든다. 탄탄한 관리 위에 리더십을 펼쳐나가야 한다. 내가 현재 관리를 잘하고 있는가? 그렇다면 이제 리더십을 발휘할 수 있는 반석을 구축해놓은 것이다. 이제 리더십을 발휘하기 위해 힘쓰면 되는 것이다.

그런데 리더십을 발휘하기 위해서 먼저 인식해야 하는 것이 있다. 나는 도대체 어떤 사람이란 말인가? 왜 저 사람과 내가 다른 형태의 리더십을 발휘하는 것인가? 리더가 되면 왜 기존과는 다르게 행동해야 하는가? 이런 질문들에 답을 하나씩 추적해보자.

개인의 성장과 리더로서의 성숙은 다르다

인간의 행동과 학습, 커뮤니케이션 모델인 신경언어 프로그래밍의 세계적 개발자인 로버츠 딜츠는 신경학적 수준neurological level이라는 의식의 5수준을 주장했다. 〈도표 4〉에서 보듯 환경 수준, 행동 수준, 능력 수준, 신념/가치관 수준, 정체성 수준이 그것이다.

- 환경 수준 : 당신이 지금 있는 장소와 환경을 뜻하며 자신과 주위환경이 어떤 관계를 맺고 있는지를 의미한다. 주위에 누구와 관계 맺고 있는지, 내가 인지하는 나의 환경은 어떤지 등을 말한다.
- 행동 수준 : '당신이 무엇을 하고 있는가? 어떤 행동을 하고 있는가?'를 의미한다.
- 능력 수준 : 당신이 가지고 있는 힘, 재능, 강점, 자원을 의미한다.
- 신념/가치관 수준 : 일상생활 속에서 당신이 기준으로 삼고 있는 생각이나 무의식적으로 가지고 있는 맹목적인 믿음, 혹은 소중히 여기고 있는 것들을 의미한다.
- 정체성 수준 : '자신이 어떤 사람인가.'라는 의식, 혹은 자신이 존재하는 의미나 사명을 가리킨다.

〈도표 4〉를 보자. 어릴 적에 내가 속한 '환경'에서 보고 배우고 느끼며 접하면서 환경에서 요구하는 '행동'을 개발한다. 행동을 개발하는 과정에서 자신에게 필요한 '능력'을 갖추게 되는데, 삶에서 필요한 힘, 재능, 자원 등이 그것이다. 능력을 갖추는 과정에서 우리는 '신념과 가치관'이라고 하는, 삶과 인생에서 중요하

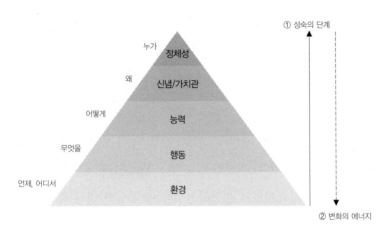

다고 생각하는 기준이나 믿음을 키워나가게 된다. 신념과 가치관을 키우는 과정에서 '나는 누구인가.'라는 자신에 대한 인식과 의미를 갖게 된다. 이것이 바로 우리의 의식이 자라는 성숙의 과정이다.

한팀장은 올해 팀장으로 승진했다. 승진하기 전 한팀장은 고객들이 원하는 것을 정확히 파악해 필요한 상품을 잘 판매할 뿐만 아니라, 이후 내놓을 상품으로 고객을 자극하면서 영업의 주도권까지 확보하는 베테랑 영업맨이었다. 생산부와 관계도 돈독해서 회식자리까지 쫓아가 팀원처럼 자리를 같이 했다. 그러다보니 한팀장의 거래처 상품을 빨리 생산해야 할 때는 편의를 봐줄 정도로 인간관계가 돈독했다. 팀 내에서도 마찬가지였다. 한팀장을 따르는 후배사원이 많았고, 호칭이 '형'이었을 정도로 구성원들에게 롤모델이었고 친절한 멘토였다.

한팀장이 어떤 환경에서 어떤 행동을 하고 어떤 능력이 있는지, 그것들을 주도한 신념과 가치관이 무엇인지 알 수 있을 것이다. 한팀장은 자신을 '유능하고 멋진 영업맨'으로 인식하고 있었고, 회사도 이런 그를 인정해 팀장으로 발령을 냈다.

그런데 팀장이 되고 나서 한 달이 채 지나지도 않은 시점부터 문제가 생기기 시작했다. 의리로 일을 믿고 맡겼던 후배가 보고를 제때 하지 않고 독단적으로 행동하는 바람에 이상이 생긴 물건을 그대로 납품한 것이다. 물건에 이상이 있는 줄 알면서도 배송한 직원이 "어제도 밤새며 배송했다."라고 하소연을 하니 대놓고 야단도 못 친다. 또한 어떤 직원은 생산 스케줄을 알아보지 않은 상태에서 고객사에게 한 달이면 납품할 수 있다고 장담했다. 게다가 약속한 날이 내일인데, 오늘에서야 "어쩌냐"고 보고하니 한팀장은 돌아버릴 지경이다. 부쩍 많아진 회의에 쫓아다니랴, 터지는 사고를 수습하랴, 한팀장의 마음과 몸은 지쳐가고 있었다. 상사도 동료도 부하도, 그리고 자신조차도 승진이 잘못된 것이 아닐까 회의하는 마음이 생길 즈음에 코칭을 받게 되었다.

인생에서 문제는 대체로 처음 3가지 수준, 즉 환경 · 행동 · 능력 수준에서 일어난다. 우리는 환경에서 문제가 생기면 환경 문제만 건드려서 해결하려 하고, 행동에서 문제가 생기면 행동만 다르게 해보려고 노력한다. 하지만 팀의 분위기가 너무 부정적이라고 판단해서 칭찬을 하거나 서로 억지로 칭찬하게 한다고 해서 팀의 분위기가 금세 밝아지는 것은 아니다. 즉각적인 조치로 문제가 해결되었다고 생각할 수도 있겠지만, 결국 비슷한 문제가 반복적으로 일어난다. 따라서 본질적인 문제를 해결하기 위해서는 하위 수준이 아닌 상위 수준, 즉 '나는 누구인가.'라는 정체성 수준이나 신념과 가치관 수준에서 문제를 해결해야 한다. 성숙의 단계는 하위 수준부터 올라가지만 변화가 필요한 시점에 와 있다면 상위수준, 즉 '정체성'부터 다시 정립해야 한다.

한팀장의 사례도 마찬가지였다. 한팀장은 우선 자신감을 회복하는 코칭을 받았다. 자신이 가장 성공했던 때를 떠올리며, 자신의 특성들을 정리했다. 그러면서 개인으로서의 나가 아닌, 팀장으로서의 나, 혹은 팀장으로서의 나의 역할이 무엇인지 정리했다. 한팀장은 자신은 '팀원들 하나하나가 우리 회사의 유능한 영업맨이 되도록 돕는 사람'이라고 팀장으로서의 정체성을 정리했다.

그런 역할을 하기 위해서 필요한 신념과 가치관은 무엇일까? 한팀장은 신뢰와 책임감을 중요한 가치관으로 꼽았다. 이전에는 자신이 신뢰를 지키려 애쓰고 자신이 해보겠다라고 말한 일에 대해 어떻게 해서든지 끝까지 책임을 지려했다면, 이제는 구성원들이 책임을 다하도록 자극하고 안내해주고 피드백을 해주는 역할을 해야 한다는 걸 인식했다. 또한 야단을 치지 못했던 마음에는 '야단을 치면 이들이 실망하고 못 견딜 거야.'라는 배려를 가장한 '상대를 신뢰하지 못하는 마음'이 녹아 있었음을 인식했다. 더 큰 신뢰란 이들이 내가 자극하고 때로 야단을 쳐도 이 어려움을 극복하고 마침내 유능한 영업맨이 될 수 있다는 것을 믿는 것임을 인식하게 되었다.

한팀장은 이러한 가치관과 신념을 구현할 수 있는 능력들을 하나씩 코칭받았다. 구성원 개개인의 수준을 고려해 체계적으로 육성하는 기술, 회의 기법, 질책하는 방법, 일대일 보고와 전체 보고의 접근 방식, 자신만의 노하우를 정리해 전수하기, 화 조절하기 등 이런 능력들은 하나씩 행동으로 옮기면서 자신의 능력으로 강화되었고, 팀은 성과를 내기 시작했다. 이 사연은 EBS 〈상사가 달라졌어요〉의 '5부 샌드위치맨 이팀장님들'에서 필자와 몇몇의 코치들이 함께 코칭했던 내용이다.

환경에 따라 변하는 나의 역할에 나를 맞추자

필자는 코치로서만 열심히 살다가 코칭회사의 대표를 하게 되면서, 참 큰 고통에 빠졌다. 필자는 내성적이어서 사람들을 만나고 나면 굉장히 피곤했다. 또 부끄러움을 타는 성격이라 나서서 말하거나 대표로 발언하는 것에 대한 심한 공포와 저항감이 있다. 또 '여자는 나서면 안 되며 다소곳해야 한다.'는 어머님의 가치관을 심하게 내재화하고 있어서 소위 상석에 앉는 것이 너무 부담스럽고 힘들었다. 여자가 여러 사람 눈을 타면 안 된다고 과외 외에는 아르바이트를 절대 시키지 않았던 부모님 덕에, 남들이 나를 쉽게

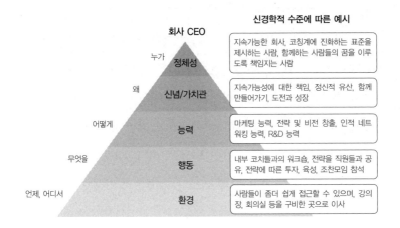

신경학적 수준에 따른 예시

회사 CEO

누가 — 정체성 — 지속가능한 회사, 코칭계에 진화하는 표준을 제시하는 사람, 함께하는 사람들의 꿈을 이루도록 책임지는 사람

왜 — 신념/가치관 — 지속가능성에 대한 책임, 정신적 유산, 함께 만들어가기, 도전과 성장

어떻게 — 능력 — 마케팅 능력, 전략 및 비전 창출, 인적 네트워킹 능력, R&D 능력

무엇을 — 행동 — 내부 코치들과의 워크숍, 전략을 직원들과 공유, 전략에 따른 투자, 육성, 조찬모임 참석

언제, 어디서 — 환경 — 사람들이 좀더 쉽게 접근할 수 있으며, 강의장, 회의실 등을 구비한 곳으로 이사

볼 수 있는 위치에 서 있으면 수치감과 두려움이 함께 몰려왔다. 게다가 필자는 모든 것은 실력과 완벽한 결과물로 보여줘야지, 아무것도 없는 상태에서 상대에게 잘난 척하거나 어필하는 것은 하수나 하는 일이라는 신념이 있었다.

이렇게 나열하고 보니, 작은 회사지만 필자가 한 회사의 CEO가 되었다는 것은 기적이다. 아니, 도전하지 말아야 할 영역이 아닌가 하는 생각까지 든다. 그래서 엄청 고생을 했고, CEO의 역할을 해야 한다고 생각하면서도 외부환경에 저항하느라고 힘든 나날을 보냈다.

경기가 나빠지면서 필자의 회사도 힘들어지기 시작했다. 몇 가지 환경을 바꾸거나 행동을 바꿔봤지만, 매출은 오르지 않고 근원적인 문제는 해결하기 어려웠다. 필자는 로버츠 딜츠의 신경학적 수준을 생각하면서 내가 CEO로서 어떤 사명을 가져야 하는지, 어떤 유산을 남겨야 하는지를 정리하기 시작했다.

우선 필자는 CEO라는 나의 또 다른 정체성을 수용해야만 했다. 내 CEO로서의 사명이 무엇일까 정리해보니, 우선 지속가능한 회사로 유지하는 것이 가장 크다. 동시에 코칭계에 진화하는 표준을 지속적으로 제공하고, 함께하는 사람들이 이곳에서 꿈을 펼치고 열매를 맺도록 앞장서는 사람이 되는 것이다. CEO 역할은 쉽지 않지만, CEO로서 남기고 싶은 유산과 사명을 정리해보니 가슴이 뛰었다.

이런 정체성을 구현하기 위해 필요한 신념과 가치관은 무엇일까? '더이상 여자가 나서면 안 된다. 결과로 말해야 한다.' 등의 신념과 가치관은 왜곡된 것이어서 버려야 하고, 또 다른 신념과 가치관은 코치로서는 유용하지만 CEO로서는 유용하지 않은 것이어서 역할이 바뀔 때마다 선택할 수 있는 가치목록에 넣어둬야 함을 인식했다.

대신에 지속가능성에 대한 책임감, 정신적 유산, 혼자가 아닌 함께 성과를 만들어가기 등은 새롭게 확장한 신념과 가치관이 되었다. 새로운 신념과 가치관을 따르기 위해 신규고객에게 이 물건이 얼마나 좋은지 알려 사고 싶게 만드는 마케팅 능력, 시장에 따라 다각화할 수 있는 전략과 선택 능력, 함께하기 위한 여러 코치 및 고객사와의 인적 네트워크 등은 매우 중요한 필자의 능력이 되었다.

필자는 아무렇지 않게 회사의 상품을 소개하고 팔기 시작했다. 처음에는 지하철에서 무안함을 무릅쓰고 물건을 파는 심정이 되어 떨리고 무안하고 아프고 그랬다. 지금은 가끔 민망하지만 괜찮다. 왜냐하면 나는 사명이 있는 CEO이고, 이를 위한 신념과 가치관이 명확하기 때문이다.

회사에서 어떤 새로운 역할이나 직책을 맡으면, 기존의 능력을 토대로 새로운 능력을 요구한다. 그때 필자처럼 새롭게 요구하는 역할 속에서 남기고 싶은 정신적 유산, 혹은 사명은 무엇인지 생각해보라. 분명 마음을 떨리게 하는 사명이 있을 것이다.

사명을 찾았다면 이제 그 사명을 이룰 수 있는 신념과 가치관을 찾아봐야 한다. 그 신념과 가치관은 내가 맡은 역할을 기꺼이 해내게 한다. 뿐만 아니라 내 안에 있었던 거인을 깨우는 기쁨도 맛보게 될 것이다.

스스로 마무리하는 것을 중요하게 여겨서 그 능력으로 인정받아 승진한 사람이, 구성원들에게 일을 위임하지 않고 계속 자기가 마무리하려 한다면 그야말로 역할에 맞지 않는 옷을 입고 있는 것이다. 이제는 부하직원들이 스스로 마무리하도록 동기를 부여하고 지도해주며, 실제로 성공을 체험하도록 도와줘야 한다. 그래야 그 일을 물려주고 더 부가가치가 있는 일을 하게 되고, 더욱더 조직에 필요한 사람이 되어가는 것이다.

물론 그렇게 되기까지는 내 옷이 아닌 옷을 걸치고 돌아다니는 것처럼 익숙하지 않고, 때로는 창피하고 무능하게 느껴져서 벗어

던져버리고 싶어질 것이다. 하지만 그 옷이 마치 예전부터 내 옷인 것처럼 입어보려 애쓰면 마침내 맞춤옷처럼 꼭 맞는 옷이 될 것이다.

멋진 새 옷을 옷장에 걸어두지만 말고 입어라. 어느새 옷장에는 더 멋지고 아름다운 새 옷이 걸려 있을 것이다. 그러고 나서 내 삶에서 벌어질 일들을 기대하라.

감성지능이
리더십의 깊이를
깊게 한다

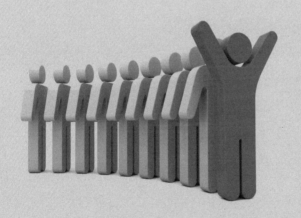

감성지능이 얼마나 중요한지 사람들은 대부분 안다. 하지만 감성지능을 정확히 알고 이를 지능적으로 사용하고자 노력하는 사람은 많지 않은 듯하다. 세계적인 심리학자이자 『EQ 감성지능』의 저자인 다니엘 골먼이 제시한 감성지능 요인 5가지 중에서 3가지는 나 자신을 관리하는 기법이고, 나머지 2가지는 타인을 관리하는 기법이다. 감성지능은 무작정 감성적이 되라고 하는 것이 아니라 자신과 타인을 잘 관리할 수 있는 능력이자 기법이다.

기분 좋은 사람과 있으면 나도 기분이 좋아진다

기분 좋은 사람과 함께 있으면 덩달아 기분이 좋아지는가? 혹은 인상 팍팍 쓰고 있는 사람과 있으면 나도 모르게 양미간에 주름이 생기면서 다소 비판적이 되는가? 사람마다 정도는 다르겠지만, 이 질문에 대한 대답은 "그렇다."다.

뇌를 연구하는 과학자들은 이것을 '대뇌변연계의 개방성' 때문이라고 설명한다. 다시 말해 우리는 자신의 감정을 결정할 때 다른 사람과의 관계에 의존한다는 것이며, 뇌가 다른 사람의 정서를 받아들인다는 것이다. 이런 증거는 다양한 연구를 통해서 나오고 있다.

• 중환자실에 누워 있는 환자는 위로해주는 사람의 모습만 봐
  도 혈압이 정상으로 내려가고 동맥을 차단하는 지방산의 분

비가 억제된다.

- 두 사람이 대화를 할 때 처음에는 그들의 신체리듬이 다르지만, 15분이 지난 후에는 비슷해진다.
- 낯선 사람들 3명이 침묵 속에서 1~2분 정도 서로 얼굴을 마주하고 앉아 있으면, 셋 중 감정을 가장 잘 표출하는 사람의 감정이 나머지 두 사람에게 전이된다.
- 회의에 참석한 사람들은 2시간 안에 그것이 좋은 것이든 불쾌한 것이든 서로의 감정을 공유하게 된다.

이를 적용해본다면, 우리 주변에 일어나고 있는 현상을 쉽게 이해할 수 있다. 사무실로 들어오는 사장님의 얼굴이 흙빛이거나 짜증 섞인 표정일 때, 구성원들은 납작 엎드리게 된다. 적시에 보고해야 할 일들을 미룰 뿐만 아니라 자기들끼리도 괜스레 예민해지고 신경이 날카로워져서 쉽게 지나갈 일도 사사건건 시비가 되기도 한다. 사장이 얼굴 표정을 관리하지 못한 대가는 생각보다 크고 깊다.

우리 문화는 감정에 더 예민하다

우리 문화는 심정心情문화다. 마음이 통하지 않으면 아무리 좋은 해결책이라 해도 그대로 하고 싶지 않다. 반대로 마음이 통하면 무리가 되는 일이라도 상대가 원하는 대로 해주고 싶어진다. "남자는 나라를 위해서 목숨을 바치는 것이 아니라 자신을 알아주는 소대장을 위해 목숨을 바친다."는 이야기는 이와 무관하지 않다.

예전에 FTA 협약에서 소고기와 관련된 민감한 사안이 중·고등학생의 촛불시위를 계기로 해서 전 국민 시위로 확산된 적이 있다. 시청 앞은 아이를 업은 엄마부터 시작해서 학생들과 직장인, 심지어 자녀들에게 의식을 심어주고 싶은 가족의 시위장이 되었다. 시위가 줄어들 기미를 보이지 않자, FTA 협상단은 미국으로 건너가 소고기와 관련된 사안을 재협상하려 했다. 그들은 협상 테이블에서 시청 앞의 촛불시위 사진을 꺼내며 "이들을 설득할 수 있는 근거를 달라."고 했다 한다.

우리 민족은 한번 불이 붙으면 걷잡을 수 없이 커지는 마음과 열정과 심정이 있다. 그래서 혹자는 "이 때문에 우리나라에서는 리더가 중요하다."고 말한다. 마음에 드는 리더가 어느 방향으로 불을 붙이냐에 따라 열정의 방향이 달라지기 때문이다. 상대의 심정을 알아주고, 내 심정을 잘 전달할 수 있는 능력, 그것이 바로 정서지능EQ의 토대다.

내 정서를 잘 관리하는 3가지 비법

감성지능의 선구자인 다니엘 골먼은 자신의 정서를 잘 관리하는 비법 3가지를 말했다. 우선 첫째는 '자기인식력'이다. 쉽게 말하면 지금 내가 어떤 상태인지를 이해하는 능력이다. 내가 지금 가지고 있는 강점은 무엇인가? 그와 관련된 나의 약점은? 내가 가진 중요한 욕구는? 기분은? 감정은? 취향은? 이런 것들에 대해 안테나를 얼마나 민감하게 세우고 있는가 하는 것이다.

자신의 약점만 잘 알고 있는 사람은 위축되기 쉽다. 반면에 강점만 있다고 생각하는 사람은 자신을 더 계발하지 않고, 주변 사람을 거북하게 만든다. 하지만 자신의 강점과 약점을 함께 인식하고 있는 사람은 강점을 알고 있으니 기죽을 필요도 없고, 단점을 개선하고자 하는 의지도 크다. 또한 어떤 문제를 풀어갈 때, 자신이 해결할 수 있는 범위와 도움받아야 하는 범위를 정확하게 평가할 수 있어 문제를 현실적으로 풀어갈 수 있다.

이런 사람은 "아, 이런 부분은 제가 바보라니까요!" 하며 자신을 비웃을 수 있는 여유와 자신감까지 있다. 자신만의 여러 특성이 타인에게, 부하에게, 고객에게 어떤 영향을 미치는지 인식하고 이해할 때, 자아인식력은 그저 '내가 이런 사람이구나.' 라는 분석으로 끝나지 않고 능력으로 혹은 지능으로 전환된다.

자신의 정서를 잘 관리하는 둘째 비법은 '자기통제력'이다. 자기통제력은 행동하기 전에 제대로 판단하기 위해 잠시 멈출 수 있는 성향을 말한다. 우리는 끊임없이 자신과 대화를 한다. 이 내면의 대화를 통해 자신의 행동이 감정에 얽매여서 충동적이 되는 것을 통제하거나 바꿀 수 있는 능력이 바로 자기통제력이다.

자기통제력은 모호하고 복잡하고 급작스러운 변화를 얼마나 참을 수 있느냐와 관련이 있다. '그럴 수도 있지.'라는 생각을 하는 사람은 충동적인 행동을 다른 사람에 비해 적게 할 것이다. 또한 상황에 흔들리기보다는 목표와 목적을 생각할 때 자기통제력은 커지게 된다.

어느 날 회의를 하는데 언성이 조금씩 높아졌다. 발제한 사람은 자신이 얼마나 노력해서 만든 안건인지를 피력하며 빠르게 시행하도록 촉구하고 있었고, 이견을 내는 사람은 이왕 하는 김에 제대로 해야 하지 않겠느냐고 목소리를 높이고 있었다.

이러한 흥분된 회의 분위기를 가라앉힌 것은 의장의 한마디였다. "우리는 올해 목표를 무척 높게 잡았습니다. 많이 성장하려면 성장통은 따르기 마련입니다. 이러한 논의가 올해 우리가 잡은 목표를 이루기 위한 통증이라는 생각이 듭니다. 그런 의미에서 발제해주신 분과 집단의 지혜를 발휘하고 있는 여러분 모두의 모습이 참 뜻깊다고 생각합니다." 이 말이 끝나자 토론자들은 '성장'이라는 궁극적인 목표에 초점을 두고 발언하기 시작했고, 상대의 고민을 이해하면서 대화하려고 했다. 여기서 의장은 자신과의 내면대화를 통해 자기통제력을 발휘했고, 그 결과 집단은 본질적인 것에 초점을 맞추게 된 것이다.

자신의 정서를 잘 관리하는 셋째 비법은 '동기부여'다. 동기부여는 스스로 자신이 추구하는 바를 이루고자 하는 열망에 사로잡히도록 하는 노력을 말한다. 따라서 성취욕구와 관련이 있으며, 실패하거나 실적이 저조할 때도 낙관적인 자세를 유지하는 능력도 이와 관련이 있다. 성취욕구가 높은 사람들은 업무 자체에 열정이 있고, 자기 스스로 끊임없이 기준을 높이고 그 기준에 달성하려고 노력을 멈추지 않는다. 가만둬도 되는 기존 절차를 더 좋은 것으로 개선하려고 노력한다.

자, 어떤가? 정서관리기법 3가지를 자신에게 적용해봤을 때, 10점을 만점으로 두고 점수를 매긴다면 몇 점이 나오겠는가? 자신의 상태를 인식하는 자기인식력, 행동하기 전에 멈추고 생각하는 자기통제력, 그리고 스스로 용기와 에너지를 불어넣어 원하는 목표를 이루고자 하는 동기부여, 각각 몇 점을 매겼는가? 가장 높은 항목은 무엇인가? 그 항목은 당신의 성공전략이므로 더 보듬고 키워야 한다. 가장 낮은 점수를 받은 항목은 무엇인가? 그것은 당신의 성공을 방해하는 항목이므로, 좀더 노력해야 한다.

만약 자기통제력이 부족하다면, 사무실 곳곳에 '잠깐!'이라고 쓴 포스트잇을 붙여놓자. 어떤 결정이나 행동을 하기 전에 그 포스트잇을 보면서 성급한 것은 아닌지 다시 생각해보자. 만약 동기부여가 부족하다면, 이 일을 이뤘을 때 내 삶에서 어떤 건강한 근육들이 자라게 될지, 이 일이 내 삶에 어떤 영향을 미치게 될지, 3년 뒤에 오늘의 나를 보고 뭐라고 하고 싶은지, 일의 의미와 영향력, 그 일이 어떤 결과를 가져올지 등에 대해 음미해보고 자신에게 들려주자.

타인과 잘사는 2가지 노하우

타인과 잘살 수 있는 정서지능 중 한 가지는 '감정이입 능력'이고 다른 한 가지는 '사교성'이다. 우선 감정이입 능력은 단순히 다른 사람이 느끼는 감정에 공감해주는 것에 국한되지 않는다. 수많은 정보를 참조해 의사결정을 내릴 때, 그것의 해당 당사자가 어떤 느낌인지 민감하게 체크하고 고려하는 능력까지 포함된 것이다. 즉 이 일이 '옳다, 혹은 해야만 한다.'를 넘어서, 이것을 실행할 사람들은 어떤 마음인지, 표현하지는 않았지만 어떤 장애요소가 있는지 살피고 해소할 수 있도록 도와주는 능력을 말한다. 따라서 감정이입은 조직에서 구성원들이 만족하고 몰입해 일하도록 돕는 원동력이다.

감정이입 능력이 높은 리더들은 팀원들의 감정이 어떤지 궁금해하고, 그들이 솔직하게 말하도록 환경을 만든다. 예를 들면 회의시간에도 '오늘의 반대자'를 선정해, 선정된 그 사람이 무조건 반대 의견을 내놓도록 한다. 이는 '사람을 비난하는 것이 아닌, 더 합리적인 의사결정을 위한 회의'로 인식시키고자 하는 노력이다. 이 노력 가운데 구성원들은 자신이 염려하는 것, 궁금해하는 것, 예상되는 어려움을 솔직하게 토로하고 극복방안을 내놓을 수 있게 된다. 회의를 짧게 하는 것도 중요하지만, 실제로 회의가 끝난 뒤 열정을 유지하고 실행력을 높이도록 하는 것이 더 중요하다. 이러한 노력들은 다른 구성원의 의견을 존중하게 만들 뿐만 아니라, 고객을 만날 때에도 상대의 감정을 민감하게 체크하고 더 합리적으로 의사결정을 하게 만든다.

타인과 잘살기 위한 두 번째 기법은 '사교성'이다. 필자는 사교성이란 단어를 들을 때 사실 기가 좀 죽고 위축된다. 왜냐하면 사교적인 사람이 아니기 때문이다. 여기서 사교적이란 사람 만나는 것 자체를 좋아하고 모임을 즐기는 그런 성격을 말하는 것이다. 아마도 성격이 내향적인 사람들은 필자처럼 스스로 사교성이 없다고 단정할 것이다.

그런데 다니엘 골먼은 사교성을 좀 다르게 정의한다. 즉 사교성은 '목적 있는 호의'라는 것이다. '목적 있는 호의'는 관계에서 긍정적인 목적을 가지고 호의를 베푸는 능력이다. 예를 들면 김대리가 요즘 A프로젝트에 열심인데 성과가 안 나와서 스트레스를 받고 있는 것을 알았다고 하자. 내가 김대리를 위해 해줄 수 있는 '호의'는 무엇일까? 향이 좋은 커피 한 잔을 사다주면서 "김대리, 고생 많지? 김대리가 좋아하는 카페라떼야. 시원한 공기 마시면서 먹어. 가슴 쫙쫙 펴고. 성과를 내야 하는 게 궁극적인 목적이지만, 이 일을 진행하면서 많은 교훈과 배움을 얻을 수 있을 거야. 이 일을 하고 나면, 김대리가 엄청 성장해 있을 거야. 힘내라고!" 이것이 바로 '목적 있는 호의'다.

또한 사교성은 '함께 일하는 것'을 중요하게 여긴다. 그래서 행동할 때 '목적 있는 호의'를 넘어서서, 네트워크를 가동시키는 능력까지 사교성에 포함된다. 이 일을 잘 해낼 사람, 함께 일할 때 서로에게 득이 되는 사람이 누군지를 파악하고, 함께 일하자고 제안하는 능력이 바로 사교성이다. 물론 이를 위해서는 다양한 사람들을 알아두고 친분을 쌓아야 한다. 친분은 술과 오락으로 만들 수도 있지만, 일을 통해서도 만들 수 있다. 필자도 일을 통해서는 다양한 사람과 네트워킹을 하고 있고 더 넓혀가려고 한다. '이 사람과 함께하는 일은 나도 참여하고 싶다.' 라는 마음을 갖게 할 수 있다면 당신은 이미 사교적이다.

자, 이제 자신을 관리하는 기법과 타인과 잘살기 위한 기법에 대해 알게 되었다. 감성지능은 나 자신을 위해서도, 함께하는 사람들을 위해서도 매우 중요하다. 일은 일대로 하고, 욕은 욕대로 얻어먹는 그런 외로운 인생으로 살 수는 없다. 일을 하면서 동시에 행복할 수 있는 비법, 감성지능! 오늘부터 하나씩 챙겨보자.

상대의 심정을 알아주고,
내 심정을 잘 전달할 수 있는
능력, 그것이 바로
정서지능의 토대다.

Chapter
3

팀의 감성지능을 높이면
최고의 성과를
낼 수 있다

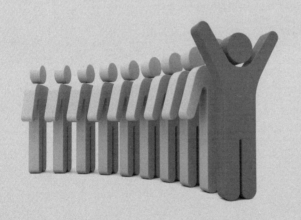

———

직장에서 의지하거나 지지해주는 사람이 3명만 있어
도 직장을 잘 다닐 수 있다는 말이 있다. 만약 함께
있는 팀원들이 서로를 배려한다면, 아무리 힘든 일이
있어도 이겨나갈 힘을 얻고 직장은 일할 맛 나는 곳
이 될 것이다. 이것이 바로 팀 차원의 감성지능이다.
팀 차원의 감성지능은 팀 내의 신뢰감을 높이고 일의
성과를 내는 중요한 요인이다.

———

여럿이 함께 살펴주자

팀장 5명으로 이뤄진 그룹코칭에서 '팀 차원의 감성지능'에 대해 이야기를 나눴다. 미리 배포되었던 자료를 읽어와서 생각을 나누는 시간이었는데, 김팀장이 아래 대목에서 자신은 마음이 불편해졌다고 이야기했다.

> 휴렛팩커드의 한 팀은 팀원 모두 '멀티 플레이어multi-player'가 되기 위한 훈련을 시도하고 있었습니다. 그런데 평소에 완벽주의로 일했던 한 팀원은 그의 평소 모습과는 달리 이 일에 소극적인 태도로 임했습니다. 이 태도를 지켜보던 다른 팀원은 그를 비난하기보다는 '아, 새로운 일을 맡게 되면 평소처럼 완벽하게 해내지 못할까봐 두려워하는 거 아닐까?'라고 생각하고 그 팀원을 지원하기 위해 2배로 더 노력했습니다. 이것은 이 팀이 오

랜 기간 동안 구축해온 '타인에 대한 이해를 강조하는 팀 규범' 이 있었기에 가능했습니다. 이 규범은 팀원들이 서로의 감정과 걱정에 귀 기울이고 정확하게 이해할 수 있다면 기꺼이 협력하고자 하는 마음이 생기고 팀의 사기를 높일 수 있다는 깨달음 속에서 성장해왔습니다.

(자료 : '팀 감성지능' 에 대한
Vanessa Ruch Druskat & Steven B. Wolff 2001의 논문)

"한 사람이 여러 기능을 담당할 수 있도록 멀티 플레이어가 되자고 제안했는데, 못하겠다고 버티는 사람에게 따뜻하게 다가가야 한다는 것은 말이 안 됩니다. 팀이 지향하고 있는 방향이라면 팀원들은 자신의 흥미와 무관하게 따라와야 한다고 생각합니다." 이 말을 하는 김팀장의 얼굴은 다소 상기되어 보였다.

김팀장은 평소 모습이나 리더십 진단에서도 감성지능이 높다고 평가받고 있다. 그런 김팀장이 이해가 안 간다고 하니까, 필자는 의아해졌다. "팀장님, 만약에 팀의 방향에 따라오지 못하거나 까칠한 태도를 보이는 팀원이 있다면, 팀장님은 어떻게 하시나요?" 라고 물었다.

"당연히 이야기를 해보겠지요. 이유를 파악해보고 필요한 것들을 지원해줬겠지요."라고 말한다. "본문의 이야기는 팀장님 혼자 하시는 그런 일들을 팀원 모두가 하도록 독려하자는 이야기예요. 팀장님 혼자 하시는 것보다는 팀원 모두가 팀장님처럼 다른 사람에게 관심을 갖고 지원하는 게 낫지 않을까요?" 필자의 말에 그제 서야 김팀장은 "그야, 그렇지요. 그래야겠네요."라고 한다.

리더에게 감성지능이 매우 중요한 능력인 것처럼, 팀 내에서도 팀의 감성지능이 필요하다. 서로가 배려하고 조절하는 과정에서 팀은 최고의 성과를 낼 수 있기 때문이다.

팀 감성지능의 요소 1 _ 인식하기

팀이 효과를 높이기 위해서는 3가지 필수적인 조건이 필요하다. 바로 팀원들 간의 신뢰감, 팀 정체성, 그리고 팀 효능감이다. 신뢰 하지 못하면 비용이 올라가고 효율성이 떨어진다. 팀 내의 신뢰감 이 높아지면 일을 처리하는 속도가 빨라지고 효율성이 높아진다. 또한 팀이 무엇 때문에 존재하는지, 우리 팀에 대한 자부심이 팀의 효과성을 측정하는 데 중요한 조건이 된다.

신뢰감, 정체성, 효능감은 감정이 잘 처리되는 환경에서 높다. 그러므로 팀은 팀의 감성지능을 높임으로써 많은 혜택을 얻을 수 있다. 팀의 감성지능은 감정과 갈등이 생길 때마다 술을 먹으면서 푸는 것이 아니다. 의도적으로 감정을 탐색하고, 포용하며, 갈등을 성숙한 방향으로 해결하도록 돕는 것이다.

감성지능은 늘 그렇듯이 감성을 인식하고, '인식한 감성'을 토 대로 조절하는 것으로 나뉜다. 우선 팀의 감성을 인식하기 위해서는 팀 내, 팀 차원, 팀 간 차원에서 고려해야 한다. 즉 팀 내에서는 서로를 이해하는 시간이 있어야 한다. 이를 위해 업무 시간 외에 서로 친해질 수 있는 시간을 가지는 것이 중요하다. 회의를 시작하면서 처음 5분을 서로의 안부를 묻는 시간으로 할애할 수 있다. 직원들이 바람직하지 않는 행동을 할 때는 '이유가 있을 거야.' 라고 생각하자고 제안하고, 그 이유가 무엇인지 고민하고 이야기를 나눈다. 떠오르는 생각과 느낌을 자유롭게 나눈다. 직원들이 '이야기를 나누면 대체로 해결된다!' 라는 느낌을 갖도록 돕는 것이 필요하다.

필자는 직원들과 면담할 때 '좀 아플 때도 있지만, 이야기하고 나면 해결이 돼.' 라는 생각을 갖도록 설계한다. 일단 전달하고 싶은 것이 몇 가지인지 정리한다. 면담의 결과물도 중요하지만, 더 중요한 것은 면담 과정에서의 그라운드룰ground rule, 가장 기본이 되는 규칙을 정하는 것이다. 필자는 면담을 시작할 때 목적과 그라운드룰을 이야기하면서 시작한다.

"최코치, 이렇게 이야기하자고 한 이유는 보고방식에 대한 이야기를 좀 나누고 싶어서야. 최코치가 보고 타이밍을 잡기가 힘들어하는 것 같고, 또 급하게 보고하다보니 내가 문맥을 이해하지 못해서 오류가 생기기도 해. 그래서 오늘 보고방식에 대해서 이야기를 나누면서 최코치의 어려움도 듣고, 내가 어떻게 하면 최코치가 좀 더 편하게 일할지 듣고 싶어. 그리고 보고할 때 내가 어떤 불편함을 느끼는지도 알려주고 싶어. 그래서 보고하는 시간에 서로 긴장하지 않고 본질적인 부분에 집중할 수 있었으면 좋겠어. 내가 얻고 싶은 결과물은 그거야. 최코치는 내 이야기 들으면서 어떤 생각이 들어? (최코치의 이야기를 듣는다.) 응, 우리가 이야기를 시작하기 전에 이 목표를 잘 달성할 수 있도록 그라운드룰을 정했으면 좋겠어. 어때? 최코치는 어떤 그라운드룰이 있었으면 좋겠어? (최코치의 이야기를 듣는다.) 응, 상대방의 입장에서 충분히 생각하기, 지적보다는 불편한 것이 무엇인지 구체적으로 호소하기, 긴장이 돌 때는 농담을 해서 쓸데없는 긴장 풀기, 좋아!"

면담시 이런 목표와 그라운드룰을 정하면, 대화 내내 서로를 배려하고 충분히 이야기하도록 도우며 책임질 수 있는 결과를 도출하고 합의하기가 쉬워진다. 이런 배려는 팀원들끼리도 쉽게 따라한다. 배려받은 것이 좋았던 사람들은 서로에게 배려해주자고 제안하게 되니까 말이다.

서로를 이해하는 시간을 가졌다면, 이제는 서로의 관점에 대해 마음을 열도록 도와야 한다. 어떤 결정을 할 때는 모두 동의하는지 물어봐야 한다. 특히 말이 없는 사람에게 장단점을 말해달라고 해야 하고, 지나치게 결정이 빨리 되면 의문을 품도록 해야 한다. 고의적으로 회의 때마다 '반대를 위한 반대를 하는 사람'을 돌아가면서 한 명씩 선정해 반대하는 역할을 하도록 할 수 있다.

이렇게 팀 내에서 민감성이 높아지면, 이제 팀 전체의 감성을 인식하기 위해, 팀원들이 함께 팀에 대한 자체 평가를 해볼 필요가 있다. 팀의 업무와 프로세스가 효과적인가? 우리가 시간을 효율적으로 사용하고 있는가? 팀의 분위기는 신뢰할 수 있는가? 이런 질문들에 대해 이야기를 나눔으로써 더 신뢰하고 효과적인 팀에 대해 고민해볼 수 있다. 또한 외부 사람들에게 팀의 업무 상황을 공개하고 그에 대한 비평을 요청한다.

마지막으로 팀 간에는 '먼저 도와주라.' 라는 원칙을 기억하면 된다. 혹시 다른 조직에 필요한 것은 무엇인지, 팀이 목표를 달성하는 데 도움을 줄 사람이 누구인지 파악한다. 그 필요를 채워줄 수 있다면 도와줘라. 우리에게 그들이 필요할 때 도와줄 것이다. 이렇게 감성지능은 팀 차원에서 팀원과 팀의 민감성을 키울 수 있다.

팀 감성지능의 요소 2 _ 조절하기

팀이 서로에게 민감해졌다고 팀의 효과성이 올라가는 것은 아니다. 팀의 상태가 어떤지 인식했다면, 이제는 팀의 효과성을 높이기 위해 다양한 방식으로 개입해 조절해야 한다. 팀 구성원을 위해서는 '직면하기'와 '배려하기' 간에 균형을 맞춰야 한다.

직면하기는 팀의 행동원칙을 정하고 그 원칙을 위배했을 때 지적하는 것을 말한다. 다만 재미있게 지적할 수 있는 방법을 개발해야 한다. 예를 들어 어떤 팀장은 회의시간에 "저요!"라는 약속을 정했다. "저요!"에는 3가지 행동이 포함되어 있다. 즉 '① 의견이 있을 때 주저하지 말고 이야기하기, ② 상대방이 "저요!"라고 하면 무조건 경청하기, ③ 그 과정을 통해 결정된 사안에 대해서는 동의하지 않더라도 그 일이 잘 되도록 적극적으로 돕기'가 포함되어 있다.

그런데 회의시간에 상대방이 "저요!" 하고 이야기하고 있는데 말을 막는 사람이 있다면, "삑!" 소리를 내면서 점심식사 후에 아이스크림을 사는 벌칙을 줄 수 있다. 직면하기는 서로에 대한 신뢰와 성과를 높이는 데 사용하기 때문에 이러한 재미와 유머는 중요하다. 하지만 그냥 유머로 끝나서는 안 된다. 직면한 내용들은 수정되도록 부드럽게 안내해야 한다.

또한 배려하기는 도움이 필요할 때 지원하고, 팀원들 한 명 한 명의 가치를 인정해주는 발언을 하며, 일하는 방식이 다름을 인정하고, 외부의 공격에서 팀원들을 보호해주는 것 등을 말한다. 일을 제대로 못했다면 야단칠 수 있지만, 사람 자체를 경멸하거나 모욕을 주어서는 안 된다.

팀 차원에서는 어려운 문제가 생기면 함께 토론하는 시간을 갖고, 그 문제를 둘러싼 감정들을 이야기하고 풀 수 있도록 해야 한다. '사다리 타서 간식 사먹기'와 같이 스트레스와 긴장을 재미있게 풀 수 있는 방법을 고안해내야 한다. 또한 팀에 어려운 일이 생겨도 "우리는 늘 해왔잖아!" 하며 용기를 북돋아줘야 하고, 과거에 비슷한 문제를 어떻게 잘 해결했는지 상기시켜보는 것도 좋은 방법이다. 팀이 효과적으로 일을 처리하기 위해 어떤 변화가 필요한지 자주 묻는 것도 좋다. 종종 팀이 하고 있는 일과 관계된 다른 팀원을 회의에 초대하는 등 팀과 팀을 연결하는 네트워킹 활동도 필요하다.

감성지능에 예민해지는 팀 약속 정하기

감성지능이 떨어지는 팀원이 있다면 어떻게 해야 할까? 팀장이나 리더가 강제적으로 팀 약속을 정해서 숙련시킬 수 있다. 리더가 정하고 실천하도록 독려하기 때문에 강제적이라고 느낄 수 있지만, 사실 서로에 대해 민감하게 배려해주고 대인관계에 대한 훌륭한 대처법이 되기 때문에 팀원들도 거부하지 않는다.

필자의 회사가 가지고 있는 감성지능 규범은 다음과 같다.

①번 카드 (얼굴 표정이나 태도가 부정적일 때에는) 이유가 있을 거야.

②번 카드 반대를 위한 반대하기.

③번 카드 결국 우린 해내고 말거야.

④번 카드 우리가 효율적으로 잘 가고 있어?

⑤번 카드 '외부 자원을 포섭했어?'

'카드'라는 말을 넣은 것은 좀더 유머 있게 이 규범을 쓰기 위해서다. 즉 회의를 하면서 뭔가 지지부진할 때 "4번 카드!"라고만 이야기해도 '우리의 회의가 효율적으로 잘 진행되고 있는지를 검토해보자.' 라는 의미로 전달될 수 있기 때문에, 긴장을 풀고 편한 마음으로 다시 검토를 하게 된다. 강제적인 것 같지만, 이 규범을 지키면서 사람들은 자신뿐만 아니라 팀의 감성에 예민해지고 이것을 조절하고 다룰 줄 알게 된다.

잘 보면 필자 회사의 감성지능규범은 3가지 차원을 모두 포함하고 있다. 팀원 개개인이 서로를 배려하고 조율할 때 필요한 차원, 팀 전체가 어떤 상태인지를 예민하게 보는 차원, 외부와 관계 구축을 위한 차원이 그것이다.

물론 감성지능 규범 없이도 팀은 성과를 낼 수 있다. 하지만 서로에 대해 민감하게 배려하고 독려하고 무엇이 필요한지를 파악하고 지원할 수 있는 훈련이 된다면, 팀 전체의 효율성과 성과는 몇 배로 향상될 것이다.

너무 많은 규범을 동시에 제시하기보다는 한두 가지 규범을 제안하고 실천하도록 독려해보는 것은 어떨까? 팀원들은 점점 더 성숙해질 것이고, 함께 일하는 것이 행복해질 것이다.

서로가 배려하고
조절하는 과정에서
팀은 최고의 성과를
낼 수 있다.

Chapter
4

나의 가치가
리더십 환경을
결정한다

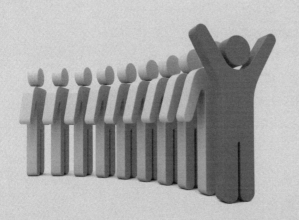

옳다고 믿는 것, 그것을 우리는 가치라고 한다. 보편적인 가치도 있지만, 사실 우리는 삶에서 중요하다고 믿는 '나의 가치'에 따라 행동한다. 그 가치는 신호등과 같아서 내 삶의 어느 순간에는 빨간 불이니 멈추라고 말하고, 또 어느 순간에는 초록불이 켜졌으니 가라고 말한다. 우리의 행동이 이런 가치에 지배를 받고 있으면서도 우리가 그것을 인식하지 못한다면, 그저 '저 사람은 호불호가 강한 사람이구나.' 정도로 평가될 수밖에 없다. 반면에 내 가치가 무엇인지 제대로 인식하면, 함께 일하는 팀원들에게, 자녀에게 그것을 좋은 정신적 유산으로 물려줄 수 있다.

가치로 인해 행복하기도 하고 화가 나기도 한다

김팀장은 오늘 리더십 진단에서 언급된 몇 마디의 말들 때문에 불편하다고 호소했다.

- 스스로 책임을 지면서 일을 하기 때문에 일이 많은 편이다. 업무를 잘 배분해줘서 같이 일을 배우고 성장할 수 있는 기회를 줬으면 한다.
- 넓은 안목으로 보고, 솔선수범형 리더십을 가졌다. 다만 본인의 관점이 옳다고 믿는 경향이 강하다보니 다른 의견을 제기하는 것을 굉장히 불쾌해한다.
- 업무적으로 매우 신뢰가 간다. 다만 성과중심적이어서 다른 사람에게 이기적으로 보일 수 있다는 점을 고려하면 좋겠다.
- 결론을 미리 내려놓고 지시를 하는 편이다. 부하직원들의 상

황과 능력에 맞춰 동기를 부여해주는 모습을 기대해본다.

김팀장은 자신이 열심히 하면 부하직원들이 자신을 따라올 거라고 기대했고, 타 팀에 비해 성과도 좋았다. 리더십 진단에서 언급된 말들은 이해가 되지만, 사실 일을 시키고 싶어도 아직 경험들이 많지 않기 때문에 자신의 기대치만큼 팀원들이 따라오기 어려운 게 현실이라고 생각한다. 그런데 이런 지적을 계속 받았고, 뭔가 변해야 하는데 어디서부터 손을 대야 할지 모르겠다고 하소연한다.

우선 김팀장의 강점은 무엇일까? 책임감, 솔선수범, 자기완결, 품질 등일 것이다. 이 강점들은 사실 김팀장이 오랜 시간 동안 만들어온 '가치' 덕분에 만들어진 것이다.

가치라는 것은 개인이나 집단의 행동과 판단의 준거기준이 되며, 삶의 목표를 제시해주는 이정표다. 철학적으로는 인간의 정신적 노력의 목표가 되는 진·선·미 등의 객관적 당위를 뜻하고, 심리학적으로는 인간의 욕구, 특히 지적·감정적·의지적 욕구를 만족시킬 수 있는 성질의 것을 의미한다. 또 경제학적으로는 인간의 욕망을 충족시키는 재화의 중요 정도를 가리킨다.

내가 의도하든 의도하지 않든 나는 내 삶의 가치에 따라 선택하고 행동한다. 믿음과 책임감이 중요한 사람은 다른 사람이 나를 신뢰하도록 만들기 위해 최선을 다한다. 또한 거짓말하거나 자신이 맡은 일에 대해 소홀히 하는 사람을 볼 때 좀더 심하게 화를 낸다. 설령 그 사람이 창의적이고 인맥이 넓어도 적합한 일을 주기 어렵고, 일을 해냈을 때 인정하기 어렵다. 내가 의도하든 의도하지 않든 나는 내 삶과 일터에서 가치로 만든 신호등을 켜놓는 것이다.

김팀장에게는 분명한 성공요인이 있다. 김팀장의 가치가 자신을 성공시키는 요인이기도 하고, 누군가의 롤모델이 되기도 할 것이다. 반면에 김팀장의 가치는 호불호를 가르는 기준이 되기도 하고, 자칫 관계를 해치기도 한다. 그렇다면 내 가치를 어떻게 적용해야 할까? 일단 내 가치가 어떤 것인지부터 명확히 해보자.

나에게는 어떤 가치가 있는가?

나에게는 어떤 가치가 있을까? 〈도표 6〉에서 내가 삶에서 가장 중요하고 생각하는 가치를 3가지만 뽑아보자. 〈도표 6〉에 있는 단어들 말고 다른 단어를 뽑아도 상관없다. 〈도표 6〉의 75개 단어 중 10개를 뽑고, 그 중에서 다시 5개, 그리고 마지막으로 3개를 뽑는 방식으로 하면 좀더 쉽게 단어 3개를 뽑을 수 있다.

단어 3개를 뽑았는가? 이 단어 3개를 수첩이든 휴대전화 메모장이든 내가 자주 보는 곳에 기록해두고 암기하자. 내가 어려운 상황에 처했을 때, 이 단어를 떠올리면 자신에게 힘이 될 것이다. 삶에서 수많은 고비를 이 단어 3개로 넘어왔기 때문이다. 이전에도 고비를 넘긴 것처럼, 이번에도 나의 성공요인인 이 3개의 가치가 나를 터널 밖으로 나오도록 할 것이다. 또한 내가 기분이 울적할 때,

성취	우정	자유로움
승진	성장	신체적 도전
모험	가정	권력 및 권위
사랑과 돌봄	다른 사람을 돕는 것	사생활
예술	팀워크	공공서비스
문제에 도전하기	정직성	순수성
변화 및 다양성	독립성	품질
지역사회	내적 조화	인정(존경, 지위)
역량	성실성	종교
경쟁력	지적 상태	평화
협력	관련성	책임과 성실성
나라	직업 안정성	안전
창조성	지식	자아존중
결정력	리더십	평화로움
폭넓은 시야	지역	지식
생태환경적 자각	충성심	명예
경제적 안정감	개인적 성장	자기완결
효과성	의미 있는 일	개척자
능률	진가	시간적 자유로움
도덕적 실천	돈과 부	진실
훌륭함	자연	협동심(협력)
흥분과 재미	개방적이고 정직한	지혜
명성	사람들에게 둘러싸인	스트레스받으며 일하기
행복	정돈(평정, 안정, 일치)	헌신
금전적 수익	홀로 일하는 것	기타( )

이 세 단어를 보면 상당 부분 관련성이 있음을 알 것이다.

'품질'을 매우 중요한 가치로 생각하는 필자는 원하는 만큼 품질이 나오지 않을 때 불안하고 울적하고 괜히 짜증이 난다. 이때

'아, 내가 또 품질을 더 높이려는 마음기대 때문에 이렇게 힘든 거구나.'라고 생각하면, 금세 마음을 추스를 수가 있다. 그 기대는 기특한 기대이고, 나를 이번에도 성공시키기 위한 기대이기 때문이다.

어떤 사람을 보면서 '저 사람은 왜 저렇게 상대방에게 무례할까?' 하며 지적하고픈 마음이 들 때는, '아, 또 나의 존중이라는 가치가 날을 세웠군.' 하며 피식 웃기도 한다. 내 가치가 상황을 부정적으로 몰아가지 않도록 각성하는 것이 중요하다.

내 가치가 부정적인 상호작용을 만들어낼 수 있다

중간리더인 팀장들이 주로 하는 하소연은 '회의시간에 팀원들이 말을 하지 않는다.'는 것이다. 팀원들이 엔지니어 출신이거나 내성적인 사람이 많은 경우, 팀의 분위기가 그렇게 흐를 가능성이 크다. 그런 상황에서는 말을 하게 하기보다는 쓰게 하는 것이 더 좋다. 포스트잇 3~4장에 아이디어를 적도록 하는 것이다.

그런 상황이 아님에도 직원들이 말이 적다면 『리더십과 자기기만』이라는 책에서 나오는 '상자 안의 대화'가 아닌지를 생각해봐야 한다. 〈도표 7〉은 '상자 안의 대화'에서 이야기한 도식에 맞춰, 회의에 대한 팀장들의 고민을 적어본 것이다.

특히 앞서 언급한 김팀장이 가지고 있는 책임감, 솔선수범, 자기

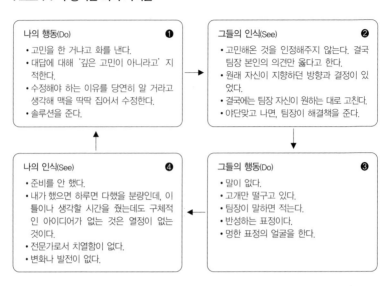

나의 행동(Do) ❶
- 고민을 한 거냐고 화를 낸다.
- 대답에 대해 '깊은 고민이 아니라고' 지적한다.
- 수정해야 하는 이유를 당연히 알 거라고 생각해 맥을 딱딱 집어서 수정한다.
- 솔루션을 준다.

그들의 인식(See) ❷
- 고민해온 것을 인정해주지 않는다. 결국 팀장 본인의 의견만 옳다고 한다.
- 원래 자신이 지향하던 방향과 결정이 있었다.
- 결국에는 팀장 자신이 원하는 대로 고친다.
- 야단맞고 나면, 팀장이 해결책을 준다.

나의 인식(See) ❹
- 준비를 안 했다.
- 내가 했으면 하루면 다했을 분량인데, 이틀이나 생각할 시간을 줬는데도 구체적인 아이디어가 없는 것은 열정이 없는 것이다.
- 전문가로서 치열함이 없다.
- 변화나 발전이 없다.

그들의 행동(Do) ❸
- 말이 없다.
- 고개만 떨구고 있다.
- 팀장이 말하면 적는다.
- 반성하는 표정이다.
- 멍한 표정의 얼굴을 한다.

완결, 품질 등의 가치를 가지고 있는 사람은 자칫하면 〈도표 7〉과 같은 부정적인 상황을 만들 수 있다. 왜냐하면 품질이 중요해 문제가 풀릴 때까지 본인은 밤을 새서라도 일을 해왔기 때문에, 자신이 원하는 품질의 보고서가 아니면 가차 없이 비판을 하게 된다. 〈도표 7〉의 상호작용을 ③번부터 읽어보자. 여기서 '나'란 팀장 자신을 말하고, '그들'이란 팀원을 말한다.

위의 상황을 보면 '닭이 먼저냐, 달걀이 먼저냐.'라는 결론 없는 사이클에 함몰되어버린다. 구성원이 말을 안 하니까 팀장이 해결책을 준 것인가, 아니면 조금만 기다리면 팀장이 알아서 해결책을 주니까 구성원들이 말을 안 하고 있는 것인가?

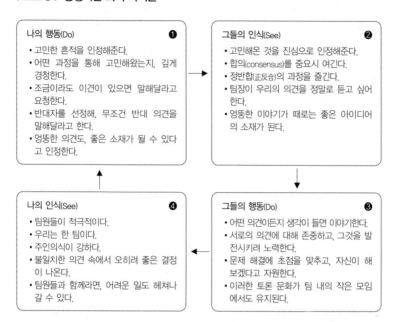

나의 행동(Do) ❶	그들의 인식(See) ❷
• 고민한 흔적을 인정해준다. • 어떤 과정을 통해 고민해왔는지, 깊게 경청한다. • 조금이라도 이견이 있으면 말해달라고 요청한다. • 반대자를 선정해, 무조건 반대 의견을 말해달라고 한다. • 엉뚱한 의견도, 좋은 소재가 될 수 있다고 인정한다.	• 고민해온 것을 진심으로 인정해준다. • 합의(consensus)를 중요시 여긴다. • 정반합(正反合)의 과정을 즐긴다. • 팀장이 우리의 의견을 정말로 듣고 싶어한다. • 엉뚱한 이야기가 때로는 좋은 아이디어의 소재가 된다.
나의 인식(See) ❹	그들의 행동(Do) ❸
• 팀원들이 적극적이다. • 우리는 한 팀이다. • 주인의식이 강하다. • 불일치한 의견 속에서 오히려 좋은 결정이 나온다. • 팀원들과 함께라면, 어려운 일도 헤쳐나갈 수 있다.	• 어떤 의견이든지 생각이 들면 이야기한다. • 서로의 의견에 대해 존중하고, 그것을 발전시키려 노력한다. • 문제 해결에 초점을 맞추고, 자신이 해보겠다고 자원한다. • 이러한 토론 문화가 팀 내의 작은 모임에서도 유지된다.

이것보다 더 중요한 것은 '어디서부터 변화시켜야 하는가?'다. 변화라는 것은 늘 변하려고 하는 사람이 주도할 수밖에 없다. 팀원이 회의문화를 변화시키기란 쉽지 않기 때문에, 팀을 책임지고 있는 팀장이 변화를 주도해야 한다.

그러기 위해서는 팀장이 행동을 달리할 수밖에 없다. 팀장이 행동하는 것을 보고 팀원들의 행동도 달라질 것이기 때문이다. 물론 달라질 때까지는 상호작용이 여러 번 있어야 한다. 달라진다면 〈도표 8〉과 같이 긍정적인 상호작용을 하게 될 것이다.

정신적 유산으로 나의 가치를 물려줘라

〈도표 8〉의 긍정적인 상호작용은 김팀장의 4가지 가치가 긍정적으로 기여하고 있는 상황이다. 즉 책임감, 솔선수범, 자기완결, 품질이라는 자신의 가치를 팀의 환경에 녹여낸 것이다. 구성원이 스스로 책임지도록, 스스로 마무리하도록, 책임감을 가지고 원하는 목표를 이뤄내도록 독려하는 문화를 만들어낸 것이다.

"고객이 원하는 것은 무엇일까?" "우리가 책임을 다하기 위해 더 해볼 수 있는 것은 무엇일까?" 등의 질문은 김팀장의 가치를 팀원들에게 정신적인 유산으로 물려줄 수 있는 좋은 안내자다.

이런 가치는 자녀들에게도 좋은 선물이 된다. 아버지와 어머니가 물려주는 가치는 학원에서 배울 수 없다. "이왕 할 거면 먼저 해버려!"라는 아빠의 재치 있는 멘트는 아이에게 귀중한 정신적인 유산이 된다.

"해보다가 안 되면 어쩔 수 없지만, 그때까지는 한번 해보는 거야!" "중요한 것은 조금씩 성장하는 거야. 한꺼번에 너무 잘하려 하지 마. 도전하면서 성장하는 게 더 중요해."는 필자가 자녀에게 가끔씩 하는 말이다. 게다가 될 때까지 고민하는 부모의 모습이 그 말들과 함께 아이들에게 정신적 유산으로 남겨질 것이라고 굳게 믿는다.

직장인의 술자리에서는 가끔씩 과거의 '그분'에 대한 이야기가 나온다. 그분은 못된 사람으로 등장할 수도 있고, 혹은 자신들에게 정신적 유산을 남겨준 사람으로 등장할 수도 있다. 리더를 준비하는 나는, 지금 리더인 나는, 어떤 그분으로 남겨지고 싶은가? 아니, 그런 기억에 발자취를 남기는 근사한 유산이 아니어도 좋다. 나도 모르게 신경질과 짜증에 휘둘리는 삶을 살기보다는, 내가 언제 기쁘고 언제 힘든지를 명확히 아는 것이 중요하다. 또한 그 정신적 가치가 상대방에게도 좋은 환경이 되도록 하는 역할이 필요하다. 만약 당신이 지금 리더의 위치에 있다면 더더욱 말이다.

가치라는 것은

개인이나 집단의 행동과

판단의 준거기준이 되며,

삶의 목표를 제시해주는 이정표다.

구성원이
예측할 수 있는
질문 세트를 준비하라

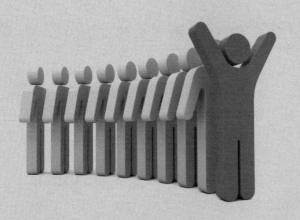

———

많은 리더들이 "왜 내 말귀를 못 알아듣는가!"라고 탄식한다. 그러면서 "왜 내 주변에는 쓸만한 사람들이 적을까!"라고 한탄한다. 어떤 부분을 그렇게 느끼냐고 물어보면 '보고'에 관한 것이 많다. 즉 상사가 무엇을 듣고 싶어하는지 고민하지 않고, 자신이 보고하고 싶은 대로 보고한다는 것이다. 그렇다면 무엇을 듣고 싶어하는지 말해줬는가? 아니면 말해줬는데도 '쓸만한 사람이 아니어서' 알아듣지 못한 것인가? 그렇다면 상사가 듣고 싶어하는 보고를 하게 만드는 가장 기초적인 훈련은 무엇일까?

———

리더는 이럴 때 혈압이 오른다

많은 리더들은 부하직원을 자꾸 깨게 된다고 말한다. 야단을 치거나 부정적인 피드백을 준다는 의미다. 부하직원을 깰 때, 얼마나 많은 에너지와 재료가 투입되는지 알고 있는가? 한번 따져보자. 깨는 데 드는 시간, 그때 올라갔던 혈압과 과도한 심장박동, 과도한 몰입, 과도한 아드레날린의 분비, 이 모든 것으로 인한 심신의 피로감, 그리고 기피하고 싶은 상사의 이미지도 양념으로 넣었기에 상당히 많은 에너지가 투입input된다.

이 정도로 투입했다면 멋진 결과물이 나와야 한다. 그런데 리더들은 "한 번 깼으면 알아들어야 하는데, 같은 문제를 또 들고 오니 또 깰 수밖에 없다."라고 말한다. 산출output이 형편없는 것이다.

그때 필자는 이런 질문을 한다. "그 부하직원을 깰 때 부하직원에게 바라는 것이 있으실 텐데요, 그것은 무엇인가요?" 리더들은 대부분 '육성을 위한 것'이라고 한결같이 말한다. 한 리더는 이렇게 말을 한다. "아니, 윗사람이 의사결정을 할 수 있도록 보고해야 하는 것 아닙니까? 20분을 들어도 결론이 없습니다. 결론을 먼저 제시하고 그 뒤에 근거들을 명확히 제시해야 하는데 말이죠. 그리고 필요한 사안에 대해서는 직접 현장도 가봐야 하고, 수치계산은 컴퓨터가 하지만 때로는 수식을 복사해서 처리하기 때문에 잘못 처리될 수 있으므로 한두 줄은 샘플링해서 계산해봐야 한다는 거죠."

이럴 때 필자가 다시 질문한다. "음, 상무님은 3가지 정도 기준을 가지고 계신 거네요. 그런 기준을 부하직원에게 알려주셨나요?" 그러면 다시 불끈해 이렇게 말한다. "이런 것을 일일이 말해줘야 합니까?"

질문에 답하는 훈련을 시켜야 한다

당연하다. 듣기 원하는 것을 일일이 말해줘야 한다. 그런데 여기에 몇 가지 알아둬야 할 전제가 있다.

첫째, 질문도 받아본 사람들이 대답을 잘한다. 즉 질문의 기본 세트를 주어서 부하직원들이 그 질문에 답하는 훈련을 먼저 해야 한다. 질문에 답하는 훈련이 되면, 더 복잡하고 디테일한 질문을 해도 생각하는 능력이 커져 있기 때문에 충분히 대답할 수 있게 된다.

둘째, 리더로서 내가 묻는 질문은 하나의 보고 문화로 정착될 수 있음을 감안해 단계적인 훈련이 필요하다는 인식을 해야 한다.

이 2가지 기본 전제를 동의한다면 다음의 단계로 질문에 답하는 훈련을 시작해볼 수 있다. 1단계에선 사안마다 다르긴 하겠지만, 내가 반드시 듣고자 하는 내용과 순서가 무엇인지를 정해야 한다. 한 기업의 리더는 정말 내가 듣고 싶은 것이 무엇인지를 다음의 5가지 질문과 순서로 정리했다.

- 최종목표가 무엇인가?
- 입체적이고 다면적으로 분석했는가?
- 수치가 어떻게 되는가?
- 지원 요청 사항은 무엇인가?
- 어떤 사람을 투입할 것인가?

이 질문을 만들고 그 리더는 무척 기뻐했다. 직원들에게 늘 이 순서대로 물어볼 테니 보고 양식도 이 순서에 맞춰서 하라고 지시했다. 여기서 주의할 점은 이런 질문들의 세트를 제시할 때는 화를 내서는 안 된다는 것이다. 화를 내면서 말을 하면, 부하직원들은 상사의 말이 아니라 상사의 붉어진 얼굴과 혈압, 그리고 날아오는 서류에 집중하기 때문이다.

2단계는 처음에는 상사 자신이 그 사안에 대해 원하는 기준을 친절하게 안내해주되, 그다음 보고시에는 "내가 3가지 관점이 중요하다고 했는데 그게 무엇이지요? 그 관점에서 리포팅을 했나요?"라고 질문을 해야 한다. 한두 번의 시행착오는 있겠지만 부하직원들은 상사가 원했던 내용과 방식으로 보고를 하게 될 것이다.

이 상태가 되면, 회의 문화나 질문에 답하는 능력들이 증진되어 하나의 문화로 정착한다. 상사에게 보고하러 가는 직원에게, 이미 보고한 경험이 있는 직원이 "3가지 기준을 꼭 물어보시니 준비하실 때 꼭 체크하세요."라고 이야기해줄 것이다.

이런 질문 세트 만들기는 다양한 부분에서 활용할 수 있다. 예를 들어 고객을 직접 상대하는 영업팀장에게 어떤 관점을 심어주고 싶다면, 고객을 만나기 전에 먼저 고민하고 준비하도록 두세 가지 질문을 던져줄 수 있다.

중소기업의 성장을 돕는 어떤 공기업의 센터장은 중소기업을 돕기 위한 기획안을 짜는 직원에게 3가지 질문 세트를 주었다. '첫째, 네 돈이라도 투자하겠는가? 둘째, 중소기업이 받는 실질적인 도움은 무엇인가? 셋째, 실행계획은 목표에 적합하며 실행할 수 있는 계획인가?' 기획안을 해올 때마다 정말 투자할만한 중소기업이냐고 언급했고, 또 실행한 후 보고서를 쓸 때도 실제로 투자했기 때문에 이 중소기업이 성장한 거냐고 잔소리처럼 했던 말들을 질문으로 정리하고 나니, 정말 강력했다.

명확한 질문은 직원들이 자신의 업무를 스스로 챙길 수 있게 하는 명확한 체크리스트가 되며, 사고의 폭을 넓히고 주도성을 기른다. 뿐만 아니라 이후에 다양한 질문에도 쉽게 답할 수 있는 훈련이 된다.

존중을 나누면서 얻게 되는 존경

'존경'이란 단어를 사전에서 찾아보면, '남의 인격, 사상, 행위 따위를 받들어 공경함'이라고 나온다. 리더들은 "존경까지는 바라지도 않으니, 열심히만 일했으면 좋겠다."라고 말한다. 그러면서도 "병사들은 나라를 위해서 몸을 바치는 것이 아니라 자신을 알아주는 소대장을 위해서 목숨을 바친다."고 자랑스럽게 이야기한다. 나를 알아주는 상사가 있기에 조직에 헌신하고자 하는 마음을 더 크게 가질 수 있다는 의미로 해석할 수 있다. 상사가 나를 존중해주고 내가 성장하도록 안내해주기 때문에 상사를 존경하고 신뢰하는 것이다.

세상에는 우리가 적응해야 할 것들이 너무 많다. 특히 사회생활을 어떻게 해야 하는지, 보고를 어떻게 하면 마음에 쏙 들게 할 수 있을지, 다양한 데이터에서 내가 비중을 두고 선택해야 할 것들은 무엇인지, 누군가 앞서 간 사람이 내놓은 길을 좇아가는 것도 때로는 버겁다. 더구나 롤러코스터 같은 세상의 변화는 모호함 속에서 길을 찾아내고 방향을 잃지 말고 목적지에 도달하라고 요구한다. 이런 상황에서 상사가 모호함의 안개를 걷어주는 기본 질문들을 주고 내가 일을 더 잘할 수 있도록 안내해준다면, 그 상사를 존경하지 않을 수가 없을 것이다.

존경과 신뢰는 부하직원을 존중해준 것에 대한 선물이다. 일을 잘할 수 있도록 돕는 질문으로, 부하직원의 보고 방식을 도와보자.

Chapter
6

같은 안건의 회의를
두 번 하게
하지 마라

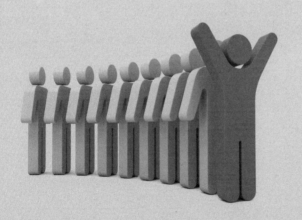

회의가 생산적이고 효율적이라는 것은 무엇을 보면
알 수 있을까? 지금 참석하고 있는 회의는 제대로 진
행되고 있는 걸까? 회의가 끝나고 회의실 문을 열고
나가면서, 참석자들이 '그다음 단계에서 어떻게 해야
할까?'를 고민하거나 바로 실행하기 위한 조치를 취
한다면 그 회의는 생산적이고 효율적인 것이다.

회의시간에 파충류의 뇌를 쓰는 사람들

회의가 끝난 후 직원들이 어리둥절해하며 읊조리는 말이 "그래서 결론이 뭐라는 거야?"라면, 그 회의는 시간 낭비에 불과하다. 그러고 나서 직원들은 회의시간에 상사가 했던 말이 무엇인지 복기하기 위해, 여러 개의 안 중에 어떤 안을 더 좋다고 했는지 확인하기 위해, 내게 한 말의 의미가 뭔지 파악하기 위해서 다시 모인다. 회의할 때 물어봤으면 좋았을 것을 여러 가지 이유에서 침만 삼키다가 나온 후, 서로 들은 것이 달라서 마치 답안지를 맞춰보듯 들은 것을 확인하는 그들만의 시간을 갖는 것이다.

어떤 리더는 '내가 수준 높은 제안을 해서 저 녀석들이 고민 좀 할 거다.' 하며 흐뭇해하지만, 실제로 수준 높은 제안이라서 회의를 다시 하는 것인지, 아니면 상사의 말 자체를 알아듣지 못해서 커뮤니케이션 비용을 톡톡히 치르고 있는 것인지는 다시 들어다봐야 한다.

회사마다 효율적인 회의를 위해 몇 가지 그라운드룰을 회의실마다 붙여놓는다. 회의 자료는 이틀 전에 배포하기, 회의는 30분을 넘지 않기, '나는 회의에 적극적으로 참여하고 있습니까?'라는 식의 질문 리스트를 주기 등을 통해 회의에 참여하도록 독려하기도 한다. 하지만 이것은 그야말로 그라운드룰이다. 근간이 되는 기본 규칙일 뿐 목표는 아니다.

궁금한 것을 물어보거나, 이해되지 않는 것을 확인하거나, 다른 의견을 내는 것이 허용되지 않는 회의 환경에서 우리의 뇌는 어떤 작동을 하고 있을까? 우리의 뇌 중 가장 원시적인 뇌는 파충류의

우리 뇌의 3가지 영역

- 생명의 뇌 : 파충류의 뇌. 가장 원시적인 뇌이나 생명을 유지하는 데 반드시 필요한 기능을 담당하는 뇌. 관심사는 안전이며, 안전에 따라 도망갈지 싸울지를 결정한다.
- 감정의 뇌 : 포유류의 뇌. 감정 기능을 담당하는 뇌. 이 뇌의 관심사는 신뢰와 존중이다. 신뢰받는다는 것은 대체로 2가지로 확인할 수 있다. 하나는 내 이야기를 상대가 경청해줄 때이고, 다른 하나는 목소리의 톤이다. 목소리가 과격하면 상대는 존중받고 있다고 느끼기 어렵다.
- 이성의 뇌 : 인간의 뇌. 고도의 정신 기능과 창조 기능을 관할하는 인간만이 가진 뇌. 현재 존재하지 않는 것들을 상상하게 만드는 능력을 갖추고 있으며, 이 뇌의 초점은 창의성이다. 보이지 않는 미래를 생생하게 상상하는 것은 현재의 어려움과 고통을 이겨낼 수 있는 힘이 된다.

뇌다. 파충류의 뇌의 주요 관심은 '안전'이다. 파충류의 뇌는 '생존'에만 관심이 있으며, 안전한가 아닌가를 늘 체크한다. 만약 안전하지 않다고 판단될 때는, 도망갈지 혹은 싸울지를 결정해 순간적으로 대처하게 한다. 우리가 산길을 오를 때 '스스슥' 하는 소리가 들리면, 갑자기 손발에 힘이 들어가면서 주변을 살피게 되고 도망갈 태세를 취하게 만드는 것이 바로 파충류 뇌의 힘이다.

상사가 회의시간에 인상을 심하게 쓰거나 혹은 야단을 치거나 책임 소재를 묻기 시작하면, 우리는 창의적이고 합리적인 뇌인 대뇌피질을 쓸 여력이 생기지 않는다. 파충류의 뇌가 이미 '안전하지 않다.'는 신호를 보내오기 때문이다. 그 신호가 감지되면, 이 자리를 모면할 궁리를 하거나 상대와 싸우는 태도를 보이게 되는 것이다.

이때 '파충류의 뇌가 알려주는 회사생활 잘하는 3가지 방법'이 작동하기 시작한다. 첫째는 마치 이해한 것처럼 보이기 위해서 고개를 끄덕이는 것이다. 둘째는 상대에게 호의적으로 보여서 안전을 담보하기 위해 미소를 짓는 것이다. 마지막 셋째는 바쁜척하는 것이다.

자, 회의시간에 사람들을 둘러보자. 참석자들이 파충류의 뇌를 쓰고 있는가? 내가 상사라면 그 원인이 상사인 내게 있는 것은 아닌가? 혹은 내가 부하라면 나의 소극적이고 두려움을 부풀리는 태도가 파충류의 뇌에 지배당하고 있기 때문인 것은 아닌가?

경청과 질문은 회의시간을 줄여준다

파충류 뇌에 안전하다는 신호를 주고, 좀더 창의적이고 합리적인 전두엽시각적인 뇌을 사용하게 하기 위한 효과적인 방법은 경청과 질문이다. 하지만 짧은 회의시간에 무작정 듣고 있기만 하는 것은 상당히 어렵고 비효율적이다. 따라서 제대로 된 경청과 안건에 초점을 둔 질문을 조화롭게 제공해야 한다.

회의시간에는 요약해주는 경청이 필요하다. "자네 이야기는 ○○가 중요하단 말이지? 그것이 이번 프로젝트의 핵심이란 말이지?"라는 식으로, 상대가 이야기하는 것의 요점을 명확하게 '입으로' 되돌려줘야 한다. 자신이 이야기하는 것을 상대가 명료하게 되돌려주면, 말하는 사람은 자신의 이야기가 잘 전달되었다고 믿기 때문에 중언부언하지 않는다.

때로는 화자가 자신이 말하고자 하는 핵심을 안건과 관련해 정확하게 표현하지 못하는데 듣는 사람은 이미 그 내용을 파악했다면, "이 안건과 이런 면에서 관련성이 크다는 거지?" 하며 확인해주는 것이 좋다. "아, 됐어. 알겠으니 넘어가!" 하는 표현은 금물이다. 이런 말은 다시 파충류의 뇌를 자극하고, 그다음 내용들을 합리적으로 결정하기 어려워지게 하기 때문이다.

어떤 구성원은 '상사가 듣고 싶어하는 것'보다 '본인이 노력한 것'을 피력하기 위해 발표 시간을 더 많이 쓴다. 이때는 2가지를 할 수 있다. 하나는 발표자의 노력에 대해 빠르게 공감해주는 것이다. "이야기하는 거 보니 고생을 많이 했구먼. 발품을 얼마나 팔았는지가 느껴져." 하며 그 상대의 심경을 알아주는 '공감하는 경청'이 필요하다.

다른 하나는 질문을 통해 다른 길로 가려는 사람을 다시 제 궤도에 올려놓는 것이다. "오케이. 더 듣고 싶은데, 할애된 시간이 5분 남았구먼. 궁금한 게 있는데 ○○부분은 어떻게 진행되었나?"라고 하면, 상대의 마음을 헤아리면서 정해진 시간에 논의할 것에 대해 초점을 둘 수 있게 된다.

물론 이때의 목소리는 공격적이지 않아야 하며, 부드러운 톤이어야 한다. 부드러운 목소리 톤을 통해 상대는 안심하며, 공감하는 경청을 통해 자신이 존중받았다고 생각하고, 그것이 충족되었을 때 좀더 창의적인 뇌를 사용하게 되는 것이다.

예측할 수 있는 회의 프로세스를 도입하라

우리 팀과 조직의 회의 프로세스를 만들어야 한다. 목표와 계획을 위한 회의에서는 BSC^{Balanced Scorecard}기법에서 나오는 BAR기법을 활용할 수도 있다. 일반적인 회의에서는 코칭 대화 프로세스인 GROW기법을 활용해도 좋다.

BAR은 'Before Action Review'의 약자로 행동하기 전에 검토한다는 뜻이다. 이것은 AAR^{After Action Review}와 한 세트다. 말 그대

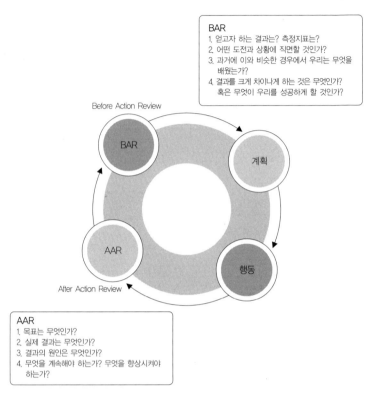

BAR
1. 얻고자 하는 결과는? 측정지표는?
2. 어떤 도전과 상황에 직면할 것인가?
3. 과거에 이와 비슷한 경우에서 우리는 무엇을
   배웠는가?
4. 결과를 크게 차이나게 하는 것은 무엇인가?
   혹은 무엇이 우리를 성공하게 할 것인가?

Before Action Review

BAR

계획

AAR

행동

After Action Review

AAR
1. 목표는 무엇인가?
2. 실제 결과는 무엇인가?
3. 결과의 원인은 무엇인가?
4. 무엇을 계속해야 하는가? 무엇을 향상시켜야
   하는가?

로 행동하기 전에 리뷰를 통해 계획하라는 것이다.

이를 위한 질문은 〈도표 9〉에서 보는 것처럼 4가지가 있다. '① 얻고자 하는 결과는? 측정지표는? ② 어떤 도전과 상황에 직면할 것인가? ③ 과거에 이와 비슷한 경우에서 우리는 무엇을 배웠는 가? ④ 결과를 크게 차이나게 하는 것은 무엇인가? 혹은 무엇이 우리를 성공하게 할 것인가?'

이런 질문들을 통해 미래에 이룰 꿈들을 이미지화하고 앞으로 닥칠 도전에 대비하도록 하는 것이 필요하다. 또한 구성원들이 회의에서 나올 질문들을 미리 예상할 수 있으므로 사전에 준비할 수 있고, 이에 따라 회의는 더 효율적으로 진행된다. 또한 프로젝트가 끝난 다음에는 AAR을 통해 반드시 리뷰를 해야 한다. 〈도표 9〉에 나와 있는 AAR의 4가지 질문을 통해, 구성원은 이 프로젝트의 성공요인과 실패요인을 구분해내고 다음 프로젝트에 대한 적용력을 확장시킬 수 있기 때문이다.

혹은 일상적으로 GROW의 프로세스를 밟을 수도 있다.

GROW 4단계를 적용해보면 다음과 같다. 우선 1단계에서 "회의를 하는 한 시간 동안 우리가 얻어야 하는 결과는 무엇이지? 한 시간이 지나서 우리 회의가 잘 진행되었다고 평가하려면, 어떤 것들을 얻어야 하지?"라는 질문을 통해 목표를 확인한다. 목표를 합의했다면, 그 목표의 현재 상황이 어떤지를 묻는다. "어느 정도 진행되었지? 어려운 점은 무엇이지? 이대로 진행된다면 무엇을 예상할 수 있지?" 등이 2단계에서 할 수 있는 질문이다.

3단계에서는 현실과 목표 사이의 거리를 좁히기 위해 어떤 방법들이 있는지 대안을 모색한다. 구성원들이 소극적이라면, "포스트 잇을 활용해서 아이디어를 5개씩 적어보자."라고 제안할 수 있다. 말하라고 하면 어렵지만, 쓰라고 하면 어떻게 해서든지 5개를 쓰려고 노력하는 것이 사람들의 심리다. 물론 작은 아이디어라도 괜찮다고 안심시켜야 한다. 만약 5명이 회의한다면 25개의 아이디어가 나올 수 있다. 분류해서 중복되는 것은 합치고, 이 중에 가능한 대안을 최종 실행안으로 선택한다.

　마지막 4단계는 그 실행안을 육하원칙에 따라 무엇을, 언제부터, 누가, 어떻게, 왜 등의 구체적인 계획으로 짜는 것이다. 아니면 다른 방법으로 현실의 단계에서 지금 이뤄지는 일들을 보고하고, 대안 단계에서는 어려운 점들을 극복할 대안들을 논의한 후, 마지막 4단계에서는 오늘 얻은 것들을 함께 정리한다. 그러고 나서 다음 회의에서는 어떤 내용들을 서로 보고할지 합의하는 것으로 회의를 마쳐도 좋다. 중요한 것은 예상할 수 있도록 회의시간을 운영하고, 회의 내용에 대해 참석자들이 준비할 수 있도록 하는 것이며, 회의에 참석하는 사람 전체가 목표에 초점을 두고 원하는 결과를 얻을 수 있도록 총력을 다하는 것이다.

리더십에서의 원가분석

회의에서의 리더십 비용에 대해 원가분석을 할 수 있을까? 기업 내에서 원가절감을 위해서 원가분석을 하는 것처럼 말이다. 리더십이 어떤 기능을 하고 그 기능의 원가가 얼마인지를 역설적으로 따져봄으로써, 불필요한 잡음을 없애고 가치가 높은 행동을 고민하게 하는 화두가 될 것이다.

　회사가 성장하기 위해서는 수익을 높이는 방법도 중요하지만,

고정비가 증가하고 불황이 깊어지는 시점에서는 원가절감이 더욱 중요하다. 이러한 원가절감 기법 중 하나로 효율적인 도구가 VE^{Value Engineering, 가치공학}다. VE 중 'Value'는 '원가, 즉 물건 혹은 서비스에 투입된 비용 대비 고객만족도'를 말한다. 즉 어떻게 하면 원가는 내리고 기능은 높일 수 있는가를 체계적으로 고민하는 것이 바로 VE다.

VE가 어떻게 탄생했는지, 그 역사를 보면 참 재미있다. 제2차 세계대전 종전 직후인 1947년, 제너럴 일렉트릭GE사의 마일즈 과장은 석면을 구하러 여기저기를 돌아다녀야만 했다. 왜냐하면 GE사의 냉장고 도장 공장에서는 작업중에 불이 날 염려가 있어서, 불연성의 마루 커버로 석면을 쓰고 있었기 때문이다. 하지만 종전된 지 얼마 되지 않아서 물자가 부족했기 때문에 석면을 구하기는 쉽지 않았다. 이렇게 헤매는 마일즈에게 한 상인은 "석면을 구하기는 어려워요. 그것을 대체할만한 것이 있는지 찾아보는 게 빠를 거요." 하면서, "그런데 그거 왜 필요한데요? 어디에 사용할 겁니까?"라고 물어봤다.

이에 마일즈는 도장 공장에 석면이 왜 필요한지를 알아보고 나서 그 가게에 가서 설명을 했다. 그러자 그 상인은 석면은 없지만 그보다 더 싸고 좋은 불연재가 있다고 알려주면서 그것을 권유했다.

하지만 GE사에는 규정이 있었고, 경영자를 설득할 자료가 필요했다. 마일즈는 석면에는 여러 가지 기능이 있는데, 그 중 A기능은 과잉기능이므로 이 과잉기능은 없애고, 우리가 필요한 2가지 기능은 수렴하면서 가격도 싼 B라는 제품을 사용하는 것이 이익이라는 식의 논리가 담긴 자료를 만들었다. 마일즈의 자료를 본 경영진은 승낙을 했고, 그대로 적용했더니 목표도 이뤘을 뿐만 아니라 원가 절감까지 할 수 있었다.

이 이야기를 1947년에 VE기법으로 발표했고, 1954년에 미국 국방성에서 GE사를 벤치마킹하면서 VE는 활성화되었다. 일본은 1965년에, 우리나라는 1985년에 도입했다. 한국표준협회에서는 1986년도에 마일즈상을 제정해서 시상하고 있다.

VE는 뛰어난 원가절감 기법으로 제품이나 서비스에 적용될 뿐만 아니라 리더십에도 잘 맞아떨어진다. VE를 위한 기본 스텝을 살펴보고, 이것이 어떻게 리더십에 적용되는지 살펴보자.

VE의 기본 스텝은 3가지 질문으로 구성된다.

첫째, 기능분석 단계로서 '그것은 무엇인가, 그 역할은 무엇인가? 그 평가는 무엇인가?' 하는 질문을 한다. '음료수 뚜껑의 기능은 무엇인가? 어떤 기능을 수행하지 않으면 안 되는가? 뚜껑과 몸체의 관계는 어떤가? 그 기능을 어느 만큼의 비용으로 달성하는 것이 바람직한가?' 등을 고민하는 단계다.

둘째, 창조 단계로서 '그 역할을 수행하는 다른 방법은 없는가?' 하는 질문을 한다. '음료수 뚜껑이 A와 B란 기능을 한다면, 음료수 뚜껑이 꼭 플라스틱이여야 하는가? 다른 방법은 없는가?' 등을 고민하는 단계다. 예전에 모 제과에서 나오는 ○○파이 상자를 본드로 붙이는데, 상자 둘레를 모두 본드칠을 했던 것을 접촉점에만 군데군데 본드를 발랐더니 절감효과가 매우 컸다고 한다. 그런 예가 여기에 속할 것이다.

셋째, 평가결정 단계다. '그것에 드는 비용은 얼마인가? 그것은 필요한 기능을 확실히 수행하는가?' 하는 질문을 한다.

근래에 부하직원이나 자녀를 야단친 적이 있었는가? 야단의 목적은 무엇인가? 야단칠 때야 답답한 마음이 커서 뼈아픈 소리를 했겠지만, 사실상 우리가 원하는 것은 부하나 자녀가 성장해서 능력을 발휘하는 것이다. 그렇다면 우리가 원하는 것을 '야단치는' 방법으로 얻어낼 수 있는지, VE를 적용해서 리더십을 원가분석해 보자.

1단계는 기능분석이다. 야단의 기능혹은 목표는 무엇일까? 야단치기의 목표는 사실상 육성이다. 육성은 '길러 자라게 하는 것' 이다. 야단을 맞고 그 문을 나설 때, 어떤 부분을 수정하고 성장해나가야 하는지를 생각하고 나간다면 그 야단은 성공이다. 반면에 문을 나설 때 리더의 화난 얼굴이 머릿속에 꽉 차 있고 마음은 참담함으로 꽉 차 있다면, 제대로 된 기능이 아니다. 필요 없는 기능에 에너지를 투입하고 있다면, 그것은 낭비다. 정리를 해보면, 내가 부하직원에게 주고 싶은 것은 내 방문을 나갈 때 '자신이 무엇을 해야 하는지 명확히 알고 나가도록 돕는 것' 이다.

그러면 이제 2단계다. 저 문을 나갈 때 자신이 무엇을 해야 하는지 명확히 알도록 돕기 위해 야단을 치거나 서류를 날리는 방법 말고 더 좋은 방법은 없는지 고민하는 것이다. 좋은 방법 중에 하나는 질문하는 것이다. 방법을 알려주고 지시하는 것도 좋지만, 부하직원이 스스로 할 수 있도록 육성하려면 '질문'이 더 좋은 방법일 것이다. 질문하면 그것에 답하느라고 부하직원 스스로 정리하기 시작할 것이다. 예를 들면 '우리의 목표가 무엇이지? 자네가 의사결정자라면 무엇부터 가장 듣고 싶을 것 같은가? 한 시간 발표가 만약 20분으로 줄어들게 된다면, 보고방식을 어떻게 바꾸면 좋겠는가?' 등의 질문들이 육성을 위한 좋은 질문들일 것이다.

이제 3단계다. 좀 억지스럽지만, 그런 질문을 하는 비용과 화를 내는 비용을 계산해보자. 부하직원에게 화를 내는 데 드는 시간, 혈압과 과도한 심장박동, 과도한 몰입, 과도한 아드레날린의 분비, 피로감 등 너무 과도한 비용이다. 그러면서도 동시에 평가해야 하는 것은 내가 원래 주고자 했던 목표에 적합한지다. 그런데 많은 리더들이 "화를 내면 정신 차려야 하는데 같은 문제를 또 들고 온다."고 말한다. 그렇다면 이제 확실해졌다. 무작정 소리 높여 화내는 것은 리더십에서 가장 낭비되는 파트다.

쉬운 일은 아니다. 하지만 리더십에서도 원가혁신을 해야 한다. 소비자, 즉 조직 내부의 고객들이 당신에게 마음을 지불할만한 가치 있는 리더십 제품을 만들어야 한다. 그 리더십의 결정판이 바로 회의문화다.

멘토가 되고 싶다면
멘토링 관계부터
만들어라

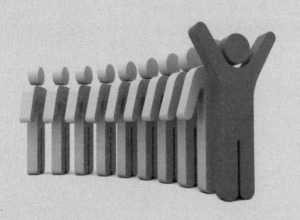

사람마다 성격도, 중요하게 여기는 가치도, 처한 환경도 다르지만, '내가 삶을 잘살고 있구나.' 라는 만족감을 느끼는 공통적인 요인은 자신 삶의 경험과 정신적인 지혜들을 다른 사람을 돕는 데 쓰는 것이다. 즉 나의 정신적인 유산을 물려주거나 번식시키는 것이다. 하지만 유산을 물려주고자 할 때, 반드시 선행되어야 할 요소가 있다. 바로 유산을 받고자 하는 마음밭을 먼저 만드는 것이다.

멘토링을 하려면 먼저 멘토로 임명되어야 한다

"입사시에 '영업이란 이런 거다. 회사 생활은 이렇게 해야 한다. 커리어는 이렇게 쌓아라.' 라고 안내해주는 멘토가 있었다면, 어쩌면 저의 삶이 달라졌을 겁니다." 김팀장은 의미심장한 어조로 말했다. 자신이 직원들에게 주고 싶은 것은 '삶과 일에서의 멘토링'이라는 것이다.

멘토링은 경험과 지식이 많은 사람이 멘토 역할을 해, 지도와 조언으로 그 대상자멘티의 실력과 잠재력을 향상시키는 것을 말한다. 영어에서 '스승'을 뜻하는 '멘토'라는 말은 그리스신화에 나오는 오디세우스의 친구 멘토르Mentor에서 나왔다. 오디세우스가 트로이전쟁에 출정하면서 멘토르에게 자신의 아들 텔레마코스를 돌보고 가르쳐달라고 부탁했고, 이에 멘토르가 20년 동안 텔레마코스를 돌보며 가르친 것에서 유래한 것이다.

김팀장의 말을 듣는 순간 필자의 마음은 뭉클하기도 하고 짠하기도 했다. 리더십 문제로 일대일 코칭을 받고 있던 김팀장의 바람과 달리, 구성원들은 김팀장의 그러한 태도를 몹시 부담스러워했고 조직은 경직되어 있었다. 왜냐하면 김팀장은 늘 "그렇게 하면 안 된다."고 지적했기 때문이다. 근태에 대해, 실적에 대해, 영업태도에 대해 김팀장은 '그렇게 하면 안 되기 때문에' 계속 지적하고 화를 냈다. 구성원들은 김팀장이 말하는 기준들을 감당하기 어려워서 위축되고, 잘 안 되고 있는 일들을 숨기며 김팀장을 피하기 일쑤였다.

필자는 김팀장에게 물었다. "팀장님은 어떤 사람에게 멘토링을 받고 싶으신가요?" 김팀장은 확신에 찬 눈빛으로 말했다. "그야 존경할만한 사람에게서 받고 싶죠. 인생에 대해서 선험적인 지혜를 가지고 있는 사람이요." 필자는 조용한 어조로 말했다. "예, 멘토링을 받으려면 '아, 저 사람은 지혜로워.' 하는 존경하려는 마음이 먼저 있어야 하는 거군요." 잠시 침묵이 흘렀다. 김팀장은 "음, 그러네요. 존경하는 마음이 먼저 생겨야, 제가 이야기하는 것들이 직원들에게 제대로 흡수되겠어요."라며 다소 침통한 얼굴이 되었다.

멘토링을 하고 싶다면, 멘토링을 할 수 있는 '관계'가 먼저 되어야 한다. 관계가 되지 않는데, 억지로 멘토링을 하고자 하면 그보다 괴로운 관계는 없을 것이다. 또한 멘토링을 하는 과정에서도 상대가 '이 사람이 주는 지혜를 따라서 살고 싶다. 한번 도전해보고 싶다.' 라는 마음을 유지해야 한다. 그러기 위해서는 상대를 비난해서는 안 된다. 과정적으로 조금이라도 변화가 생긴다면 인정해주고, 앞으로의 일에 대해 격려해줘야 한다.

자녀와도 멘토링 관계를 맺어라

"엄마, 나는 언제 기쁜지 모르겠어. 내 감정을 잘 모르겠어. 친구들이 웃으면 그냥 나도 웃는 거야. 내가 뭐가 되어야 할지 모르겠어." 대학 1학년생인 아들 녀석이 눈물을 글썽거리며 이야기한다. 기가 막히다. 사실 대학생이 되었다고 자주 외박하려는 행동에 대해, 함께 그라운드룰을 정하자고 이야기하는 상황이었다.

이 녀석은 왜 자신이 친구들과 몰려다닐 수밖에 없는지 그 이유를 설명하면서, 부모의 감성적인 죄책감을 유발시키는 행동을 하고 있었다. 즉 여느 엄마들처럼 필자도 일을 하느라고 아들 녀석을 잘 돌보지 못했다는 죄책감이 있는 것이다. '헉, 뭐 이런 놈이 다 있나? 엄마는 뭐 매일 좋아서 다니는 줄 아나?' 하며 생각나는 대로 마구 던지고 싶은 욱하는 마음이 솟았다. 하지만 '이렇게 행동해서는 건질 게 없다.' 라는 생각으로 심호흡을 했다.

그때 필자는 '이 대화를 통해서 무엇을 얻고 싶니?'라는 물음을 순식간에 자신에게 했다. 필자는 사실 아들에게 좋은 멘토이자 친구 역할을 하는 것을 가장 중요한 목표로 삼고 있다고 늘 말하고 다녔다. 그러기 위해서는 정말 이 순간에 주고 싶은 것이 무엇인지 정리해야만 한다.

"원주야, 그런 생각이 들 때마다 외롭고 힘들겠다. 나 자신이 누군지, 존재감을 찾기 어려웠을 것 같아. 지금 이 순간의 감정도 느낄 수 없는데, 미래에 내가 뭐가 될지 생각하는 것은 더 어려웠을 거야. 그래도 끊임없이 너 자신을 살피고 네가 진정 어떤 삶을 살아야 할지 고민하고 있었구나." 이 말을 통해서 아이는 필자의 이야기에 더 귀를 기울이고 싶어졌을 것이다. 왜냐하면 엄마가 감정에 휘둘리지 않으면서, 자신의 마음을 알아주고 있으니까.

그런 뒤 필자는 아들에게 멘토링을 했다. 즉 필자의 삶에서 깨달은 지혜를 아이에게 들려준 것이다. "그런데 원주야, 엄마가 삶을 살다보니까 기쁨을 찾아다니는 것은 마치 파랑새를 찾아다니는 것과 같다는 것을 깨달았어. 더 중요한 것은 지금 이 순간에 자신의 감정이 어떤지 느껴보고, 기쁨과 감사한 것을 찾는 것이라고 생각해. 지금 너와 이렇게 이야기를 나누면서, 엄마는 참 기쁘다. 너를 알아가는 이 시간이 너무 소중하고, 우리가 서로를 조금씩 더 깊이 이해하게 되니까 마음에서 기쁨이 올라와. 너는 어때? 바로 이런 훈련이 더 필요한 게 아닐까? 삶에서 기쁨을 그 순간에 느끼는 훈련 말이야." 아이는 고개를 끄덕이기 시작했다.

마지막으로 한마디를 더 보탰다. "그리고 원주야, '내가 뭐가 되고 싶은지'는 사실 방향을 선택할 수는 있지만, 정말 그것이 내가 꿈꾸는 삶인지를 확인하기 위해서는 실제로 경험을 해야 해. 그러면서 그 경험이 내게 주는 의미가 뭔지, 그 의미가 나를 기쁘게 하는지를 느껴봐야 해. 며칠 전 네가 코칭 강의를 들었잖니. 그 강의를 들으면서 어떤 것이 좋았고 흥미로웠는지, 만약 더 배우고 익히면 내 미래의 삶은 어떻게 확장될지 등을 정리해보는 게 필요해. 그렇게 하나씩 경험을 하고 정리해나가면, 네가 설정한 그 방향이 잘한 결정인지 아닌지를 판단할 수 있게 될 거야. 코칭 강의는 어땠어?" 너무 멀리 시선을 둬서 초점을 맞추기 어려웠던 아이는 지금 여기에 초점을 두게 되었고, 우리는 대화를 통해 서로를 더 잘 이해하게 되었다.

나에게 도움받고 싶게 만들어라

아이와 대화를 하면서 처음에 욱했던 마음을 참은 것이 얼마나 잘한 일인지, 스스로 대견해했다. 정말 상대를 위해서 뭔가를 주고 싶다면, 상대가 그것을 받고 싶도록 만드는 것이 우선이다. 내가 사랑을 주는 것도 중요하지만, 반드시 확인해야 할 것은 '그 사랑을 상대방도 사랑이라고 인식하고 있는가' 하는 것이다.

상대방이 사랑이라고 인식하려면, 마음의 문을 먼저 열어야 한다. 문이 열리지도 않았는데 손을 불쑥 내밀면, 상대방은 의아해하거나 열려 있는 작은 창문마저 닫아버릴 수 있다. 마음의 문을 열려면, 상대의 감정을 들어야 하고(네가 힘들었구나), 그 감정 속에서 상대가 고민하고 있는 긍정성(네가 진정 어떤 삶을 살아야 할지 고민하고 있었구나)을 끌어내줘야 한다. 또한 상대가 가지고 있는 작은 장점을 칭찬해야 한다.

그러면 마음이 열린다. 한 번 해서는 안 된다. 마치 적금을 들고 매달 넣는 것처럼, 감정계좌를 개설하고 지속적으로 적금을 들어야 한다. 그러고 나면 마침내 목돈이 마련되는 날이 있고, 그때 내 삶의 지혜와 경험을 나눠줄 수 있다.

유산 중에 가장 으뜸인 유산은 써도 써도 줄지 않는 정신적인 배움과 깨달음이다. 내가 쌓은 삶의 경험과 지혜를 회사에서든 가정에서든 물려줄 수 있다면, 우리가 서 있는 그 장소에서 보람을 느낄 수 있을 뿐만 아니라, 우리가 조용히 눈을 감는 그 순간에 '아, 내가 참 잘살았구나.' 하는 온전함을 느끼게 될 것이다.

이제 눈을 돌려보자. 누구에게 나의 정신적 유산을 물려줄 것인가? 그 사람과는 어떻게 관계를 만들어갈 것인가? 조용히 그 사람의 손을 잡아보자.

회사가 아닌
나를 알아주는 리더에게
충성할 뿐이다

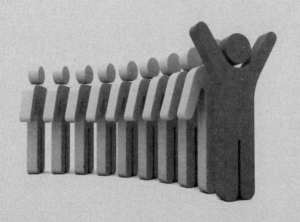

—

'나를 알아주는 사람, 나라는 사람이 누구인지 알아보는 사람', 이것은 충성도를 높이는 요인 중 하나다. 특히 1982년도 이후에 태어난 밀레니얼 세대에게는 더욱더 중요한 요소다. '재능이나 노력을 알아봐 주는 사람'이 되는 것은 리더인 나 자신에게도 중요하다. 나의 능력들을 전수해줌으로써 나는 더 중요한 일에 몰입할 시간을 확보할 수 있기 때문이다.

—

밀레니얼 세대는 정말 허약 체질일까?

"허참, 이해할 수가 없어요. 우리 때는 이런 행동은 생각조차 못했다니까요. 회식을 가자고 해도 선약 때문에 못 가겠다고 해요. 시키는 일은 그냥 하면 되지, 자꾸 이유를 묻고 의미를 묻고 따지려 한다니까요." 리더들은 요즘 세대들의 행동과 태도 때문에 불쾌할 때가 한두 번이 아니라고 하소연한다. '내가 저 나이 때는 절대 할 수 없었던 일'을 서슴없이 해치우기 때문이다.

쓸만한 직원 찾기 힘들다는 리더들의 투정(?)은 늘상 있어왔지만, 지금처럼 낯설고 이해하기 힘든 세대는 없었던 듯하다. 작은 일에 칭찬받기를 원하고, 능력도 없으면서 자신이 해낼 수 있다고 맡겨만 달라고 장담한다. 그러면서 시시콜콜한 것까지 물어와서 사람을 귀찮게 만든다. 그 직급에서 당연히 해야 할 일들인데, '자신이 이런 일하러 그 고생한 것이 아니다.'라는 뉘앙스를 술자리에서 은연중에 풍긴다. 제일 부러운 녀석은 힘들다고 남은 공부 마저 하러 외국으로 가겠다는 부류다. 불평하는 그 직원은 임원보다 좋은 외제차를 끌고 다니던 녀석이다. 도대체 요즘 세대들의 부모는 누구이기에 이들을 이렇게 허약하게 키운 것일까?

그러던 어느 날 그런 허약 체질을 키운 것이 필자 같은 부모였음을 깨달았다. 대학교 1학년인 아들 녀석과 한 대화를 스스로 되돌아보면서, '아, 이런 연쇄 고리가 있구나.' 하며 자각한 것이다.

기말고사를 보고 성적표를 가져온 아들에게 성적이 낮게 나온 과목의 이유를 묻자, 아이는 보고서 점수가 낮게 나와서 그렇다고 말한다. 필자는 보고서를 보여달라고 해서 분석해주기 시작했다. 이 부분은 네 논리가 약했지만 이 부분은 교수가 제대로 평가를 못한 것 같다며, 어느덧 성적 정정을 신청하라고 부추기고 있었다.

이전에 필자가 대학에 있었을 때, 학생들이 성적 정정을 요구하는 것에 불쾌해했던 생각을 떠올리며 접긴 했다. 하지만 아마 이런 자각이 없었다면 필자는 아마도 아들이 입사를 하게 되었을 때 상사에 대해 분석해주고, 고과평가에 이의를 제기하며, 심지어는 아들이 아파서 회사에 나가지 못하게 되었다고 전화를 대신해주는 요즘 20, 30세대의 부모들이 자행한다던 그 일을 그다지 어렵지 않게 해냈을 것이다.

결국 '신인류'라고 부르는 이들을 양산해낸 것은 필자와 같은 40, 50대다. 필자를 포함한 40, 50대들은 아이들을 왜 이런 허약 체질로 키운 것일가? 그런데 이 아이들은 정말 허약 체질일까?

신인류들은 직장에서도 멘토를 찾는다

현재 55세 전후 분들을 '베이비붐 세대1955~1963년생'라고 부른다. 그들은 전쟁 세대였던 부모의 "내가 시키는 대로 해!"라는 일방적인 권위에 대항하면서 성장했고, 부모가 되어서는 자신의 아이들과 적극적이고 개방적인 대화를 나누기 시작했다. 아이들에게 '네가 좋은 것을 해라, 의미 있는 것을 해라.'라는 메시지를 쏟아 부어줬다.

이들은 필요하다면 언제든지 아이들에게 필요한 것을 공급해줬으므로 '헬리콥터 부모'라는 칭호를 얻었다. 부모들은 헬리콥터처럼 하늘을 선회하다가 아이에게 필요하다고 생각되면 언제든지 원하는 곳에 착륙해 아이를 도왔다. 그런 환경에서 자란 것이 현재 30대 초반~40대 전후의 'X세대1965년~1981년'다.

X세대는 부모에게서 자신이 원하는 것을 선택하라는 신념을 부여받았지만, 대부분의 베이비붐 세대 부모들은 일하느라고 바빴기 때문에, X세대는 학교를 마치고 오면 텅빈 집에 돌아와 외롭게 시간을 보냈다. 그러면서 자신이 부모가 되면 아이들의 삶에 충실하겠다고 맹세한 세대다. 필자도 학교에서 오면 늘 텅빈 집에 있었음을 기억한다. 물론 그때는 동네에 놀 수 있는 아이들이 많아서 그 외로움을 달랠 수 있긴 했지만, 어려움을 겪을 때 울타리가 되어주거나 따뜻하게 안아주는 부모를 그리워했다.

게다가 심리학이 발달하면서 양육방식에 따라 아이의 성격과 능력이 달라진다는 이론이 인기를 끌었고, 부모들은 자신의 성공지수 중 자녀의 성공을 중요한 키워드로 삼게 되었다. X세대는 헬리콥터 부모를 넘어서서 미 육군의 공격용 헬리콥터 이름을 따서 '블랙호크'라고 불릴 만큼 자녀의 삶에 신속하고 막강하게 개입했다. 이는 인터넷이나 휴대전화와 관련된 IT가 발달하면서 아이의 과제나 삶에 개입할 수 있는 도구가 더 많아졌기 때문이다.

그래서 X세대는 기꺼이 자녀에게 멘토의 역할을 자청했고, 의미 있는 일들을 하라고 강조했으며, 학교에서는 우등상보다도 줄넘기상, 종이접기 상, 친절 상 등 기존에 사소하다고 본 작은 사건들에 대해서도 칭찬을 아끼지 않았다.

이러한 환경에서 자란 것이 요즘 신세대, 즉 1982년 이후에 태어난 밀레니얼 세대Millennial Generation다. 그래서 이들은 회사에서도 자신의 상사가 기꺼이 부모가 그랬던 것처럼 멘토 역할을 해주길 기대한다. 지시가 아닌 협상과 설득을 해주길 바라며, 자신이 하고 있는 일이 어떤 의미를 갖는지 해석해주길 원한다. 이대로 열심히 하면 2~3년 뒤에는 더 가치가 올라가는 매력적인 사람이 될지에 대해서도 피드백을 해주고, 이 길이 아니라면 좀더 자세한 길에 대해 코칭해주길 원한다.

이 글을 읽으면서 한숨이 나올지도 모르겠다. 몇몇 버릇없는 녀석들의 특성이라고 생각했던 것이, 한 세대의 특성이라고 설명하고 있으니 말이다. 하지만 LGERI 리포트 〈10년 후 세상을 말한다〉에 따르면, 2014년에 이 밀레니얼 세대가 회사의 47%를 차지하게 될 것이라고 말한다. 기성세대와 밀레니얼 세대의 비율이 거의 일 대일이 되는 것이다.

울며 겨자먹기지만 이제 신인류를 대하는 법을 빨리 개발해야 한다. 이제 리더가 가진 능력으로 날 따르라는 신인류에게는 먹히지 않는다. 구성원들을 관찰하고 멘토로서의 역할을 하고, 아주 작은 일이지만 그것이 팀 혹은 회사 전체와 어떻게 연결되는 일인지 알려줘서 의미를 갖도록 하고, 작은 일도 격려와 칭찬을 해줌으로써 어려운 도전을 해나갈 수 있도록 힘을 주어야 한다.

"이 바쁜 세상에 어떻게 그렇게 합니까?"라고 항변할지 모르겠다. 그런데 내 자녀가 직장에 취직하거나 어려움을 겪을 때 우리 블랙호크들은 기존의 부모보다도 더 빨리 자녀가 겪는 문제의 중심에 착륙해서 아이에게 코칭과 멘토링을 할 것이라는 점을 생각해보자. 결국 가정과 일터에서 상하를 막론하고 수평적인 대화와 토론이 일어나는 것을 더이상 막을 수 없다. 이러한 파트너십을 통해 새로운 진보와 성과가 일어날 것이다.

리더의 역할은 후계자 양성하기

우리가 조직에 속해 있다면, 후계자를 양성하는 고민에서 자유로울 수 없다. 가끔 리더들은 똑똑한 친구들을 보면서 위협감을 느낀다고 농담 삼아 이야기하지만, 그런 똑똑한 친구들을 발굴하고 육성해서 함께 일하는 것이 나의 능력을 확장하는 지름길이라는 것도 알고 있다.

마모루 이토오라는 일본의 전문 코치는 리더가 해야 할 3가지 역할에 대해서 강조한 적이 있다. 우선 첫째는 성과를 올리는 역할로, 제일 손꼽아야 할 당연한 과제이자 역할이다. 둘째는 성과를 꾸준히 올려서 상향곡선을 형성하도록 하는 역할이다. 따라서 리더라면 2~3년 뒤에도 상향곡선을 그리려면 어떻게 해야 할까를 늘 고민해야 한다. 마지막 셋째는 차세대 리더를 양성하는 역할이다. "당신의 다음 리더는 누구입니까?"라고 질문받을 때 대답할 수 있어야 하며, 만약 다음 리더를 육성하고 있지 않다면 리더의 역할이 충분하지 못함을 역설하는 것이다.

사실 첫째와 둘째 역할은 리더라면 늘 고민할 수밖에 없는 과제다. 그 과제를 해결하느라고 사실상 셋째 역할에 비중을 두기가 어려운 것이 현실이다. 물론 대부분 조직 내에서 키맨^{key man}이라고 지목되어서 후계자로 양성되는 사람들이 있다.

보기만 해도 미래의 모습을 그리게 되면서 마음이 뜨거워지고 내가 쌓은 경험과 지혜를 전수시키겠다는 뜨거운 마음을 지니게 하는 그런 녀석이 있는지 한번 살펴봐야 한다. 그러한 열정은 후계자를 양성한다는 거시적인 과제에 도움이 되지만, 사실상 내 삶을 열정적이고 책임감 있게 만들어주기 때문에 나 자신의 삶을 알차게 꾸리는 데도 도움이 된다. 또한 육성을 시켜 일을 위임함으로써, 나는 더 중요한 일에 내 시간을 쓸 수 있다. 육성할 때는 분주

하고 시간이 많이 들지만, 육성이 되면 될수록 일을 위임할 수 있기 때문에 나는 나를 더 유능하게 하는 데 시간을 쓸 수 있게 되는 것이다.

국민가수 김건모를 키워낸 김창환 프로듀서

육성을 어떻게 해야 하는지에 대해 교훈을 크게 얻었던 사례가 있다. 바로 대중가수 김건모를 키워냈던 김창환 프로듀서의 이야기다. '핑계' '잘못된 만남' 등의 노래를 불렀던 김건모는 첫 앨범부터 국민가수로서 칭송을 받았다.

다듬어지지 않았지만 김건모라는 도토리(?)가 얼마나 큰 상수리나무가 될지를 알아본 김창환 프로듀서의 안목, 그리고 도토리를 상수리나무로 키우기 위한 집념과 노력이 무척 돋보였다. 한 노래를 마스터하는데, 노래의 첫 소절인 "그댄~"이란 두 글자만을 며칠씩 따라 불렀다고 한다. 후에 김건모는 "나는 이 노래에 두 글자만 있는 줄 알았다니까요!" 하며 농담을 했다. 김창환의 전문성을 믿고 그 답답한 여정을 따라갔던 김건모의 순수함과 열정도 대단하지만, 노래하는 방법의 핵심을 깨우치도록 훈련하는 김창환의 예리한 눈썰미와 기준, 그리고 정확한 목표치를 가지고 훈련을 시키는 전문성과 열정에 탄복이 저절로 나온다.

또한 가수의 특성과 섭렵할 영역에 대해 명확히 규정하고, 사람에 따라 훈련을 달리한 그 교수법도 탁월하다. 신승훈, 클론 등의 프로듀서였던 김창환은 유달리 김건모를 훈련할 때만 매를 들었다고 한다. 그 이유는 김건모가 그 사람들보다 노래를 못해서가 아니라, 모든 장르의 노래를 소화할 수 있는 목소리였기에 더 혹독한 훈련을 시켰다고 한다.

이 열정에 힘입어서 김건모는 첫 앨범부터 히트를 쳤고 국민가수라는 칭호를 받게 된다. 물론 김창환은 프로듀서이기 때문에, 신인을 발굴해서 키우는 것이 자신의 사업과 직결되는 사안이다. 그럼에도 필자는 참 마음이 참 숙연해졌다. 숙연해지게 된 것은 3가지 질문이 떠올랐기 때문이었다.

첫째 질문은 '나에게 상수리나무를 알아볼 수 있는 안목이 있는가?' 하는 것이다. 본인조차도 자신이 상수리나무인지 모르는 도토리를 보면서 상수리나무가 맞다고 확증할 수 있는 안목이 나 자신에게 있는가 하는 질문을 스스로 하는 것이다.

그런 안목을 갖기 위해서는 나 자신이 일정한 수준에 있지 않으면 안 된다. 다른 사람이 아닌 나와 함께했기 때문에 그의 삶에 더 큰 유익이 있었다고 확신하기 위해서는 필수적인 조건이다. 리더인 나 자신이 일정한 수준을 유지하고 계속 성장해야 한다는 것, 그것이 육성하는 자로서 가져야 할 면허증이다.

둘째 질문은 '내가 육성을 위한 시간을 낼 수 있는가?' 하는 것이다. 미래의 상수리나무로서 많은 사람들을 먹여 살릴 수 있고 많은 사람에게 유익을 줄 수 있다는 확신이 든다 해도, 그 확신을 위해 내가 기꺼이 헌신할 수 있는가 하는 질문이다. 이것은 나 자신이 얼마나 큰 그릇인지 가늠하는 징표같이 느껴졌다.

마지막 질문은 '언제든지 떠나보낼 수 있는 준비가 되어 있는 가?' 하는 것이다. 국민가수로 뜬 지 3년 만에 소속사를 바꾸겠다는 김건모를 "그래라." 하며 쉽게 보내줬던 김창환의 모습을 보면서 참 혼란스러웠다. 그렇게 열정을 쏟아부었는데도 "이젠 나 혼자 할 수 있어." 하며 철없이 떠나버리는 그 친구를 수용할 수 있는 성품과 여유가 내게 있는가 하는 질문 때문에 그렇다. 김건모가 나가겠다는 말을 하고, 그렇게 하라고 이야기하는 시간은 10여 분밖에 걸리지 않았다고 한다. 그렇게 쉽게 보내줘놓고 김창환은 김건모가 떠난 이후 2년 동안 슬럼프를 겪었다고 한다. 사랑하는 여자와 헤어졌어도 그렇게 오랫동안 상심하지는 않았을 것이라고 김창환은 말한다.

정말 그럴 수 있을까? 그토록 오랜 시간을 통해 애정과 시간을 들였는데, 또 다른 이가 이 친구를 더 잘 키워줄 거라고 기대하며 보낼 수 있을까? 참 어려운 이야기다. 육성을 하면서 이 부하직원을 내 소유물이 아니라 미래의 자원이라고, 영향력을 끼칠 수 있는 독립된 사람이라고 분리해 생각할 수 있을까? 그것이 리더가 가져야 할 뼈아픈 조건이 아닐까 생각을 해본다. 심지어 우리는 자식을 키울 때도 이런 생각으로 키워야 하니, 핏줄도 아닌 사람에게는 더더욱 기여한 것으로 만족해야만 할 것이다.

자식도 아닌 사람을 육성한다는 것은 쉬운 일이 아니다. 하지만 자원도 없고 땅덩이도 작고 인구도 상대적으로 적은 이 나라에서, 나보다 더 역량을 발휘할 한 사람의 리더를 키워낸다는 것은 먼저 리더가 되어 영향력을 발휘하고 있는 자로서 충분히 해야 할, 해봄 직한 기여가 아닐까 하고 생각해본다.

김창환은 뒤늦게 '내가 너무 김건모의 삶에 깊이 관여한 게 아니었나' 하는 후회를 했다고 한다. 김건모의 천진난만한 성격 때문에 이미지에 금이 갈까봐 연애도 못하게 하고 술도 못 먹게 한 것이, 오히려 60세까지 함께할 수 있는 기회를 스스로 깨어버린 것이 아닌가 하는 아쉬움이 든다고 한다. 하지만 둘은 13년 만에 다시 만났고 이제 김창환은 여유와 비전을 김건모에게 명확하게 이야기한다.

조직 내에서 내가 키워야 할 상수리나무가 있는지, 한번 찬찬히 살펴봐야 한다. "너는 상수리나무가 될 녀석이다. 나는 너의 60세 모습을 이렇게 기대한다. 내가 너를 돕겠다. 우리가 열정으로, 즐거움으로 함께하길 원한다."라는 말을 해줄 사람이 있는지 말이다.

유연한 리더십이 없는 리더는 퇴출 대상 1호다

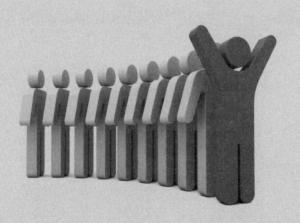

—

직급이 올라가면 갈수록, 수많은 사람을 관리하고 육
성해야 한다. 짧은 시간에 현재 직원에게 무엇이 필요
한지를 간파할 수 있다면, 그 직원에게 적합한 해결책
을 제공할 수 있을 것이다. 직원의 업무발달단계를 체
크해, 단계에 맞는 리더십을 펼칠 수 있는 방법에 대
해 알아보자.

—

상대에 따라 유연성을 발휘하는 상황대응 리더십

리더십에 관한 초기 이론들은 리더의 특성이나 행동에 초점을 두었다. 즉 리더는 타고난 특성이 있다든지 혹은 리더는 이런 행동들을 하더라는 식의 '리더의 특성론'이나 '행위론' 등이 그것이다. 그런데 1969년에 폴 허쉬와 켄 블랜차드는 상황에 따라 리더십의 패턴을 달리하는 '상황대응 리더십'을 제안했다. 리더 자신에 초점을 두기보다는 팀원들의 상황을 고려해서 리더십을 발휘해야 한다는, 혁신적인 이론이었다.

'상황에 따라 다른 리더십을 펼쳐라.', 이것이 바로 상황대응 리더십의 의미다. 여기서 상황이라는 것은 부하직원이 처한 상황을 말한다. 부하직원이 처한 상황에 따라 어떻게 위임할 것인가 하는 것이 중요 키워드다. 위임을 통해서 육성을 하고, 개입하며, 성과를 내도록 하기 때문이다.

『상황대응 리더십Ⅱ 바이블』이라는 책에서 켄 블랜차드는 우리가 위임에 대해 잘못된 정의를 내리고 있다고 지적한다. 위임은 의사결정권을 넘겨주는 것이 아니다. 위임을 마치 의사결정권을 넘겨주는 것처럼 착각했기 때문에, 관리자들은 위임하는 것을 자신의 지배력을 위협하는 요소로 인식하게 되었다. 또한 위임받은 직원들은 모든 중요한 결정을 내 마음대로 내릴 수 있다고 착각함으로써 서로 감당하기 힘든 위험에 놓였다.

켄 블랜차드는 '직원들 안에 내재된 지식과 경험, 의욕이 뿜어져나올 수 있도록 조직문화를 만들어내는 일'이 바로 위임이라고 정의한다. 직원들은 자신의 지식과 동기에서 비롯되는 힘을 가지고 있고, 이러한 힘을 이끌어내는 것이 바로 위임의 핵심이다.

따라서 리더가 관심을 가져야 할 초점은 직원들의 발달단계를 확인하는 것이다. 어린아이를 둔 부모가 생후 4~5개월 된 영아에게 과즙을 삼킬 수 있는지를 확인한 후 묽은 죽을 준비하는 것처럼, 직원들의 발달단계를 파악해서 적합한 수준으로 개입해야 한다.

현재 특정 업무에 대해 얼마나 많은 지식과 동기를 쌓았는지 파악해본다. 파악한 결과, 지식과 경험이 적은 직원에게는 정보와 지침을 알려주고 잘되어 가고 있는지 주기적으로 확인해야 한다. 반대로 그 분야에 지식과 경험이 탁월한 직원이라면, 굳이 이런 행동을 할 필요가 없다.

일을 하고자 하는 동기와 열정이 여러 가지 이유로 인해 저조하다면, 격려와 용기를 줄 뿐만 아니라 과거에 성공했던 경험도 상기시키면서 힘을 북돋아줘야 한다. 만약 동기와 열정이 가득 차 있다면, 굳이 일 잘하고 있는 직원을 불러서 격려의 시간을 많이 할애할 필요는 없을 것이다.

부하직원과 대화할 시간이 단 10분만 있다면?

내게 부하직원 4명과 10분씩 상호작용을 할 시간이 있다고 가정하자. 4명과 똑같은 방식으로 대화를 이끌어간다면, 당신은 유능한 리더라는 평판을 얻기 힘들 것이다. 4명의 발달단계를 파악해서 10분을 가장 효율적으로 활용할 수 있는 훈련을 해야 한다.

그렇다면 직원의 발달단계를 어떻게 파악할 수 있을까? 켄 블랜차드가 말한 자전거 예를 참조해서 '위임을 위한 발달단계'를 이해해보자. 필자는 자전거를 아버지와 오빠에게 배웠다. 아버지는 자전거를 잘 탄다고 용기를 주셨고, 오빠는 겁이 왜 이렇게 많냐고 구박을 심하게 했다.

어린 시절을 더듬어보면, 자전거를 배우기 전날은 '내일은 자전거를 배우게 된다.'라는 생각에 소풍갈 때보다도 더 가슴이 설레었다. 바로 이 상태, 즉 배우고 싶은 의욕은 하늘을 찌를 듯하나 기술은 전혀 없는 상태가 바로 발달수준 1단계다. 켄 블랜차드는 '열성적인 초보자'의 상태라고 설명했다. 대부분의 신입사원이 이 발달단계에 속할 것이고, 베테랑이라 해도 새로운 일을 맡게 되는 사람들은 이 상태일 것이다.

그렇다면 만약 발달수준 1단계의 상태에 있는 직원과 단 10분만 대화를 나눌 수 있다면 어떻게 할까? 이 상태의 직원들은 의욕이 넘치니 굳이 격려나 칭찬을 할 필요는 없다. 오히려 역량을 높이기 위해 필요한 기술을 알려주거나, 참고할만한 보고서를 주고 어떻게 검토해야 하는지를 알려주는 데 10분을 보내는 것이 좋다. 또한 역량이 없는 상태에서 오랜 기간 동안 혼자 고민하게 하기보다는 하루나 이틀 사이로 주기적인 피드백을 해주는 것이 좋다.

자전거를 하루 정도 타봤다면 '곧 잘 타겠지.' 하는 마음은 어디로 가고, 자꾸 넘어지고 마음대로 가지 않는 자전거를 붙들고는 '내가 이걸 왜 배우려고 했을까? 정말 잘 타는 순간이 올까?' 하며 좌절하는 상태가 된다. 즉 '열성적인 초보자'의 마음은 발달수준 2단계인 '좌절한 학습자'의 형태로 바뀐다. 발달수준 2단계에 있는 직원과 10분간 대화한다면, 5~6분은 용기와 자신감을 갖도록 의욕관리를 해줘야 하고, 나머지 4~5분은 지난번보다는 수준이 높은 지시를 해주면서 역량을 높이도록 상호작용을 해야 한다.

이 어려운 시기를 넘기면, 이제는 제법 혼자의 힘으로 갈 수 있는 상태가 된다. 그럼에도 "아빠, 놓으면 안 돼!"라고 소리치며 자신 없는 소리를 하는 때가 바로 발달수준 3단계다. 능력은 있지만 아직은 지지와 지원이 필요한 '조심스러운 업무 수행가'의 상태다.

발달수준 3단계 있는 직원과 10분간 대화를 해야 한다면, '내가 뒤에서 떡 버티고 있으니, 너는 걱정 말고 네 역량을 발휘해라. 내가 최종적으로 책임진다. 그러니 걱정하지 말고 해라. 네가 잘했던 경험을 떠올려봐라. 성공적인 결과를 가져온 것은 바로 너였다.' 하는 식의 격려를 10분간 하는 것이 좋다.

그 시기가 지나면, 마침내 자전거와 내가 하나가 된 듯한 시기가 온다. 실제로 필자는 두 손을 놓고 묘기를 부릴 정도로 자전거를 아주 잘 타게 되었다. 이때는 자전거 타는 법을 머리로 생각하지 않아도 되는 상태이며, 누구의 도움이나 격려도 필요하지 않다. 진정한 '자기주도적 성취자', 즉 발달수준 4단계가 된 것이다.

만약 발달수준 4단계에 있는 직원, 즉 한 분야의 일에 이미 능숙하고 잘 처리하고자 하는 의욕을 지닌 직원과 10분간 대화를 한다면 그 시간을 어떻게 보내야 할까? 그때는 그저 목표와 결과만 확인하면 된다. 또한 '너의 확장을 위해서 내가 무엇을 도와줄까?' 하는 질문만 하면 된다. 이 상태의 직원에게 발달수준이 1단계인 직원에게 하는 것처럼 꼼꼼히 체크하고 지시한다면, 그것이야말로 서로의 자원을 낭비하고 성과를 저해하는 것이다.

프로젝트에 따라 발달수준이 달라진다

상황대응 리더십을 적용하는 데 유의점이 있다. 필자가 자전거를 잘 탄다고 해서, 스키를 잘 타는 것은 아니다. 필자가 자전거를 탈

때는 발달수준 4단계이기 때문에 그냥 내버려두면 되지만, 스키를 처음 타기 시작할 때는 다시 발달수준 1단계, 즉 열성적인 초보자이기 때문에 자세한 지시와 안내, 롤모델링, 피드백 등이 필요하다. 한 분야에 대해 전문가적인 수준을 갖췄다고 해서, 나머지도 동일하게 잘해내는 것은 아니다. 다시 말하자면, 한 분야는 발달수준 4단계이지만, 다른 분야는 발달수준 1단계일 수 있다는 것이다. 직원을 발달수준 1단계라고 낙인찍지 마라. 다만 프로젝트와 상황에 따라 직원이 어느 수준에 있는지가 달라질 수 있으므로, 새로운 프로젝트를 맡길 때는 특히 발달수준을 고려해봐야 한다.

도표를 한번 그려보자. 발달수준 1단계에 있는 직원은 누구이고, 발달수준 3단계에 있는 직원은 누구인지 그려보자. 이들에게 어떻게 지시하고 지원해야 하는지 한 번만 설계해서 적용해보자. 각 발달수준 1단계, 2단계, 3단계, 4단계의 업무를 수행하고 있는 사람들을 분류하고 체계적으로 육성해본 경험이 있다면, 그다음에는 눈대중으로 쉽게 위임의 수준을 책정하고 육성할 수 있다.

서던 켈리포니아 대학 마셜 비즈니스 스쿨의 교수인 에드워드 롤러는 직원들에게 자율권과 책임의식을 늘려준 기업(10.3%)이 그렇지 않은 기업(6.3%)보다 훨씬 높은 영업이익률을 달성한다는 연구 결과를 내놓았다. 상황에 따라 카멜레온처럼 색깔을 바꿀 수 있는 상황대응 리더십을 갖춘다면, 내가 운영하고 관리하는 영역의 성과는 눈에 띄게 달라질 것이다. 카멜레온 리더십을 시작하자.

절대 긍정이
살아 움직이는
조직을 만들자

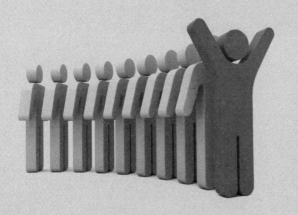

요즘 긍정이 대세다. 긍정심리학의 영향이 커진 것이다. 조직에서도 문제점을 해결하는 데 초점을 두기보다는 긍정을 캐내 확산시키는 것을 중요한 맥으로 잡기 시작했다. 조직에 적용하는 긍정 접근법을 AI(Appreciative Inquiry)라고 한다. '강점탐구' 정도로 번역할 수 있다. 살아 있는 조직이라면, 생존하는 팀이라면, 현존하는 사람이라면 누구에게나 강점은 있고 그것을 찾아서 강화하고 확대할 때, 조직의 생존과 성장은 극대화된다는 것이다.

문제보다는 강점에 초점을 맞추자

영국의 자동차 수리 서비스 회사인 비피 프로케어는 당혹감을 감추지 못했다. 비피 프로케어에서는 6개월 전, 고객 만족도가 79%로 나왔을 당시 이를 개선하는 프로젝트를 진행했다. 그후 '고객 만족도가 더 높아졌겠지' 하고 재조사를 했는데, 오히려 떨어진 것이다. 그 당시 불만족한 21%의 소비자들을 포커스 그룹으로 선정해 어떤 부분에서 만족을 하지 못했는지를 설문해서 자료로 배포했는데, 그 노력이 허사가 된 것이다.

비피 프로케어의 실무자들은 그 이유를 다시 면밀히 검토하기 시작했다. 그러자 결과는 놀라웠다. 직원들은 자료에 나와 있는 '고객이 불쾌하게 느끼게 만든 행동들'을 부지불식간에 따라 하고 있었다. 게다가 이런 잘못된 행동은 급여체계에 대한 불만 때문인데, 직원만 일방적으로 몰아붙여 불만과 긴장이 더욱 커져 오히려 불친절하게 되었다는 것이다.

실무진들은 고민 끝에 역발상으로 접근을 해보자고 제안했다. 이번에는 만족한 소비자들을 대상으로 인터뷰를 해 직원들에게 사례로 공유했다. 그 결과 8개월 후, 95%의 소비자가 '매우 만족'한 다는 결과를 얻게 되었다. 그야말로 "긍정은 긍정을 낳고, 부정은 부정을 낳는다."는 명언을 검증한 셈이다.

이러한 시도에서 AI^Appreciative Inquiry 접근이 만들어졌다. AI란 과거와 현재의 장점, 성공, 잠재력 등을 높이 평가한다는 뜻의 appreciative와 탐구, 발견이라는 뜻의 inquiry가 합쳐져서 만들어진 단어다. 그래서 AI는 '강점탐구'라는 말로 번역하며, 사람들이 최상의 상태에 있을 때 어떤 활력 때문에 그런 상태가 되는지를 조사해서 이를 확장하도록 돕는 접근방법이다.

"(팀원에게) 당신은 왜 일을 이렇게밖에 못했나?" "(팀에게) 우리 팀이 왜 성과를 달성하지 못했나?" "(자녀에게) 너는 왜 친구를 끌고 다니는 것밖에 잘하는 게 없니?" 등과 같이 문제나 비난에 초점을 두는 것은 일시적인 효과는 있을지 모르지만, 나·너·팀·자녀를 계발하는 데 힘을 더하지는 못한다.

위의 비피 프로케어 직원들도 마찬가지였다. 부정적인 사례를 공유했을 때는 눈치만 보고 더 부정적인 결과를 낳았지만, 가장 잘하는 것이 무엇인지를 탐구해서 그것을 확장하도록 도왔을 때는 자발적으로 헌신했다.

조직을 살아 있게 하는 긍정 핵을 찾아라

모든 조직에는 이미 강점이 있다. 강점을 파악하고, 그 강점을 강화해 팀에 가치를 부여하는 기술은 리더의 핵심기술이다. 사업을 할 때 자본금이 필요한 것처럼, 조직은 현재 조직이 가진 자본금이 무엇인지를 파악해야 한다. 그 자본금은 바로 조직의 강점을 말하며, 그 강점을 리더와 구성원이 확인하게 될 때 불확실한 미래에 대한 확신을 갖게 된다.

그렇다면 조직을 생존케 하고 성과를 가져왔던 우리 조직의 가장 핵이 되는 강점, 즉 '긍정 핵positive core'은 어떻게 찾을 수 있을까? 만약 당신이 팀의 리더로서 우리 팀이 가지고 있는 '긍정 핵'을 발견하고 싶다면 최소한 서너 시간 정도를 할애해서 2가지 단계를 거쳐야 한다.

1단계에서는 일대일로 짝지어 서로를 인터뷰를 한다. 우선은 개인에게 "당신이 가장 당신다웠던 때가 언제였나?"라고 물어본다. 1단계를 진행하기 전에 질문리스트를 작성해 나눠주는 것이 좋다. 질문리스트와 안내문구의 예시는 다음 페이지에 나와 있으며, 주제topic에 따라서 소개문구와 질문이 달라져야 한다.

한 사람당 인터뷰하는 시간은 30분 정도다. 일대일로 하게 되면 1시간 정도를 할애하면 된다. 처음에는 쑥스러워한다. '내가 너를 잘 알고 있는데 무슨 잘난척이야.' 하는 마음도 있지만, 서로의 장점 5가지를 반드시 찾아내라고 하면, 시간이 지나면서 얼굴은 밝

주제 : 변화와 성공

날 짜 :　　년　월　일
담당자 :
대상자 :

현장이라는 곳은 언제나 숨 가쁘게 돌아갑니다. 현재보다 도전적인 목표를 설정하고 그것을 달성하기 위한 방법을 고민할 시간적 여유와 마음가짐을 갖기란 쉽지 않습니다. 그러나 상대성 이론을 발견한 알버트 아인슈타인은 이런 말을 했습니다. "우리가 직면한 중대한 문제들은 그 문제들이 발생한 당시의 사고방식으로는 해결할 수 없다." 이 말을 우리의 상황에 비춰 생각해보면, 우리가 현재보다 더 나은 미래와 마주하기 위해서는 지금의 어려움을 해결하고 더욱 높은 목표에 도달하기 위해서는 새로운 방식과 사고가 필요하다는 의미입니다.
우리는 변화의 중심에 서 있습니다. 새로운 방식과 사고를 통한 변화는 많은 에너지가 필요하기 때문에 힘들고 버거운 과정이 될 수도 있습니다. 그러나 우리에게는 분명 변화를 시도해 성공했던 경험이 있습니다. 변화와 성공을 이끌었던 여러분의 힘이 또 다른 변화의 파도를 즐기도록 만들 것입니다.

* 당신이 지금까지 일을 하면서 '나의 아이디어, 노력, 또는 새로운 시도로 인해 내가 속한 조직이 변화(성장)했구나.' '나의 어떠한 역할이 현장에 도움이 되었구나.' 라고 보람을 느꼈던 경험을 떠올려봅시다. 아주 작은 일이어도 좋습니다. 혼자 했든지 혹은 다른 사람과 했든지는 상관없습니다.

• 어떤 상황이었습니까?

- 그 일을 통해 어떤 결과를 얻게 되었나요?
  (나 자신, 함께한 사람, 혹은 팀이나 회사)

- 그 결과들을 통해서, 나 자신의 역량이 점점 더 계발되고(자라나고) 있다고 느꼈는지요? 어떤 면에서 그렇다고 느꼈습니까?

- 그때 나 자신에게서 발견한 강점은 무엇입니까?

- 만약 그때 당시에 당신이 일했던 모습을 본 사람들에게 당신의 가장 뛰어난 재능, 스킬, 역량이 무엇인지 묻는다면, 뭐라고 대답할 것 같습니까?

- 지금까지 이야기를 나눈 나의 강점을 5가지 키워드로 정리하면 무엇입니까?

아지고 서로에 대한 존경심이 커지며, 이 질문에 대해 대화를 나누는 것만으로도 마음과 분위기는 강점으로 강화되어가기 시작한다.

한 시간이 지나면 각자 도출한 5가지의 키워드를 가지고, 한 자리에 모인다. 이제 2단계가 시작되는 것이다. 인원이 많다면 5~6명씩

우리 조직의 강점positive core을 분류하는 모습

모여 인터뷰한 사람이 상대를 소개하면서, 이 사람이 왜 5가지의 강점을 가지고 있는지를 간략히 소개한다. 각자 서로를 소개했다면, 이제는 이 5가지를 모두 내놓고 분류하기 시작한다. 분류한 것들에 각각 제목을 달면 그 제목은 이제 우리 조나 팀에 열정을 불어넣는 '긍정 핵'이 된다.

이렇게 정리할 때 중요한 것은 팀원들이 사용한 단어를 고스란히 사용하라는 것이다. '맨땅에 헤딩하기'가 중요한 긍정 핵이었는데, 그것을 '열정' 등과 같은 일상적인 용어로 치환해서는 안 된다. 그냥 '맨땅에 헤딩하기'가 더 살아 있는 단어이고 마음을 뛰게 한다. 이 단계까지를 AI에서는 발견단계Discovery라고 한다.

2단계를 거쳐서 '긍정 핵'을 찾아냈다면, 이제는 그것을 잘 정리해서 사무실에 붙여놓거나 구호로 만들어도 좋다. 여기서 더 중요한 것은 그것을 어떻게 극대화할 것인지 고민하는 것이다. 그런 긍정 핵이 극대화되어 나타날 때, 우리 조직이 꿈꿀 수 있고 경험할 수 있는 모습은 어떤 것인지를 표현해보고 그려보는 것이다. 마지막에는 그것을 어떻게 구체적으로 실현할 것인지 행동계획action plan을 적어본다.

이러한 작업은 가족과도 해볼 수 있다. 우리가 가장 행복했던 때, '우리가 정말 가족이구나, 가족이어서 정말 좋구나.' 했던 때를 떠올린다. '어떻게 그렇게 될 수 있었는지, 그때 나의 역할은? 상대방의 역할은? 분위기는?' 등의 질문을 통해 가족의 긍정 핵을 찾아낼 수 있다. 그것을 극대화했을 때의 모습을 그림이나 글로 나타내고, 그것을 이루기 위해 당장부터 실천할 수 있는 행동계획을 도출해볼 수 있다.

글을 쓰는 이 순간에도 필자는, 각 회사에서 AI로 이뤄졌던 팀 구축 작업이 떠올라 마음이 부풀고 생명의 에너지가 커지고 있다. 이렇게 긍정은 긍정을 낳게 되고, 우리가 집중하는 것은 현실이 된다.

내가 속한 조직은 건강한 조직인가?

AI 창시자의 한 사람인 수레시 스리바스트바는 건강한 조직은 3가지의 생명력을 가지고 있다고 말한다. 바로 연속성continuity, 참신성 novelty, 이행transition이다. 이 3가지 생명력을 보면서 내가 속한 조직은 건강한 조직인지를 점검해보자.

첫째, 연속성이다. 연속성이란 현존하는 조직은 그 나름대로의 생명력으로 연속해온다는 것이다. 또한 현재와 미래에도 연속하기 위해서는 과거에 성공했던 조직의 특성이 무엇인지 캐내 그것을 확장해야 함을 의미한다. 이것은 새로운 팀에 내가 발령되었을 때, 기존의 모든 것을 엎고 내 방식대로 끌고 나가는 것이 얼마나 위험한지를 경고하는 특성이기도 하다. 조직이 연속하기 위해서는 '과거의 최상의 경험에서 배우고 그 교훈을 적용하는 능력' 이 필요하다.

『좋은 기업을 넘어 위대한 기업으로』의 저자인 짐 콜린스는 "변화는 좋은 것이다. 그러나 결코 변하면 안 되는 것이 무엇인지를 아는 것이 첫째다."라고 말했다. 『성공하는 사람들의 7가지 습관』의 저자인 스티븐 코비도 "사람들이 자신 안에 변하지 않는 핵심을 가지고 있지 않다면, 변하며 살아가기 어렵다. 변화능력의 열쇠는 내가 누구인지, 내가 어떠한 경험을 했는지, 그리고 내가 무엇을 가치 있다고 생각하는지에 대해 변하지 않는 마음을 가지고 있는 것이다."라고 언급했다. 변화 이전에 변하지 말아야 할 것을 정리하는 일은 개인에게도, 팀과 조직에게도 필요하다.

따라서 내가 만약 새로운 팀이나 조직에 부임했을 때 내 방식을 선포하고 끌고 오려 하기 전에, "이 팀을 유지해온 힘은 무엇이었는가?" "이 팀은 언제 성과를 내고, 언제 가장 잘 단합이 되었는가?" "가장 성과를 내고 신이 났을 때, 팀원들의 어떤 특성들이 발현되었던 것일까?" 등에 대해 물어봐야 한다. 동시에 그러한 팀 전체와 팀원 개개인을 격려하고, 이제 나와 함께 그 특성을 극대화해 보자고 제안해야 한다.

둘째, 참신성이다. 건강한 조직은 창의적인 아이디어를 창출하고 개발하는 능력이 있다. 혼돈을 두려워하지 않는다. 혼돈을 창의적인 혼돈으로 받아들인다. 혼돈 속에서 새로움과 변화를 위해 노력한다.

셋째, 이행이다. 단순한 창의성으로 끝나는 것이 아니라, 이상적인 상태에 도달하기 위해 조직을 변화시키는 것이다. 또한 행동을 실제적으로 변화시키려 노력하는 것이다.

자, 내가 속한 조직은 연속성, 참신성, 이행이라는 생명력을 가지고 있는가? 10점 만점으로 3가지 항목에 점수를 준다면, 어떤 점수가 가장 높은가? 어느 항목을 좀더 개발하고 싶은가?

우리 조직의 생명력을 측정하는 또 다른 재미있는 방법이 있다. 우리 조직을 사람이라고 생각해 나이를 추정해본다면 몇 살쯤 된 것으로 보이는가? 유치원 다니는 5세? 청년? 장년? 노인? 또, 우리 팀원들은 우리 팀과 조직을 몇 살쯤으로 생각할까? 팀을 사람이라고 생각하고 그림으로 그려보라고 하면, 너무나 재미있고 충격적인 그림이 많이 나온다.

어떤 팀원은 우리 팀은 60세 노인이고, 한 눈은 감고 있어서 거리 측정이 잘 안 되고, 귀에는 솜을 틀어막고 있어서 잘 듣지 못하며, 입에는 마스크를 쓰고 있어서 말이 없는 상태라고 표현한다. 그런 이야기를 듣고 있노라면 가슴이 막히지만, 발표를 모두 끝내고 "이 팀이 어떻게 변했으면 좋겠느냐?"고 이야기하면서 그림으로 다시 그려보라고 하면 그림에 생명력이 살아난다. 감았던 눈을 뜨게 하고, 솜을 틀어막은 귀는 솜을 빼고 크게 그려 넣는다. 마스크도 떼어내고 웃고 있는 입술을 그린다. 손을 벌려서 뭔가를 하고 있고 양다리도 든든하게 서 있도록 그린다. 그런 다음에 "이 모습이 되기 위해서 우리가 무엇부터 해야 하느냐?"고 묻고, 서로가 할 일에 대해 다짐하는 것으로 이야기를 마무리한다.

조직은 살아 있어야 한다. 그래야 그 안에 사는 사람들이 숨을 쉬고, 자신을 발현하며, 몰입해 일하는 과정에서도 행복을 느끼게 된다. 내가 리더이거나 곧 리더가 될 것이라면, 나 자신에게서, 상대방에게서, 팀에게서 강점을 찾아내는 능력을 구비해야 할 것이다. 변화무쌍하고 어려운 미래에 그 능력은 다른 무엇보다도 든든한 자본금이 될 것이다.

『뛰어난 리더는
어떻게 만들어지는가』
저자와의 인터뷰

Q 『뛰어난 리더는 어떻게 만들어지는가』에 대한 책 소개를 해주시고, 이 책을 통해
독자들에게 전해주고 싶은 메시지는 무엇인지 말씀해주세요.

A 코치로서 기업의 리더들을 만나면서 뛰어난 리더와 그렇지 못
한 리더 간에 여러 차원에서 차이가 있음을 느끼게 되었습니
다. 일단 직위에 올라 리더가 되지만, 영향력을 미치기 위해서
는 또 다른 능력이 필요합니다.

뛰어난 리더들은 자신에 대한 신뢰와 타인에 대한 신뢰가 균형
을 이루고 있었습니다. 그리고 그 균형 안에서 몇 가지 생각의
과정을 거치는 것을 봤습니다. 즉 어떤 문제가 생기면 혼자 고
민하는 시간을 가집니다. 개인의 내적인 틀 안에서 상황이 가하
는 압박을 견디면서 자신의 전문성을 적용해 이 사안을 어떻게

전달해야 할지 분석합니다.

그런 뒤 사람들과 이야기를 나누는데, 이때의 관점은 누구를 탓하거나 아니면 내가 처리할 거니까 내 방법대로 하라는 강요가 아니었습니다. 오히려 문제를 어떻게 해결할 수 있는지에 초점을 두었고, 리더 자신의 해결책에만 의존하기보다는 우리가 처리해야 한다고 생각하는 경향이 컸습니다.

이런 분들은 자신의 마음을 관리하는 능력, 일대일 대화에서 설득하는 능력, 팀이나 조직에서 한 방향을 정렬하는 능력들이 탁월했습니다. 그렇다면 이제 리더가 되려는 분들은 이러한 뛰어난 리더가 보여주는 여러 차원의 스킬들을 미리 연습하고 일 속에서 익히면, 실제로 리더 역할을 하게 될 때 좀더 쉽게 영향력이 있는 리더가 될 수 있을 겁니다. 이 책은 실제로 리더가 영향력을 발휘할 수 있도록 돕기 위한 안내서입니다.

Q 글로벌 환경과 사회 환경으로 인해 구성원들의 지적 사고가 변하면서 리더의 모습도 많이 변하고 있는 것 같습니다. 이에 부합하는 리더는 어떤 리더라고 정의할 수 있나요?

A 요즘 세대들은 부모들에게 멘토링을 많이 받고 자란 세대들입니다. 인터넷이나 스마트폰 등이 멘토로서 부모의 역할을 도와주었을 뿐만 아니라 가상으로 만날 수 있는 멘토들도 많이 있습니다. 그리고 무엇보다 요즘 세대는 문제를 혼자 해결하기보다는 세계 각지의 자원을 끌어모아 해결하고, 즐기면서 창의적으

로 사고하는 훈련을 많이 받았습니다.

이런 세대에게 7080세대가 사회에서 훈련받았던 것처럼 '나를 따르라.'는 식의 리더십은 잘 먹히지 않습니다. 게다가 매일 매일 너무 다른 정보들이 쏟아져 들어오는데 그런 정보를 7080세대들은 젊은 세대처럼 흡수하지 못합니다. 그런 의미에서 7080세대가 제일 억울한 세대죠. 아무튼 요즘 세대는 멘토와 같은 리더를 원합니다. 내가 하는 일에 대해 의미를 말해주고, 네 생각은 어떠냐고 물어봐주고 리스크가 없다면 네가 한번 해보라고 기회도 주고 작은 일이지만 예전에 학교에서 '줄넘기 상' 혹은 '인사 상'을 받았던 것처럼 작은 일에도 칭찬해주는 그런 리더를 원합니다.

요즘 세대들은 이런 멘토 같은 리더와는 밤을 새서 일합니다. 7080세대와는 다르게 잘 먹어서 체력이 좋거든요. 지금 이 시대에 필요한 리더는 멘토링하고 코칭하는 리더라고 말할 수 있습니다.

Q 오늘날 조직이 성장하고 발전하기 위해 리더의 역할이 매우 중요해지고 있습니다. 뛰어난 리더는 어떻게 만들어지나요?

A 요즘은 슈퍼 리더가 필요한 시대라고 이야기합니다. 슈퍼 리더란 리더를 만드는 리더를 말합니다. 즉 부하직원이 셀프 리더가 되도록 도와주는 리더라고 할 수 있지요. 그만큼 우리가 사는 이 시대는 한 명의 리더에게 의존해서는 생존할 수 없습니다.

뛰어난 리더를 길러내려면, 첫째는 리더십의 구성요소가 무엇인지 알아야 합니다. 이 책에서는 3가지 단계를 말해줍니다. 개인 내적인 차원에서의 구성요소, 일대일의 관계를 형성해나가는 차원에서의 구성요소, 그리고 일 대 다수의 관계에서 한 방향으로 정렬을 하고 성과를 낼 수 있는 차원에서의 구성요소가 그것입니다.

이제 구성요소를 알았다면, 둘째 단계는 일을 통해 이 요소들을 개발하고 확장하고 교정해나가야 합니다. 한꺼번에 할 수 없습니다. 매년 두세 가지의 목표를 정하고 하나씩 하나씩 성취해가야 합니다. 예를 들면 '올해 나의 목표는 3가지!' 라고 정해보는 거죠. 그 3가지를 예를 들면 자신의 전문성을 2배 넓히기, 나만의 스트레스 관리 방법 터득하기, 일대일 대화에서 상대방에게 신뢰감을 얻어내기 등입니다. 그리고 나서 매달 일과 사람을 통해 1~10까지 항목들을 작성해 평가하고 개선된 점과 더 노력해야 할 점들을 적어봅니다. 이런 계획과 평가를 통해 뛰어난 리더가 되는 트랙에 설 수 있습니다.

Q 점점 사회가 스펙 중심으로 바뀌고 있습니다. 리더 역시 스펙이 중요하다고 하셨습니다. 리더는 구체적으로 어떤 스펙을 쌓아야 하나요?

A 역설적인 표현으로 스펙이라는 단어를 썼습니다. 조직에서 실패하는 리더들의 공통점은 개인 스펙이 강한 반면에 리더십에 필요한 능력은 상대적으로 너무 부족합니다. 당연히 리더가 되

기 위해서는 전문적인 스펙이 필요합니다. 그러나 리더는 '다른 사람이 성과를 내도록 돕는' 혹은 '다른 사람을 통해 성과를 내는' 사람입니다. 전문적인 스펙만큼 사회 초년생일 때부터 서서히 길러야 하는 것이 리더십 스펙이라고 생각합니다.

리더십 스펙은 크게 3가지입니다. 우선 스트레스를 관리하고 한 분야의 전문가라는 자부심과 자신감을 갖는 '개인 내적인 스펙'이고요, 둘째는 일대일 대인관계에서 영향력을 끼칠 수 있는 대화 스펙, 그리고 마지막은 내가 책임질 팀 혹은 조직이 한 방향으로 정렬되도록 돕는 스펙입니다.

Q 리더의 진정성이 사회적으로 큰 화두입니다. 뛰어난 리더와 진정성은 어떤 관계에 있습니까?

A 진정성 리더십이 요즘 왜 중요해졌냐면, 요즘 사람들이 직장을 생각하는 패러다임이 달라졌기 때문입니다. 즉 직장을 단순히 돈을 벌기 위한 곳이 아니라 자아실현의 장소로 여기고 직장에서 자신의 꿈과 목표를 성취하고자 합니다.

진정성 리더십은 '너 자신 그대로'라는 그리스 철학에서 유래했습니다. '너 자신 그대로'란 성찰을 통해 진정한 자아를 인식하고 이를 바탕으로 가식 없이 타인과 관계를 형성해나가는 것을 중시하는 철학적 사고를 말합니다. 자신을 철저하게 인식하고, 자신과의 관계를 먼저 세우며, 내가 가장 중요시하는 가치와 원칙이 무엇인지 정리해야 합니다. 이 과정에서 자신의 감정을 긍정적으로 다스리게 될 뿐만 아니라 자신이 가장 중요하게 여기는 가치와 원칙이 무엇인지 정리할 수 있습니다. 이러한 긍정과 가치는 구성원들에게 긍정적인 영향을 미치며 어려운 일을 극복해내고 본질적인 것에 몰입하도록 영향을 줍니다. 가식이 아니라 자신의 내면에서 나오는 신념은 불필요한 갈등을 줄이고, 구성원들이 본질적인 꿈과 목표를 향하게 만듭니다. 진정성을 통해 영향을 미치고 싶다면 뛰어난 리더가 되기 위한 3가지 프레임을 준비해야 합니다. (이러한 진정성 리더십은 단순히 리더십 스타일의 한 종류가 아닙니다.)

Q 소통과 화해가 요즘 우리 사회의 중심 테마입니다. 리더가 어떻게 하면 원활한 소통과 구성원 간의 화합을 통해 경쟁력 있는 조직을 만들어낼 수 있을까요?

A 리더의 소통은 크게 3가지로 나눠볼 수 있습니다. 첫째는 리더의 생각을 명확히 전달해서 실행하도록 하는 소통이고, 둘째는 구성원들을 육성하기 위한 소통입니다. 이 2가지는 공식적인 상황에서 이루어지는 소통이라고 본다면, 셋째는 비공식적인 상황에서 친밀감과 신뢰감을 주고받는 소통입니다.

경쟁력 있는 조직을 만들기 위해 3가지 모두 중요합니다. 우선 바쁘고 중요한 일은 리더가 직접 하는 것이 더 옳을 것입니다. 이때 리더는 구성원들이 바로 알아들을 수 있도록 자신의 생각을 명확히 전달해야 합니다. 그 자리에서 "자네가 다시 정리 좀 하겠나?" 하며 중요 키워드를 복기해보라고 할 필요도 있습니다. 그러나 매번 이런 방식이면 곤란합니다. 왜냐하면 지시하는 것만 실행하는 구성원은 생각하는 능력을 잃어버리고 상사의 말을 메모하기 위한 수첩과 펜에 의존하게 되기 때문입니다.

짬이 조금이라도 난다면 "자네 생각은 어떤가?" "어떤 관점에서 기획안을 작성한 것인지 말해주겠나?"라고 질문해야 합니다. 상대가 말한 것을 리더 자신이 듣고 이해한 바를 '입으로 경청'해서 말한 것과 들은 것의 차이를 줄이고 중언부언하는 보고를 막아야 합니다. 그 대신 생각과 마음을 열어주고, 필요하다면 지시가 아닌 아이디어를 제공해서 문제를 해결할 수 있는 능력을 키우도록 도와야 합니다. 이것이 바로 육성을 위한 소통입니다.

그리고 마지막으로 많은 리더들이 내 방문은 늘 열려 있다고 하는데, 구성원이 느끼는 그 방문은 어쩌면 화난 사자가 달려나오는 문일 수도 있습니다. 차를 마시면서, 혹은 담배를 피우면서, 혹은 회식 자리에서 따뜻하고 배려하는 즐거운 소통을 해야 합니다. 이 소통이 열려 있는 방문을 '내가 들어갈 수 있는 방문'으로 인식할 수 있게 만들 것입니다.

Q 긍정적 관점이 조직에 많은 영향을 주신다고 하셨습니다. 그렇다면 리더의 긍적적인 관점은 조직에 어떤 영향을 미치나요?

A 우리는 세상을 해석할 때 해석 과정을 두 번 거치게 됩니다. 한 번은 나의 눈으로, 다른 한 번은 내가 믿고 있거나 나보다 힘이

있는 사람의 눈으로 해석합니다. 가정에서의 상황을 예로 들어 볼까요? 집안이 좀 기운 것 같은데 아버지가 "우리는 너끈히 이 고비를 넘길 거야. 이 게임에서 이겨보자!"라고 확신에 차서 말해주면, 아이는 금세 기운을 얻습니다. 마찬가지로 어려운 상황이 닥쳤을 때 리더가 이것을 어떻게 해석해주느냐에 따라 구성원들은 '회사가 더 나빠지기 전에 회사를 옮겨야 하는 게 아닌가?'라고 생각할 수도 있고, '야, 우리만 어렵냐? 세계가 다 어려워. 같은 조건이면 한번 해볼만하지 않아? 죽기 아니면 까무러치기다!'라고 생각할 수도 있습니다. 리더라면 지금의 어려움을 긍정적으로 해석해주는 긍정적 관점의 통역사가 되어야 합니다.

Q 리더와 관리자의 차이는 무엇인가요? 많은 사람들이 리더를 자처하면서 관리자의 영역에 머무르고 있습니다. 뛰어난 리더는 어떻게 이를 극복하나요?

A 관리와 리더십을 구분하는 명료한 비유가 있습니다. 관리는 평상시의 군대 모습을 생각하시면 되고요, 리더십은 전쟁시에 필요한 군대의 모습을 생각하면 됩니다. 평상시의 군대 모습을 한번 생각해보세요. 육해공에 있는 군인도 어마어마하지만, 새로 입대한 군인들을 관리하려면 엄청난 계획과 예산, 통제가 필요합니다. 즉 관리는 복잡성에 대응하는 것입니다. 그러나 전쟁이 일어나면 이런 일상적인 통제는 오히려 방해가 됩니다. 이 전쟁을 왜 하는 것이고 우리가 할 역할은 무엇인지를 군인들

에게 설득해야 합니다. 〈위 워 솔저스〉라는 영화에 보면, 적진에 들어가기 전 중령이 군인들을 이렇게 설득합니다. "우리가 할 일은 옆 사람을 지키는 것이다. 왜냐하면 이 옆 사람이 우리 가정을 온전하도록 지켜줄 거기 때문이다."라고 말입니다. 리더십은 이런 것입니다. 변화에 대응하기 위해 사람들에게 방향을 설정하고 전략을 말해줍니다. 왜 그 일을 해야 하는지 동기를 부여해주는 것이 리더십입니다.

그렇다면 관리는 나쁘고 리더십은 좋은 건가요? 이 질문의 답은 너무 명료하죠? 평상시 군대에서 훈련하지 않고는 전쟁에서 이길 수 없습니다. 즉 관리 능력 위에 리더십 능력을 쌓아야 합니다. 이제 리더가 되었다면 복잡성이 아닌 '변화'의 방향을 감지하고, 사람들이 그 변화의 방향으로 움직이도록 동기를 부여하는 능력을 길러야 합니다.

Q 리더의 가치가 리더십 환경을 만든다고 하셨습니다. 그렇다면 리더는 어떤 가치를 만들기 위해 노력해야 하나요?

A 어떤 가치를 만들기 위해 노력하지 않아도 됩니다. 가치를 인식하고 있냐 아니냐의 차이일 뿐입니다. 이미 사람들은 자신의 가치를 인생의 신호등처럼 가지고 있습니다. 예를 들어 책임감을 중요하게 생각하는 사람은 그 책임 때문에 성공하기도 하고, 또 책임을 지지 못하게 될 때 상심하며, 책임감이 덜한 사람을 보면 불쾌해하기도 합니다. 즉 자신의 가치 때문에 사람에

대한 호불호도 생기는 것이지요.

이제 중요한 것은 내가 어떤 가치를 소중하게 여기는지 자신에게 묻는 것입니다. 3가지만 뽑아보세요. 그런 뒤 그 가치를 나와 함께하는 사람들에게 어떻게 좋은 방향으로 나눠줄지 생각해보시기 바랍니다. 예를 들어 책임감이 큰 사람은 자신이 다 책임지려 하거나 책임을 다하지 못하는 사람을 비난하는 대신, 상대가 책임을 잘 질 수 있도록 중간에 체크를 해주거나, 방향을 함께 토론하거나, 작은 일이라도 책임지는 행동을 보였다면 칭찬해주는 것입니다.

내가 소중하게 생각하는 가치에 암묵적으로 지배당하기보다는, 적극적으로 가치를 공유하는 조직이 더 많이 성과를 내고 감사할 수 있게 될 것입니다.

Q 유연한 리더십의 특징은 무엇입니까? 현명한 리더는 유연성을 기반으로 한다고 하는데요. 유연함이란 무엇인지 구체적인 설명 부탁드립니다.

A 유연함은 내가 가지고 있는 도구가 얼마나 많은지에 달려 있습니다. 노래를 한 곡밖에 모르는 사람은 노래방에서 유연할 수 없습니다. 마찬가지로 늘 화내는 행동 한 가지만 한다면 다양한 상황에서 대응하는 능력이 떨어질 수밖에 없습니다. 이는 마치 다들 신나는 노래를 부르는데 혼자서 자꾸 가곡만 부르는 것과 마찬가지입니다. 이런 사람과는 노래방에 같이 가고 싶지 않지요? 마찬가지로 유연하지 않은 리더와는 함께 가고 싶어하

지 않습니다. 때로는 칭찬하고, 때로는 공감해주고, 때로는 사고를 확장시켜주는 질문을 하고, 때로는 뼈아프게 통감하도록 질책할 수 있는 레퍼토리가 많은 분이 유연한 리더십을 펼치게 되고, 우리는 이런 리더를 따르게 됩니다.

스마트폰에서 이 QR코드를 읽으시면
저자 인터뷰 동영상을 보실 수 있습니다.

* 원앤원북스(www.1n1books.com)에서 상단의 '미디어북스'를 클릭하시면 이 책에 대한 더욱 심층적인 내용을 담은 '저자 동영상'과 '원앤원스터디'를 무료로 보실 수 있습니다.
* 이 인터뷰 동영상 대본 내용을 다운로드받고 싶으시다면 원앤원북스 홈페이지에 회원으로 가입하시면 됩니다. 홈페이지 상단의 '자료실-저자 동영상 대본'을 클릭하셔서 다운받으시면 됩니다.

이제 시작하는 20대를 위한 똑똑한 돈 관리법!

20대가 가장 알고 싶은 돈 관리법 75

김대중 지음 | 값 14,000원

이 책은 저금리와 노령화로 일찍부터 노후준비를 시작해야 하는 20대를 위한 책이다. 여타의 책처럼 20대에게 꿈과 야망을 가지라고 이야기하는 것이 아닌, 현실적인 문제인 돈에 대한 고민을 함께 나누는 책이다. 20대 때의 돈 관리를 어떻게 할 것인지, 이 책에 그 답이 있다!

공감 스피치로 청중의 마음을 움직여라!

성공을 부르는 스피치 코칭

임유정 지음 | 값 14,000원

남들 앞에서 스피치로 의사를 전달하는 것은 직장인이라면 누구나 고민하는 문제일 것이다. 저자는 스피치 능력은 타고나는 것이 아니기에 준비하고 노력하면 누구든지 스피치를 잘할 수 있다고 강조한다. 스피치는 타고난 사람보다 준비한 사람이 확실히 이긴다. 이 책을 통해 많은 사람들 앞에서 자유롭고 자신감 있게 스피치를 하자!

지구촌 마지막 투자 유망지 아프리카를 말한다!

기회의 땅 아프리카가 부른다

박경덕 지음 | 값 15,000원

아프리카에 사람과 돈이 몰려들기 시작하면서 지구촌의 마지막 투자 유망지로 급부상하고 있다. 포스코경영연구소 연구위원으로 아프리카 지역 동향 등을 연구하고 있는 저자는 아프리카에 대한 기본사항을 충실하고 생생히 알리는 데 역점을 두고 이 책을 집필했다. 이 책을 통해 거대한 소용돌이의 한가운데에 서 있는 아프리카의 현주소를 짚어볼 수 있을 것이다.

인생을 바꿀 습관 하나 만드는 데 100일이면 충분하다

나를 위한 행복한 습관 만들기

강상구 지음 | 값 14,000원

새로운 습관이란 이전의 습관으로 돌아가려는 강력한 힘을 제압할 수 있는 또 다른 힘이다. 이러한 힘은 결코 단기간에 생기지 않는다. 저자는 우리의 몸과 마음이 이전의 습관으로 회귀하지 않고 새로운 습관이 자리 잡기 위해 100일간 인내해야 한다고 강조한다. 이 책이 이끄는 확실한 행동 지침에 따라 100일간 실천하면 변화된 모습에 자신감을 얻게 될 것이다.

대한민국의 리더, 유학에 길을 묻다!

자본주의 4.0시대의 유학 리더십

권경자 지음 | 값 15,000원

혼란한 춘추전국시대를 살아온 공자는 인간에 대한 믿음을 잃지 않고 인(仁)을 핵심 사유로 삼아 자신보다 앞서서 리더의 모범을 보여준 리더십 모델들을 제시한다. 이 책에서는 유학에 나오는 리더뿐만 아니라 조선의 500년 역사 속에서 유학을 현실로 구현한 통치자, 학자, 장군을 확인하고 있다. 과거의 리더들이 걸었던 길을 통해 오늘날의 리더들이 나아갈 길을 확인할 수 있을 것이다.

돈에게 상처받은 영혼, 치유가 필요하다!

행복을 부르는 힐링머니

김광주 지음 | 값 14,000원

이 책의 저자가 말하는 완주란 단순히 돈에 대한 관점에만 머물러 있는 것이 아니라, 돈보다는 비교와 경쟁에 매몰되어버린 나를 발견하고 일으켜 세워 진정한 나의 삶, 나의 행복을 위한 계획의 시작점에 서는 것이다. 이 책을 통해 누구나 스스로 원하는 삶을 완주하는 것은 물론 재정적인 자유에 이르기까지 필요한 구체적인 지혜와 노하우들을 만날 수 있다.

인생을 치유하는 강력한 힘, 유머와 웃음!

행복을 부르는 힐링 유머

성원숙 · 임미화 지음 | 값 14,000원

삶의 가장 강력한 힐링은 자기 안의 참된 행복인 유머와 웃음을 찾아 그것을 지속적으로 즐기는 것이다. 유머와 웃음의 전도사인 저자들은 힐링과 행복을 위한 도구인 유머와 웃음을 실천할 수 있는 방법을 명확하면서도 간결하게 제시하고 있다. 이 책은 웃음이 좋으면서도 웃지 못하고, 웃기보다 울고 찡그리는 일이 잦은 현대인들이 당장 웃음과 유머를 실천할 수 있게 해줄 것이다.

주식투자, 아는 만큼 보인다!

주식투자, 이보다 쉬울 수 없다

심규동 지음 | 값 14,000원

이 책은 투자자라면 반드시 알아야 하고, 누구나 공감할 수 있는 내용으로 구성되어 있다. 주식투자를 처음 하는 초보자라면 이 책을 통해 주식시장과 그 환경, 그리고 반드시 알아둬야 할 노하우를 체계적으로 정리할 수 있을 것이다. 저자가 실제 현장에서 검증한 이야기들과 오랜 주식투자 경험을 엿볼 수 있어 초보투자자들의 트레이딩에 분명 큰 도움이 될 것이다.

집중투자, 가장 효율적인 투자방법이다!
좋은 주식에 집중투자하라
이준혁 지음 | 값 15,000원

현재의 투자 관행상 분산투자에 대한 지나친 믿음이 주식투자의 본질을 더욱 왜곡시키고 있다. 저자는 분산투자 대신에 본질 좋은 회사에 집중투자하면 주가의 등락에 큰 영향을 받지 않으며, 장기적으로 바라보고 인내하면 높은 수익률을 기대할 수 있다고 제안한다. 이 책은 그동안 일반적으로 당연시하던 분산투자에 대해 곰곰이 생각해볼 수 있는 좋은 기회가 될 것이다.

글로벌 저성장 시대의 새로운 전략!
승자의 법칙, 이노베이션
삼정KPMG 지음 | 값 15,000원

굴지의 회계·컨설팅그룹 삼정KPMG의 싱크탱크인 삼정KPMG 경제연구원은 그동안 세계경제와 경영, 산업과 관련해 화두를 던져왔고, 2012년에는 지속적 창조 경영을 위한 '혁신적 선도자(Innovative Mover)'로의 변환을 촉구하는 메시지를 전달한다. 미래지향적이고 혁신적인 사고로 불확실한 글로벌 환경에 효과적으로 대응해야 한다는 주제를 담고 있다.

경영·회계 베스트셀러 『숫자로 경영하라』 두 번째 이야기
서울대 최종학 교수의 숫자로 경영하라 2
최종학 지음 | 값 19,500원

큰 반향을 불러일으킨 경영·회계 분야의 베스트셀러 『숫자로 경영하라』의 저자 최종학 교수가 그 두 번째 역작을 드디어 내놓았다. 건조하게 느껴지는 회계이론이나 재무이론이 국내외의 실제 사례를 통해 설명되면서 얻게 되는 생생한 현장성은 이 책만이 가진 독보적인 강점으로, 회계학적 통찰력을 경영의 전략적 차원으로 지평을 확장했다.

회계로 경영을 말한다!
서울대 최종학 교수의 숫자로 경영하라
최종학 지음 | 값 17,000원

숫자경영의 진수를 담은 이 책은 일반인들부터 경영자들까지 회계가 기업 활동에 얼마나 중요한지를 잘 이해할 수 있게 설명되어 있다. 또한 회계 수치나 통계를 바탕으로 한 분석을 통해 구체적인 경영해법을 제공하고 있어 경제 사회를 살아가는 데 꼭 필요한 지침서다.

★ 원앤원북스는 독자의 꿈을 사랑합니다.

마흔의 눈, 현재의 관점으로 재해석한 『오류서』
내 나이 마흔, 오류서에서 길을 찾다
김경준 지음 | 값 13,000원

하버드대학 MBA, 미 육사 교재로 쓰는 『오류서』의 소재는 칼싸움에서 상대를 먼저 베는 검법이지만, 핵심주제는 몸과 마음을 수련해 승리에 이르는 전략과 리더십, 생존을 위한 자기수련이다. 이 책은 단순한 해설이나 해제 차원을 훌쩍 넘어 『오류서』의 내용에서 현재적 의미를 찾아 고전의 재해석이라는 관점에서 담아내, 추상적이었던 『오류서』의 한계 때문에 그간 접근이 어려웠던 현대의 독자들에게 큰 도움이 될 것이다.

패러다임의 변화를 가져올 28가지 트렌드 심층분석!
상식 파괴의 경영 트렌드 28
김상훈 & 비즈트렌드연구회 지음 | 값 15,000원

그동안 맹신했던 모든 경영 원리와 기법을 되돌아보게 하는 책! 이 책에 담긴 생각들은 많은 경영자들의 선입견을 무참히 파괴한다. 엄청난 속도로 변해가는 경영 환경은 이제 창조와 혁신이라는 말조차 진부하게 만들고 있다. 자칫하면 길을 잃을 수 있는 시대에 이 책은 새로운 통찰과 경영의 패러다임을 확실한 증거와 함께 제시하고 있다.

MBC TV에 출연한 멘토 임유정의 목소리 훈련법!
성공을 부르는 목소리 코칭
임유정 지음 | 값 14,000원

이 책에는 저자가 먼저 소리를 내보고 경험해보고, 이른바 20여 년간 '임상실험'을 거쳐 나온 실질적인 좋은 목소리 훈련법이 소개되어 있다. 이 책을 믿고 따라간다면 머지않아 다른 사람 앞에서 좋은 목소리로 한결 편안하고 자신 있게 말하는 나를 발견할 수 있을 것이다. 또한 저자가 직접 책의 내용을 동영상으로 찍어 별책부록으로 제공해 혼자서도 연습할 수 있도록 배려하고 있다.

실전에 활용하는 최고의 회계 입문서!
회계지식, 이보다 쉬울 수 없다
유양훈 지음 | 값 16,000원

이 책은 회계학적인 마인드가 부족한 초보자들이 튼튼한 기초 실력을 쌓을 수 있도록 큰 힘이 될 것이다. 어려운 용어와 내용을 최대한 쉽게 서술했고, 일반인들이 실생활에서 궁금해하는 사례를 통해 좀더 친근하게 읽을 수 있도록 했다. 적당한 분량으로 회계의 기본원리에 대해 알차게 정리했고, 딱딱한 회계 관련 용어들도 이해하기 쉽게 설명해놓았다.

실전에 활용하는 금융 절세의 노하우!

금융 절세, 이보다 쉬울 수 없다

김정호 · 박진성 · 추연길 지음 | 값 16,000원

이제는 투자를 잘해서 재테크에 성공하는 시대가 아니라, 얼마나 절세할 수 있느냐가 재테크 성공을 좌우하는 시대다! 이 책은 금융 절세에 관한 모든 것, 기초에서 실전까지 완벽하게 갖춘 지침서다. 세무전문가로 다양한 활동을 하고 있는 저자들은 세금 문제의 정수를 이 책에서 펼치고 있다. 이 책을 통해 절세의 모든 것을 이해할 수 있을 것이다.

성격을 알면 인생이 행복해진다!

사람의 성격을 읽는 8가지 방법

이현주 지음 | 값 13,000원

심리학박사인 저자는 이해하지 못하는 행동의 이유와 갈등을 일으키지 않고 조화로운 관계를 유지하기 위해서는 어떤 방식으로 대해야 하는지 성격 유형별로 자세히 기술했다. 또 성격 유형 체크리스트를 실어 성격 유형을 확인해볼 수 있게 했고, 성격의 특성과 그들을 대하는 방법까지 알려주고 있다.

재무관리, 기본과 이해에 충실하자!

재무관리, 이보다 더 쉬울 수 없다

주순제 외 지음 | 값 17,000원

LG CNS의 컨설턴트 6인이 집필한 이 책은 폭넓은 재무지식을 얻고자 하는 사람들에게 기본개념을 이해시켜주는 좋은 안내서다. 재무관리는 불확실한 미래를 예측하는 기본 전략이자, 기업을 경영하는 가장 기본이 되는 기술이다. 이 책을 통해 어렵기만 했던 재무관리 지식에 한발 더 다가서고, 미래를 대비하기 위한 방법을 알 수 있을 것이다.

스마트폰에서 이 QR코드를 읽으면
'원앤원북스 도서목록' 과 바로 연결됩니다.

독자 여러분의
소중한 원고를 기다립니다

★ 원앤원북스는 독자 여러분의 소중한 원고를 기다리고 있습니다. 집필을 끝냈거나 혹은 집필 중인 원고가 있으신 분은 khg0109@hanmail.net으로 원고의 간단한 기획의도와 개요, 연락처 등과 함께 보내주시면 최대한 빨리 검토한 후에 연락드리겠습니다. 머뭇거리지 마시고 언제라도 원앤원북스의 문을 두드리시면 반갑게 맞이하겠습니다.